Lessing

Nathan der Weise

L'auteur

Anne Lagny est professeure émérite d'histoire des idées et civilisation germanique à l'ENS de Lyon. Ses recherches portent, entre autres, sur l'Aufklärung, le piétisme et les autres mouvements religieux. En lien avec l'œuvre de Lessing, elle est l'auteur de la préface à la réédition de *Nathan le Sage* aux Éditions Aubier (puis GF) et de plusieurs articles sur Lessing et *Nathan le Sage*. Elle a également dirigé *Les Piétismes à l'âge classique. Crise, conversion, institutions* (Presses Universitaires du Septentrion, 2001).

La collection *Clefs-concours Allemand* est dirigée par **Hélène Leclerc**.

Direction scientifique des *Clefs-concours* : **Philippe Lemarchand**.

Édition : Marie Buffet.

ISBN : 978-2-35030-926-2

CLEFS-CONCOURS ALLEMAND

Anne Lagny

Lessing

Nathan der Weise

Atlande

SOMMAIRE

OUTILS

NOTICE :

Un système de circulation entre les fiches est proposé en cours de texte. Exemple : (v. Repères/La genèse de *Nathan le Sage*).

Les renvois à la bibliographie sont signalés entre crochets. Par exemple, [LÉVY-BRUHL, 1907] renvoie à l'essai de Lucien Lévy-Bruhl, *L'Allemagne depuis Leibniz*, paru en 1907, mentionné dans la bibliographie.

INTRODUCTION

Un des ouvrages sur la période de l'Aufklärung, dû à l'historien de la philosophie et germaniste italien Nicolao Merker (1931-2016), a pour sous-titre "L'époque de Lessing" (*Età di Lessing*), ce qui marque l'importance de Lessing comme représentant majeur des Lumières allemandes. De fait, aucun autre écrivain allemand de cette période ne peut prétendre lui disputer ce rang. L'image de Lessing a sans doute évolué, de la figure du héros militant de l'Aufklärung, entre érudit et "bourgeois", dominante dans la recherche antérieure, à une image plus contrastée, les recherches récentes mettant l'accent sur la dimension de l'inachèvement, de la mélancolie [Nisbet, 2010 ; Vollhardt, 2018], et encore sur le côté "bohême" de son existence. Ces nuances ou ces ombres pourtant ne remettent pas en cause l'essentiel, la place centrale et éminente qu'il occupe dans son époque : "l'auteur par excellence de son pays et de son siècle", écrit Friedrich Schlegel (1772-1829) dans la "caractéristique d'ensemble de l'esprit de Lessing" qu'il ambitionnait de donner de l'auteur de *Nathan le Sage* [Schlegel, 1797]. De son vivant, Lessing est institué en autorité critique majeure, qui porte, dans "l'espace public" (*Öffentlichkeit*) nouvellement constitué, les débats actuels et en éclaire les enjeux, dans un horizon qui n'est pas seulement allemand, mais largement européen, comme le souligne Madame de Staël dans le chapitre de *De l'Allemagne* (1813) qu'elle lui a consacré : "sa manière de voir est allemande, sa manière de s'exprimer européenne". En littérature, il est un protagoniste essentiel dans le combat pour la *Nationalliteratur*, une littérature nationale allemande, dégagée de la référence obligée au classicisme français, à laquelle il donne ses premiers chefs-d'œuvre dramatiques. Dans le domaine de la réflexion théorique et philosophique sur les arts, son *Laokoon* (1766) marque un jalon essentiel pour la génération de Goethe et fixe durablement les grands thèmes du débat, entre une esthétique des règles et une esthétique du génie. Les œuvres de sa dernière période lui assurent une place importante dans l'histoire de la théologie luthérienne et le théologien protestant Karl Barth (1886-1968) parle de lui comme d'un "conseiller" de l'orthodoxie luthérienne en crise [Barth, 1994]. La pièce

Nathan le Sage, mise en relation avec la longue tradition du pluralisme religieux en Allemagne, s'inscrit, à côté de la *Lettre sur la Tolérance* de Locke (1686) et du *Traité sur la Tolérance* de Voltaire (1763), dans la lignée des grands textes des Lumières sur la tolérance [Nisbet, 2010]. Dans l'évolution de la philosophie de l'histoire, l'influence de *Die Erziehung des Menschengeschlechts* et de son modèle de développement de l'humanité en trois phases se fait sentir jusqu'au saint-simonisme – c'est un saint-simonien, Eugène Rodrigues, qui donne la première traduction française de l'ouvrage –, et par là jusqu'à Auguste Comte. La querelle du panthéisme (*Pantheismus-Streit*), qui se déclenche après sa mort autour des questions qu'il a laissées ouvertes, montre que sa pensée intègre mais aussi dépasse l'horizon de l'Aufklärung, comme en témoigne la volonté du jeune Schlegel d'en assurer la réception pour le premier romantisme.

Enfin, Lessing incarne une des premières figures de l'écrivain moderne, soucieux de défendre son indépendance vis-à-vis des pouvoirs établis et cherchant à vivre de sa plume. Son amitié, enfin, avec le philosophe Moses Mendelssohn – considéré comme le fondateur de la Haskala, les Lumières juives –, sous le signe d'intenses échanges intellectuels, est exemplaire des débuts de ce que l'on a pu appeler la "symbiose judéo-allemande" et des espoirs qu'elle a portés.

Nathan le Sage, au terme de l'itinéraire de Lessing, doit être lu dans le triple contexte littéraire, religieux et philosophique de l'Aufklärung : sommet de sa production théâtrale et de sa réflexion sur les formes de l'écriture dramatique ; réflexion sur les religions révélées et débat sur la tolérance ; philosophie de l'histoire et progrès. Ces trois perspectives ne sont pas complètement indépendantes les unes des autres, mais chacune d'elles suppose des héritages et des enjeux spécifiques.

REPÈRES

L'AUFKLÄRUNG

PÉRIODISATION

> Nos vies ont occupé l'époque la plus heureuse du XVIIIe siècle. Les empereurs, les rois, les princes descendent de leur empyrée formidable en amis du genre humain, méprisent la pompe et l'éclat et deviennent les pères de leur peuple. La religion arrache la soutane de la prêtraille et apparaît dans toute sa divinité. Les Lumières progressent à pas de géant. La haine religieuse et la coercition des consciences s'effacent, l'amour de l'humanité et la liberté de pensée l'emportent ; les arts et les sciences fleurissent, et nos regards plongent dans l'atelier de la nature. Les artisans, à l'égal des artistes, s'approchent de la perfection, les connaissances utiles se multiplient dans tous les états. [KÜMIN, 2021, traduction AL]

Ce panégyrique bien connu des Lumières allemandes (attribué sans certitude à Lichtenberg), très souvent cité, dresse, quelques années après la mort de Lessing, un bilan des Lumières en relevant ses avancées majeures. L'optimisme qui inspire ces lignes est sans doute à tempérer, néanmoins il traduit quelque chose du sentiment de l'époque et de la manière dont elle s'est vue elle-même par les yeux de ses représentants les plus cultivés et les plus engagés dans le mouvement des Lumières. On y discerne les orientations fondamentales communes à toute l'époque : l'expansion du champ des connaissances et le nouvel idéal de la science, l'émancipation de l'individu de la tutelle des autorités intellectuelles, religieuses et politiques, les avancées de la civilisation et le dynamisme de l'idée de progrès. Mais le mouvement des Lumières et celui de l'Aufklärung, en dépit de ces grands axes directeurs, ne sont pas simples ni homogènes pour autant, et il convient de prendre en compte les inflexions particulières dues aux traditions nationales et au décalage des époques, une fois établie la tendance générale, à savoir la "sécularisation" de la métaphore de la lumière, qui renvoyait à l'origine à un attribut de la divinité. On se bornera ici à évoquer quelques-uns de ces traits caractéristiques. On a fait remarquer la différence entre le terme français de “Lumières” et celui d’“Aufklärung”. “Lumières”, au pluriel, désigne les progrès accomplis dans le domaine de l’esprit, et suggère l’accumulation progressive des connaissances. L’allemand “Aufklärung”, avec le suffixe *-ung*, met l’accent sur le caractère processuel essentiel à la compréhension du mouvement, ce qui explique la distinction établie par KANT dans le texte bien connu *Was ist Aufklärung?* [1784]: “Wenn denn nun gefragt wird: leben wir jetzt in einem aufgeklärten Zeitalter? so ist die Antwort: Nein, aber wohl in einem Zeitalter der Aufklärung.” Les définitions données dans les dictionnaires ou les encyclopédies sont suggestives, parce qu’elles dégagent un profil caractéristique et permettent d’éclairer un contexte national. Voici celle donnée par le *Trésor de la Langue française*: “(Histoire des idées). *Philosophie des lumières.* “Idéologie soutenue par des philosophes du dix-huitième siècle qui prônaient le progrès indéfini de la raison naturelle dûment affranchie de toute tradition religieuse.” Côté allemand, une définition de l’Aufklärung assez proche caractérise celle-ci comme le mouvement intellectuel dominant pour “renouveler la science et la connaissance, contrer l’arbitraire, la superstition, l’ignorance”. L’article “Aufklärung” des *Geschichtliche Grundbegriffe* note qu’“à partir de 1770, le substantif Aufklärung peut s’appliquer non seulement à un individu, mais à un peuple, dans tous les domaines, la religion, la morale, l’État, et implique l’idée fondamentale de formation et d’intention pédagogique.” [SCHLOBACH, 1993]

On retiendra ici, dans une première approche, que les Lumières françaises sont caractérisées par une attitude le plus souvent critique à l’égard de la religion et de l’Église, voire violemment anticléricale (Voltaire signait ses lettres “Ecrlinf” pour “Écrasons l’infâme”). L’*Enlightenment* anglais et écossais, qui est fondé sur la révolution scientifique (Francis Bacon, Isaac Newton) et la pensée politique (Thomas Hobbes, John Locke) du XVIIe siècle, centre sa réflexion autour des notions d’expérience, de goût et de sociabilité (David Hume, Shaftesbury). Le déisme anglais, qui passe par la remise en cause de l’autorité du texte biblique, et notamment la critique des miracles, oppose au christianisme traditionnel la conception d’une religion naturelle. L’Aufklärung allemande se caractérise par les efforts déployés pour concilier la raison et la foi, la philosophie et la religion, et cherche à renouveler la religion par la raison. Elle est moins engagée dans la réflexion politique dans la mesure où la situation politique et territoriale de l’Allemagne lui laisse peu de prise sur la vie réelle de la cité. Enfin, en littérature, elle est marquée par l'ambition de développer une *Nationalliteratur*, une littérature nationale allemande, et cette ambition s'accomplit dans le théâtre. Mais les aires culturelles et nationales ne sont pas closes sur elles-mêmes et l'on peut voir les idées et les sensibilités circuler avec le temps d'un pays à l'autre. Les Lumières allemandes ont été influencées par le mouvement philosophique et religieux en Angleterre (Locke, Shaftesbury, Berkeley, Hume) et en France (Pierre Bayle, dont le *Dictionnaire historique et critique* a été traduit en allemand par Johann Christoph Gottsched en 1741, Fontenelle, l'abbé du Bos, Voltaire, Montesquieu, Rousseau, les Encyclopédistes avec Diderot et les physiocrates). La réflexion sur les rapports entre goût et société élaborée en Angleterre à la fin du XVIIe siècle (Shaftesbury) passe ensuite en France (Diderot traduit Shaftesbury) et atteint l'Allemagne dans la deuxième moitié du XVIIIe siècle. Mais une idée transférée dans une autre culture se colore toujours de la sensibilité nationale qui la reçoit : alors que les écrivains français vivent dans le souvenir du classicisme de Versailles, même s'ils en critiquent tel ou tel aspect, les Allemands se posent la question de leur identité culturelle et de l'affranchissement des modèles étrangers. Pour eux, la question est de savoir quel choix littéraire est le meilleur vecteur des Lumières : l'imitation du modèle classique français (Gottsched) ou bien la constitution d'un autre horizon de références, notamment anglaises, pour fonder la *Nationalliteratur*. Lessing est l'artisan de ce recentrement sur le génie national, mais on précisera que cela n'implique chez lui aucune fermeture, bien au contraire : son œuvre littéraire et critique implique l'horizon européen de la littérature, de l'Antiquité aux littératures modernes, et s'intègre dans le mouvement européen de renouvellement du théâtre au XVIIIe siècle.

On distingue classiquement dans les Lumières allemandes trois étapes, sans toujours parfaitement s'accorder sur la périodisation exacte : la *Frühaufklärung*, la *Hochaufklärung*, la *Spätaufklärung*.

La *Frühaufklärung* est représentée par des personnalités qui ont accompli une œuvre importante, même si elles sont moins connues aujourd'hui, ainsi Christian Thomasius (1655 Leipzig-1728 Halle/Saale), philosophe et juriste, en qui l'on a vu "le père de l'Aufklärung" (*Vater der Aufklärung*). On comprend cette formule, si l'on évoque certains traits de son action : il vient faire cours non pas en toge professorale, mais en "habit de cavalier" ; il abandonne le latin comme langue de la dispute universitaire au profit de l'allemand ;

il engage le combat contre la torture et la persécution des sorcières. Son nom est associé au combat contre les préjugés et pour la tolérance. On reconnaît ici des motifs centraux traditionnellement associés au projet des Lumières. L'équivalent français de cette *Frühaufklärung* peut se trouver dans les "Premières Lumières" représentées par Pierre Bayle (1647-1706) et Fontenelle (1657-1757). Toute cette période au tournant du XVIIe et XVIIIe siècle a été étudiée dans l'ouvrage classique du comparatiste Paul HAZARD, *La Crise de la conscience européenne* [1935], dont le titre indique bien la conscience qu'il avait de l'horizon transnational de cette époque qui s'ouvrait. Les premières Lumières sont marquées par l'œuvre philosophique de Leibniz (1646-1716) et de Christian Wolff (1679-1754), par l'esthétique rococo et la poésie anacréontique (qui chante les plaisirs de l'existence, le vin et la société, la galanterie – Lessing s'y est exercé à ses débuts). Gottsched (1700-1766), dans la génération qui précède immédiatement celle de Lessing, jette les fondements d'une *Nationalliteratur* et ouvre la voie à la réforme du théâtre.

La *Hochaufklärung*, qui correspondrait en France à la période des Encyclopédistes et recouvre en Allemagne la plus grande partie du règne de Frédéric II (1740-1786), est associée à la période d'activité de Lessing, qui en est le représentant majeur. L'enjeu principal est d'évacuer l'influence du classicisme ou du néo-classicisme français : Lessing se déclare contre le théâtre francisant de Gottsched dans sa célèbre dix-septième lettre littéraire, du 16 février 1759. On retiendra encore comme un trait majeur de cette époque la culture du sentiment et de l'émotion qui se traduit dans le terme de *empfindsam* – proposé par Lessing pour traduire l'anglais sentimental dans le titre de l'ouvrage de l'écrivain anglais Laurence Sterne (*The Sentimental Journey*, 1768). Le grammairien Johann Christoph Adelung mentionne l'origine de cette création et définit le terme d'*empfindsam* comme la capacité d'éprouver ou de susciter des émotions douces et touchantes, en signalant la dérive possible vers la sensiblerie (*empfindelnd*).

La recherche a identifié plus tardivement la *Spätaufklärung*. En français, on a d'abord parlé de "Lumières tardives", avant de privilégier l'expression de "secondes Lumières", connotée plus positivement car elle évoque moins l'essoufflement que la relance du mouvement. On peut penser ici à des auteurs tels que Karl Philipp Moritz, Lichtenberg, Forster, dont l'œuvre s'inscrit dans le contexte de la fin du siècle. Si l'on cherche un critère pour distinguer la *Spätaufklärung* de la *Hochaufklärung*, on peut faire valoir celui-ci : les deux remettent en cause l'absolutisme des dogmes et des normes dans le domaine de la connaissance, de la religion et de la morale, et développent une critique souvent radicale, mais les représentants de la *Hochaufklärung* (Lessing, Wieland) conservent malgré tout une forme de croyance dans les possibilités de développement de l'homme et d'évolution du genre humain. L'un des derniers textes de Lessing, *L'Éducation du genre humain* (*Die Erziehung des Menschengeschlechts*, 1780), en est le meilleur exemple (v. Problématiques/La pensée de l'éducation). Les contradictions et tensions de l'Aufklärung (raison et sensibilité, raison et désir, raison et Révélation…) ne sont certes pas "résolues" sur le fondement de certitudes inébranlables, mais présentées dans un modèle stabilisé de réflexion critique, que l'on trouve illustré dans cet ouvrage qui suit le fil conducteur de l'analogie entre éducation et Révélation et termine sur une invocation à la Providence. La *Spätaufklärung* en revanche, tout en restant dans l'horizon de la philosophie de l'Aufklärung (empirisme, pragmatisme, sensualisme), refuserait d'harmoniser les contradictions et les présenterait sous la forme de dissonances criantes [Hofmann, 2003]. La remise en cause du modèle providentiel de l'existence et l'abandon de la destinée humaine au hasard aveugle et à l'infortune, dans le roman psychologique de Karl Philipp Moritz, *Anton Reiser* (1785-1790), illustrent ce qui sépare les deux époques, même si Lessing reste une référence pour la génération suivante.

Il faut ajouter que la périodisation et la distinction des différentes phases à l'intérieur de l'Aufklärung sont rendues difficiles par la diversification des courants littéraires au sein de la même période, qui voit se développer et se croiser *(Spät)Aufklärung*, *Sturm und Drang*, *Klassik* et *Frühromantik*. Les étiquettes ne correspondent pas non plus au même périmètre : le terme d'Aufklärung, qui s'applique aux domaines de la philosophie, de la politique, de la société… est beaucoup plus large que celui du *Sturm und Drang*. On ne s'engagera pas davantage dans ce débat ici mais on se bornera à fixer quelques repères pour ce qui est de l'articulation entre Aufklärung et *Sturm und Drang* (continuité ou rupture ?). On a longtemps opposé de manière tranchée l'Aufklärung, qui a établi la domination de la raison, et le *Sturm und Drang*, qui consacre le règne de l'irrationalisme. Cette thèse est maintenant périmée, et un consensus s'est établi sur la formule suggestive de Gerhard Sauder "Dynamisierung und Binnenkritik" [cité d'après

HOFMANN, 2003], qui caractérise le *Sturm und Drang* par le retour critique des Lumières sur elles-mêmes et par son dynamisme, celui du combat pour la construction d'une identité germanique anti-française dont le jeune Goethe, dans sa période strasbourgeoise, avec Herder sont les ténors, celui des revendications sociales et politiques dans les œuvres théâtrales du jeune Schiller (*Die Räuber*, *Kabale und Liebe*) ou de Lenz (*Der Hofmeister*, *Die Soldaten*). On ajoutera pour finir que Lessing a exprimé des réserves sur le *Werther* de Goethe [1774], propre selon lui à entraîner la confusion entre la beauté esthétique et la beauté morale (lettre du 26 octobre 1774 à J. J. Eschenburg) et qu'il a enregistré les nouveautés du théâtre du *Sturm und Drang*, sans dissimuler son irritation, sinon son dégoût devant ce "théâtre calamiteux" (*Theatralisches Unwesen*), ce qui aurait risqué de le fâcher avec Goethe – dont il reconnaît pourtant le "génie" (Lettre du 11 novembre 1774 à son frère Karl) [LESSING, 1988].

Depuis la parution du livre de Jonathan ISRAEL [2005], on a été amené à discuter la thèse d'un décalage dans la périodisation : on ferait reculer au XVIIe siècle le début des Lumières, pour y faire entrer ce que l'on appelle les "Lumières radicales", avec Spinoza et Bayle. Celles-ci se distinguent notamment par l'introduction de "l'athéisme" à la marge. On fera observer que l'athéisme va à l'encontre de la synthèse que les Lumières allemandes cherchent à opérer entre foi et raison. On citera dans cet ordre d'idées le discours de Leibniz sur la compatibilité entre foi et raison qui se trouve au début de sa *Théodicée*.

LES COURANTS PHILOSOPHIQUES

La *Frühaufklärung* hérite de la pensée classique, mais elle en critique les limites et les orthodoxies. Tout en se situant dans le cadre européen, elle commence à se pencher sur le problème de la langue nationale (Christian Thomasius est le premier à faire des cours en allemand, et non plus en latin). Elle s'intéresse aussi aux applications pratiques de la science (le mathématicien et physicien Tschirnhaus découvre et met en application le secret de fabrication de la porcelaine à partir du kaolin). Elle s'intéresse encore à la philosophie pratique en morale et en droit, même si c'est toujours avec une prudence imposée par la structure politique, où les sujets n'ont guère le droit à la parole dans l'espace public. On est dans une époque de transition entre l'homme courtisan (celui qui adapte son comportement au monde et à ses codes, et dont la vertu est la prudence) et le citoyen moral autonome qui examine le monde, en juge la légitimité et éventuellement entreprend de le réformer. Cette première période de l'Aufklärung vit une époque de crise des valeurs et commence à en élaborer la critique.

À la même époque est élaborée l'œuvre de Leibniz, que l'on hésite à rattacher au mouvement des Lumières. En effet, la majeure partie de son œuvre est écrite au XVIIe siècle, en français et en latin plus qu'en allemand. Mais cela même est caractéristique de la situation de l'Allemagne, encore dominée par l'influence française : l'ensemble de l'œuvre de Frédéric II est rédigée en français, de même que les travaux de l'Académie de Berlin durant tout le XVIIIe siècle. En second lieu, le système de Leibniz s'élabore en dialogue avec les grands philosophes de l'âge classique : Descartes, Spinoza, Malebranche, Locke. Mais c'est un héritage que l'on retrouve dans une grande partie des Lumières, et même si Leibniz lui-même est difficile à inscrire dans l'Aufklärung, force est de constater que les philosophes des Lumières reprendront les thèmes de sa pensée, qui leur fournissent un fonds de référence et un répertoire d'arguments. Comme ses prédécesseurs, Leibniz constitue un système, alors que, comme l'a noté Ernst Cassirer à la suite de D'Alembert, le XVIIIe siècle se caractérise plutôt par "l'esprit systématique" (c'est-à-dire la volonté de mener les idées jusqu'au bout) que par "l'esprit de système" (le souci de les organiser en un tout cohérent et clos) [CASSIRER, 1932]. Mais à cette objection, on peut répondre que l'opposition entre esprit de système et esprit systématique admet des nuances. Christian Wolff, disciple et vulgarisateur de Leibniz, édifie lui aussi un système et, en outre, les hommes du XVIIIe siècle pourront aller prendre, à l'intérieur d'un système préexistant, les idées qui les intéressent et les combiner avec d'autres, en étant plus soucieux de l'efficacité du résultat que de la cohérence formelle. Ainsi, même si Leibniz ne peut être considéré comme un *Aufklärer* au sens strict, sa réception dans l'Aufklärung n'est nullement indifférente : le leibnizianisme livre notamment le thème de la théodicée (comment l'existence du mal est-elle compatible avec la croyance en un Dieu juste et tout-puissant ?), l'insistance sur l'intérêt philosophique de la langue allemande (paradoxal, chez un auteur qui l'utilise peu en philosophie) et l'intérêt multiple pour les sciences de la nature avec leurs applications pratiques (Leibniz s'est occupé des mines du Harz et de l'éclairage de la ville de Vienne) – ce qui sera un trait marquant de l'Aufklärung, soucieuse de concilier théorie et pratique.

Christian Wolff (1679-1754) est né à Breslau, et, protestant dans la Silésie de la reconquête catholique, a été très tôt accoutumé aux joutes oratoires où s'affrontaient les représentants des différentes confessions. Aussi a-t-il cherché dans les mathématiques la rigueur inattaquable des démonstrations et des preuves, qu'il appliquera jusque dans le domaine des vérités de la foi. Mathématicien et logicien, puis philosophe, il est nommé à l'université de Halle en 1706 sur la recommandation de Leibniz. Wolff n'est pas un inventeur à proprement parler : il entreprend d'organiser l'ensemble des connaissances à partir d'un remaniement du système de Leibniz. Il le fait dans une double série d'ouvrages, en latin et en allemand, contribuant ainsi à la constitution de la langue philosophique allemande. Hegel voit en lui "l'instituteur de l'Allemagne". Wolff servira de référence à de nombreux disciples et sa pensée deviendra une philosophie d'école : c'est sur ce système qu'est fondée l'esthétique classicisante de Gottsched. Wolff est connu à l'étranger grâce notamment aux huguenots d'origine française. Samuel FORMEY, secrétaire de l'Académie de Berlin, présente les grands thèmes de sa philosophie dans une sorte de roman intitulé *La Belle Wolffienne* [1741], et fait son éloge par l'intermédiaire d'une jeune fille qui défend sa philosophie avec ardeur :

> On ne trouvait guère d'idées déterminées et de définitions exactes, que dans les Écrits des Mathématiciens : la Certitude et la démonstration passaient pour être leur partage ; & on ne soupçonnait presque pas les autres Sciences d'être susceptibles du même degré d'évidence. Monsieur Wolff a détruit cet injuste préjugé, en traitant scientifiquement, comme il s'exprime, toutes les parties de la Philosophie ; c'est-à-dire, en les assujettissant, & à la forme & à la rigueur des Démonstrations Géométriques.

Le mérite de Wolff a été de "transformer en sciences réelles et véritables cet amas indigeste de connaissances philosophiques que l'on avait jusqu'alors plutôt accumulées qu'édifiées… faire de toutes les connaissances philosophiques un vrai système, qui procédât de principes en conséquences, et où toutes les propositions fussent déduites les unes des autres avec une évidence démonstrative…" [FORMEY, 1741]. Kant s'appuiera sur cette vaste synthèse dogmatique pour renverser justement tout l'édifice de la philosophie dogmatique et lui substituer le principe d'une philosophie critique. Sur le plan religieux, Wolff, comme Leibniz, est soucieux de concilier la Révélation avec le rationalisme philosophique. À la suite de Leibniz, il s'intéresse à la philosophie des Chinois, notamment à Confucius. Son *Discours sur la philosophie pratique des Chinois* (1721), montrant que ceux-ci sont capables de vertu philosophique – ce qui veut dire que l'on peut envisager la possibilité d'une morale sans la Révélation –, se heurte à une violente opposition de ses collègues piétistes de Halle, qui jugent sa morale dangereuse et l'accusent d'"athéisme" – le reproche d'athéisme ne vise pas un "incroyant" car il n'est presque personne, à l'époque, qui ose se revendiquer comme tel, mais il est un moyen commode pour discréditer un adversaire que l'on estime, à tort ou à raison, menaçant pour l'orthodoxie religieuse [Moreau, 2023]. Ils réussissent à faire intervenir leur protecteur, le monarque prussien Frédéric-Guillaume Ier, à la suite de quoi Wolff est destitué de son poste et chassé de Halle en 1723. Le fils et successeur de Frédéric-Guillaume Ier, Frédéric II, le "roi-philosophe", acquis aux idées de Wolff dans sa jeunesse, le rappelle en 1740, lorsqu'il accède au trône. L'épisode est emblématique des difficultés auxquelles se heurte le mouvement de l'Aufklärung et de la capacité des partis religieux à mobiliser les autorités civiles au service de leur cause, en agitant le spectre de la sédition et de la rébellion contre l'ordre établi. L'issue de la "querelle des Fragments", qui domine la fin de la vie de Lessing, fait apparaître une parenté structurelle avec l'affaire Wolff (v. Repères/La genèse de *Nathan*).

L'Aufklärung progresse en contestant la philosophie de Wolff, son caractère systématique et dogmatique et son rationalisme étroit. Lorsque Wolff revient à Halle en 1740, sa philosophie est déjà dépassée. De nouveaux courants philosophiques s'imposent, qui mettent l'accent sur le versant sensible de l'expérience, étudient les processus psychophysiologiques complexes, dont le dualisme âme-corps, tel qu'il était résolu par Descartes, Malebranche ou Leibniz et Wolff à sa suite, ne permettait pas de rendre compte de manière satisfaisante : structure de la perception, des sensations, phénomènes nerveux, articulation du physiologique et du psychique. L'impulsion décisive vient de la philosophie anglaise. Le représentant majeur de cette orientation empiriste est l'Écossais David Hume (1711-1776). Son ouvrage fondamental *Enquiry concerning Human Understanding* (1748, donc à la période charnière du milieu du siècle) exerce une influence décisive sur la réflexion théorique esthétique, qui évolue du rationalisme (le classicisme français, l'esthétique classicisante de Gottsched) au sensualisme, avec une valorisation de la sensibilité et de l'imagination (l'école suisse avec Bodmer et Breitinger). Lessing ne se rangera pas dans un camp ou dans l'autre, mais dégagera une nouvelle voie de la création artistique. Dans le domaine religieux, tout en conservant le souci général de concilier raison et religion révélée, l'Aufklärung se détournera des aspects proprement métaphysiques pour s'orienter vers les questions de la morale et de la pratique de la foi, débarrassée de ses formulations périmées. Les inspirateurs sont Leibniz, les Anglais (Locke, Pope), les Français (dont on refuse cependant l'inflexion antireligieuse, anticléricale et matérialiste). On admire Spinoza pour sa morale, mais on considère sa métaphysique comme le danger absolu : en identifiant Dieu et la nature, il risque d'ouvrir la voie au matérialisme, ou du moins au panthéisme ; en critiquant la Révélation, il empêche la synthèse entre raison et foi.

Il faut noter la situation particulière d'Emmanuel Kant durant cette période. Né en 1724, mort en 1804, il est contemporain de plusieurs époques. Ses premiers travaux sont ceux d'un disciple de Christian Wolff, qui a confiance dans les forces de la raison. Plus tard, sous l'influence de Hume qui le “réveille de son sommeil dogmatique”, il découvre les critiques que l'empirisme anglais a formulées contre les facilités du rationalisme classique et l'importance de l'expérience. En 1781, l'année de la mort de Lessing, il publie la *Critique de la Raison pure*, dans laquelle il élabore une philosophie critique qui prétend ne tomber ni dans les erreurs du dogmatisme rationaliste ni dans celles de l'empirisme. Comme Hume, il admet que toutes nos connaissances viennent de l'expérience : cela condamne donc la métaphysique wolffienne, qui prétend parler dogmatiquement de Dieu, de l'âme et du monde comme totalité, trois objets qui excèdent les bornes de notre expérience. Mais si nos connaissances *viennent* de l'expérience, elles n'en *dérivent* pas. Elles tirent leur validité d'un autre fondement, qui est la structure de l'esprit humain. Plus tard, la *Critique de la Raison pratique* montrera que l'on peut postuler l'existence de Dieu et l'immortalité de l'âme non plus comme dogme, mais comme exigence venant compléter notre sentiment du devoir. Puisque nous espérons être récompensés par une justice, il faut postuler l'immortalité de l'âme, qui elle-même amène à postuler l'existence d'un Dieu qui rétribue les actions humaines. Mais l'homme ne peut plus affirmer l'existence de Dieu et l'immortalité de l'âme, il ne peut que les postuler à partir de la raison pratique.

On situe habituellement la fin de l'Aufklärung et le début de ce qui devient l'idéalisme allemand au moment du conflit du panthéisme (*Pantheismus-Streit*, *Spinozismus-Streit*) : après la mort de Lessing, le philosophe Friedrich Heinrich Jacobi (1743-1819) révèle que Lessing, dans la dernière période de sa vie, était devenu secrètement spinoziste ou en tout cas panthéiste. Il lui aurait déclaré : "Les conceptions orthodoxes de la divinité ne sont rien pour moi. *Hen kai pan* (Un et Tout)." Dans l'esprit de Jacobi, cette révélation rend désormais impossible l'alliance critique entre religion et philosophie qui caractérisait l'Aufklärung, puisqu'à la fin de son itinéraire, Lessing, son représentant le plus éminent, a été amené à choisir l'une contre l'autre. C'est donc l'échec du rationalisme religieux : la raison ne mène pas à la foi dans une continuité pacifique, il faut donc, selon Jacobi, laisser de côté la raison et faire le saut périlleux (*salto mortale*) dans la foi. L'ouvrage de Jacobi déclenche effectivement une crise, où chacun prend position et où tout l'horizon théorique se transforme : Moses Mendelssohn tente de sauver le rationalisme religieux et l'orthodoxie de son ami Lessing (dans les *Morgenstunden*, qu'il écrit juste avant de mourir lui-même) ; Kant, Herder, Goethe interviennent dans le débat. Il en ressort paradoxalement chez certains une figure transformée de Spinoza, qui n'apparaît plus comme l'athée que dénonçait l'orthodoxie, mais au contraire comme un "mystique ivre de Dieu" (Novalis), en tout cas la période des Lumières est effectivement terminée. En philosophie commence la grande période de l'idéalisme allemand : Kant, Fichte, Schelling et Hegel ; en littérature, le romantisme. Certains des écrivains et des penseurs de ces mouvements peuvent garder tel ou tel thème des Lumières, mais c'est désormais dans le cadre d'une problématique largement différente, où les rapports de la foi et de la raison, de la philosophie et de la politique, de la littérature et du mouvement des idées sont désormais tout autres. Lessing est l'objet d'une réception favorable par les premiers romantiques, qui dénoncent le caractère plat et prosaïque des Lumières, mais admirent le potentiel critique de Lessing et cherchent à le capter pour leur époque. Le jeune Friedrich Schlegel lui a consacré des pages inspirées, en l'instituant "classique" de la littérature allemande encore en voie de constitution.

En France, les Lumières ont débouché sur la Révolution. La réception allemande de cette révolution, positive d'abord, largement négative ensuite, joue également un rôle dans le dépassement de l'Aufklärung.

LES COURANTS SPIRITUELS ET RELIGIEUX

On reviendra encore ici sur quelques-uns des courants spirituels et religieux qui traversent l'époque de l'Aufklärung et le XVIIIe siècle.

Tout d'abord, l'orthodoxie luthérienne. Le terme d'"orthodoxie", pris ici en son sens étymologique, désigne la rectitude de la doctrine, opposée à toutes déviations ou erreurs doctrinales, qui sont taxées d'"hétérodoxie". C'est elle qui règne dans la plupart des facultés de théologie après la confessionnalisation (*Konfessionalisierung*) intervenue à la fin du XVIe et au début du XVIIe siècle. Il est à noter que la catégorie de confessionnalisation, forgée par l'historiographie récente (Heinz Schilling, fin des années 1980), caractérise la période comprise entre l'établissement de la Réforme et la fin de la guerre de Trente Ans. Elle ne concerne pas seulement l'aspect religieux, mais désigne, indissociablement, l'intrication et l'interaction de la religion avec l'État et la société (différenciation confessionnelle, montée de l'absolutisme, disciplinarisation).

Le luthéranisme est devenu à la fois une théologie et le ciment intellectuel d'une société liée à l'ordre régnant. La presque complète élimination du calvinisme à la fin de la guerre de Trente Ans (1618-1648) lui a laissé le champ libre. Elle s'est à certains égards figée en dogmatisme, bien qu'il y ait dans ses rangs des pasteurs éminents et des théologiens qui peuvent être ouverts aux nouveautés. Elle compte des orthodoxes très stricts, comme Goeze, le "pape de Hambourg", ennemi des spectacles et du théâtre, l'adversaire principal de Lessing dans la "querelle des Fragments"; des modérés (le père de Lessing par exemple), et même des esprits aventureux qui s'exposent à voir leurs ouvrages condamnés (ce fut le cas de Edelmann, qui avait lu d'un œil neuf le texte de l'Ancien Testament) ou qui n'échappent à la condamnation qu'en dissimulant leurs convictions (ce fut le cas de Reimarus, pasteur respecté de son vivant, mais qui laissa derrière lui un manuscrit compromettant – une mise en cause de la Révélation et de la Résurrection du Christ, dont Lessing publia des extraits, ce qui déclencha la "querelle des Fragments") (v. Repères/La genèse de *Nathan*).

Vers le milieu du XVIIIe siècle, et correspondant à l'Aufklärung parvenue à sa maturité, se dégage le courant de la néologie (*Neologie*), qui se propose de rénover et de moderniser la religion à partir de la critique de l'orthodoxie conservatrice et de la relativisation de l'autorité des dogmes. La néologie met l'accent sur l'humanisation et l'individualisation de la religion et réserve dans l'expérience vécue du christianisme une grande place au sentiment, dépouillé de ses excès (le pasteur Spalding, l'un des grands néologues, parle de sentiment éclairé, "aufgeklärte Empfindung"). La religion personnelle de l'individu, pour qui la figure du Christ a valeur de modèle, est distinguée de la théologie proprement dite, qui correspond à une pratique scientifique et professionnelle de la religion. Si la doctrine reste la même, son mode de présentation doit être ajusté à l'esprit du temps. Les livres de prières et de cantiques sont révisés et adaptés, la chaire du prédicateur devient la chaire de l'Aufklärung. La religion, conçue comme guide de la vie ordinaire, prend une orientation avant tout pratique et éthique, même si elle ne se réduit pas à un plat moralisme, du fait de la conception élevée de l'homme (Johann Joachim Spalding a consacré un ouvrage majeur à la "destination de l'homme", "Bestimmung des Menschen"), fondée sur l'idée de sa perfectibilité (*Perfektibilität*). Les thèmes de la prédication et de l'enseignement, qui doivent toucher le cœur et l'esprit du fidèle, sont choisis en fonction de leur intérêt immédiat pour la conduite de la vie humaine, ce qui amène à simplifier le corps de la doctrine, voire à en évacuer certains contenus, jugés trop complexes, ou moins directement utiles pour la vie pratique (par exemple les dogmes de la Trinité, du péché originel et de la "satisfaction" – le Christ, en souffrant pour et à la place de toute l'humanité pécheresse, a satisfait ainsi aux exigences de la justice divine). Lessing s'est élevé contre ce qu'il jugeait une simplification abusive et un appauvrissement (v. Problématiques/ La pensée de l'éducation). Un dernier point mérite mention : la doctrine de "l'inspiration verbale" du texte biblique, caractéristique de l'orthodoxie luthérienne – la Bible aurait été entièrement dictée par Dieu à des scribes, ce qui en fait un texte sacré et en interdit longtemps l'examen par les méthodes profanes de la critique textuelle – est devenue intenable. Elle fait place à une conception historicisée de la Bible. Johann S. Semler (1725-1791), théologien, successeur de Baumgarten à l'université de Halle, est le fondateur de la science biblique appuyée sur la méthode historico-critique, qui permet de concilier le maintien des vérités fondamentales avec la présentation de la genèse et de l'évolution de la religion. À la fin du siècle, c'est dans la suite de ces travaux que commence à se développer dans les rangs de l'Église luthérienne la science qui deviendra la *Bibelwissenschaft* allemande, avec notamment l'hypothèse documentaire (qui consiste à se demander quelles sont les différentes sources du texte biblique, brisant ainsi son homogénéité et son unité de composition, admises jusqu'alors). Un tel questionnement aurait été impossible au XVIIe siècle. Le développement de cette science montre l'évolution de la problématique religieuse.

Le piétisme est le mouvement de réforme le plus important en Allemagne après la Réforme de Luther. Au XVIIe siècle, l'élan spirituel de la Réforme, à l'issue d'un siècle de guerres de religion et de controverses confessionnelles, s'est figé en dogmatisme et nombreux sont ceux qui aspirent au recentrement de la religion sur l'expérience intérieure de la foi et sur la pratique. Philipp Jakob Spener (1635-1705) est le "patron" du piétisme dans l'Église luthérienne, par l'institution des Collegia pietatis à Francfort – réunions informelles d'entretiens pieux et de lecture non savante de la Bible, qui donnent au piétisme une forme visible dans la société – et la publication des *Pia Desideria* (1675), programme de réforme modérée de l'Église, qui met l'accent sur la diffusion de la Parole de Dieu, la pratique du christianisme, le dépassement des querelles confessionnelles – en cela d'ailleurs proche du programme de l'Aufklärung. En butte aux attaques de l'orthodoxie, qui le considère comme une forme dangereuse d'enthousiasme religieux (*Schwärmerei*) et de dévoiement du sentiment, le mouvement piétiste réussit à consolider ses positions en s'appuyant sur la conjoncture politique favorable dans le Brandebourg. August Hermann Francke (1663-1727), nommé à l'université de Halle nouvellement créée (contre Wittenberg, forteresse de l'orthodoxie), fonde un orphelinat (*Hallisches Waisenhaus*), autour duquel se développe une véritable institution sociale. L'arrivée au pouvoir du Roi-Sergent, Frédéric-Guillaume Ier (1713), et la protection qu'il accorde à la fondation de Francke consolident la position du piétisme, qui devient une sorte de "religion d'État prussienne", au prix de l'abandon de sa vocation proprement religieuse, missionnaire et universaliste. Le piétisme de Halle, issu au départ d'un authentique mouvement de réforme, persécuté par l'orthodoxie, proche de l'Aufklärung, se fige à son tour en orthodoxie et devient répressif (interdiction des théâtres à Halle ; déclaration de guerre à l'Aufklärung, cabale contre Christian Wolff). Son influence décline progressivement jusqu'au milieu du XVIIIe, et c'est alors une nouvelle génération de théologiens rationalistes et néologues qui s'établit à l'université de Halle. À côté du piétisme de Halle, la *Brüdergemeine* (Communauté des Frères moraves) de Nikolaus Ludwig Graf von Zinzendorf (1700-1760), établie à Herrnhut, en Lusace, représente une autre évolution du piétisme, que l'on distinguait du "piétisme" proprement dit – celui de Spener et Francke – à l'époque de Lessing, pour lui réserver le nom de *Herrnhuter*. Le piétisme morave évolue progressivement vers un mouvement aux antipodes du piétisme social et ascétique de Francke. En lutte à la fois contre l'orthodoxie et le piétisme de Halle, il incarne une orientation mystique, une religion du cœur (*Herzensreligion*) et une spiritualité de l'effusion qui marqueront la culture de la sensibilité et influenceront profondément le jeune Goethe (voir le livre *Bekenntnisse einer schönen Seele* dans le *Wilhelm Meister*). Le piétisme de Herrnhut constitue une référence religieuse importante pour Lessing. L'un de ses premiers textes sur la religion, *Gedanken über die Herrnhuter*, est consacré à la réhabilitation d'un christianisme de la pratique, contre les attaques de l'orthodoxie.

On dira encore un mot du courant souterrain des hétérodoxes radicaux, qui existe depuis le XVIIᵉ siècle et qui a constitué un corpus important d'écrits libertins, voire matérialistes, régulièrement condamnés, mais dont l'influence secrète est toujours effective – ne serait-ce que parce que les orthodoxes doivent les réfuter et que bon nombre d'*Aufklärer* sont contraints de lutter contre les attaques qui visent à les confondre avec ce courant en les dénonçant comme hétérodoxes (v. Repères/La genèse de *Nathan*). Dans la "querelle des Fragments", l'orthodoxe Goeze n'hésitera pas à ranger Lessing dans le camp de ces impies. Ils ne représentent pas une philosophie cohérente et systématique, mais procèdent plutôt par collage d'influences venues de Hobbes, de Gassendi, de Spinoza, ou du scepticisme hérité de Montaigne et Charron, ainsi que des textes clandestins européens (*Theophrastus redivivus*, *Symbolum sapientiae,* et surtout le plus célèbre, le *Traité des trois imposteurs*, dont Lessing se souvient lorsqu'il fait des trois frères de la parabole des "trompeurs trompés" – *Betrogene Betrüger*). Ils attaquent violemment le christianisme au nom de la raison, et considèrent la religion comme une imposture politique dont ils dénoncent l'intolérance et les falsifications. Cette attaque ne se fait pas uniquement au nom de l'athéisme ; les auteurs se réclament parfois d'une religion naturaliste à la manière de l'antiquité, ou d'un déisme de tradition anglaise. Leur critique du texte biblique en souligne les incohérences et en remet en cause l'authenticité. D'un tel point de vue, le christianisme n'a pas de privilège par rapport aux autres religions monothéistes, le judaïsme et l'islam.

L'Aufklärung a recherché avant tout la conciliation de la raison et de la révélation. Un penseur comme Leibniz se réclamait explicitement de l'Église évangélique (luthérienne), tout en cherchant s'il était possible de parvenir à une "union des Églises" avec les réformés (calvinistes) et les catholiques (voir sa correspondance avec Bossuet). Après lui, l'Aufklärung essaie de rationaliser la religion plutôt que de la combattre, mais ses représentants sont souvent en butte aux attaques soit des luthériens orthodoxes, soit des piétistes.

L'un des enjeux de ces discussions sur la religion est le problème de la tolérance : à la fois la tolérance du christianisme à l'égard des autres religions et la tolérance entre chrétiens. Un second enjeu, lié au premier, est celui de la liberté de conscience et de la liberté d'exprimer ce que l'on pense (ce qui pose le problème de la censure et de l'influence de l'Église sur l'État : Goeze a suffisamment d'influence pour amener le prince de Brunswick à rétablir la censure préalable dont Lessing était dispensé). Un troisième enjeu est celui de la lecture et de l'interprétation de l'Écriture sainte (vérité historique ; vérité seulement allégorique ; enseignement moral ; conciliation avec les vérités découvertes par la raison).

Les Lumières, à l'exception de Wolff, ne construisent pas de grands systèmes philosophiques. Ses représentants ne veulent pas s'adresser seulement à un public restreint d'érudits, ils veulent au contraire atteindre le plus large public possible, par tous les moyens possibles. Cela implique d'une part d'écrire en allemand (Lessing en fait son cheval de bataille dans les *Anti-Goeze*, v. Repères/La genèse de *Nathan*), et d'autre part d'utiliser les moyens de la littérature. Réciproquement, la littérature alors refuse d'être un simple divertissement : les fables de Gellert se veulent une invitation à la sociabilité. Elle se charge d'idées – le problème est alors de savoir comment elle pourra éviter de devenir de la littérature à thèse.

Chez Lessing, nous verrons à la fois une réflexion critique sur la littérature (en particulier les problèmes du théâtre) et le recours effectif à un grand nombre de genres littéraires : la fable, le théâtre, le pamphlet, le bref opuscule philosophique, la correspondance. Sa pensée ne se développe pas systématiquement, elle se saisit plutôt des occasions qui lui sont fournies par l'actualité, par la critique d'un adversaire, ou par une lecture classique, dont il dégage la valeur actuelle. Cette figure de l'écrivain qui réagit et prend position dans le débat public est typique des Lumières.

CNED en all.

LE CONTEXTE POLITIQUE, SOCIAL, ÉCONOMIQUE

Un aperçu de la situation des pays allemands à l'époque montrera dans quelles conditions se développe l'Aufklärung, et comment Lessing s'insère dans ce mouvement. Cela permettra aussi de contextualiser *Nathan le Sage*. Pour être située à l'époque historique de la Troisième Croisade (1189-1192), l'œuvre fait entendre des échos directs ou atténués de problèmes de l'époque : l'absolutisme et la question du pouvoir ; la représentation de la couche moyenne “bourgeoise” qui est le support de l'Aufklärung ; l'ouverture de l'espace public et la question de la tolérance (v. Problématiques/L'idée de tolérance).

LES PAYS ALLEMANDS AU XVIIIe SIÈCLE

Le retard des pays allemands par rapport à d'autres États comme l'Angleterre et la France est sensible au XVIIIe siècle. Au XVIe siècle, l'Allemagne tenait son rang parmi les autres nations européennes, mais les luttes confessionnelles et le morcellement territorial ont considérablement affaibli l'Empire. La guerre de Trente Ans (1618-1648) représente une catastrophe terrible, dont le souvenir hante l'Allemagne (et sa littérature, comme en témoignent la trilogie *Wallenstein* de Schiller, la “chronique de la guerre de Trente Ans”, sous-titre de *Mutter Courage und ihre Kinder* de Bertolt Brecht, ou l'œuvre romanesque de Günter Grass). Après la dévastation de ses territoires, l'Allemagne conserve un handicap durable en matière économique comme en matière culturelle.

Voici comment Frédéric II décrit l'état des pays allemands dans son *Histoire de mon temps*, un texte écrit sur plusieurs décennies, qui constitue la suite de l'histoire de Brandebourg :

> Ce qui retarda le progrès des arts en Allemagne, ce furent les guerres qui se suivirent depuis Charles-Quint jusqu'à celle de la succession d'Espagne [1701-1713]. Les peuples étaient malheureux, et les princes, pauvres. Il fallut penser premièrement à s'assurer les aliments indispensables, en remettant les terres en culture ; il fallait établir les manufactures selon que les premières productions les indiquaient : et ces soins presque généraux empêchèrent que la nation pût se tirer des restes de la barbarie dont elle se ressentait encore ; ajoutez qu'en Allemagne les arts manquaient d'un point de ralliement, comme étaient Rome et Florence en Italie, Paris en France, et Londres en Angleterre. Les universités avaient, à la vérité, des professeurs érudits, pédants et toujours dogmatiques ; personne ne les fréquentait, à cause de leur rusticité. Il n'y eut que deux hommes qui se distinguèrent à cause de leur génie, et qui firent honneur à la nation : l'un, c'est le grand Leibniz, et l'autre, le docte Thomasius. Je ne fais point mention de Wolff, qui ruminait le système de Leibniz, et rabâchait longuement ce que l'autre avait écrit avec feu. La plupart des savants allemands étaient des manœuvres : les Français, des artistes ; ce fut la cause que les ouvrages français se répandirent si universellement, que leur langue remplaça celle des Latins, et qu'à présent quiconque sait le français, peut voyager par toute l'Europe sans avoir besoin d'un interprète. [FRÉDÉRIC II, 1846]

Le philosophe français Lucien Lévy-Bruhl décrit ainsi l'état des territoires allemands : "C'était la Réforme d'abord, qui avait rompu l'unité morale de l'Allemagne ; c'étaient surtout les guerres issues de la Réforme qui avaient appauvri, déprimé, presque *décivilisé* le pays. La décadence avait été rapide, continue, effroyable." [LÉVY-BRUHL, 1907] L'Allemagne mettra plusieurs générations à retrouver sa place parmi les nations européennes. Et même alors, cette entreprise de reconstruction n'a pas le caractère d'un réveil national. Il s'agit d'un "réveil local, qui a lieu simultanément en plusieurs points, fort éloignés les uns des autres, semblables à ces cœurs multiples et rudimentaires que l'on voit battre dans certains organismes inférieurs… Aucune pensée consciente n'y préside." [LÉVY-BRUHL, 1907]

En France, les rois ont réussi à arrondir leur territoire et à édifier une monarchie absolue centralisée, ce qui permit de lancer l'essor économique du pays et d'unifier la nation dans l'assujettissement au pouvoir royal. L'Angleterre, pour sa part, a réalisé un autre modèle d'État national avec un régime de monarchie parlementaire. Le pouvoir royal y est limité par celui du Parlement et l'arbitraire est contenu par des textes garantissant les libertés des citoyens. Un système représentatif se met progressivement en place. Cette évolution différencie l'Angleterre de la France. Les penseurs français du XVIIIe siècle découvrent l'Angleterre et l'érigent en modèle : Montesquieu comme Voltaire célèbrent la "liberté" anglaise : liberté politique, liberté de pensée, libéralisme économique. De manière caractéristique pour la pensée des Lumières, l'activité économique, en particulier le commerce, est le vecteur de la liberté et de la prospérité de l'État : "Le commerce qui a enrichi les citoyens en Angleterre, a contribué à les rendre libres, et cette liberté a étendu le commerce à son tour ; de là s'est formée la grandeur de l'État", écrit Voltaire en 1734 dans ses *Lettres philosophiques* (Dixième Lettre "sur le commerce").

Pour les territoires allemands, la guerre de Trente Ans n'a pas réalisé l'union des forces nationales contre le danger extérieur, propre à renforcer le sentiment de l'identité de la nation et de l'État. Au contraire, le péril découvre et met à nu les divisions de la nation allemande et conduit au déclin du sentiment national. Le morcellement territorial (*Kleinstaaterei*) empêche les territoires allemands de se constituer en nation. Bien plus tard, la création de la Confédération du Rhin (*Rheinbund*) par Napoléon Ier, qui précèdera de peu la dissolution du Saint-Empire en 1806, réduira considérablement le nombre des États allemands, avant que le congrès de Vienne ne redessine la carte de l'Europe après la chute de l'empereur.

Les Allemands n'ont pas de capitale, et il s'en faut de beaucoup qu'ils aient une langue unifiée. En 1780, le monarque prussien peut écrire dans *De la littérature allemande* :

> Je trouve une langue à demi barbare, qui se divise en autant de dialectes différents que l'Allemagne contient de Provinces. Chaque Cercle [Kreis, division du Saint-Empire] se persuade que son Patois est le meilleur. Il n'existe point encore de recueil muni de la sanction nationale, où l'on trouve un choix de mots et de phrases qui constitue la pureté du Langage [le Dictionnaire de

> l'Académie française]. Ce qu'on écrit en Souabe n'est pas intelligible à Hambourg, et le Style d'Autriche paraît obscur en Saxe. Il est donc physiquement impossible qu'un auteur doué du plus beau génie puisse supérieurement bien manier cette langue brute.

C'est sous le choc de l'occupation par les troupes napoléoniennes que va s'enflammer le sentiment national, pour repousser l'envahisseur.

À l'époque de l'Aufklärung, la forme d'expression de l'idée nationale n'est pas politique, mais intellectuelle et spirituelle. Une première cristallisation du sentiment national s'opère autour de la figure de Frédéric II, qui devient le héros de la cause nationale lorsqu'il tient tête à une coalition européenne durant la guerre de Sept Ans (1756-1763). Dans le second livre de *Poésie et Vérité*, Goethe mentionne les querelles qui éclatent au sein de sa famille, partagée entre les partisans de l'Empereur, François de Lorraine, époux de Marie-Thérèse d'Autriche, et ceux de Frédéric II, dont son père, qui lui communique son enthousiasme pour la cause du monarque prussien :

> Und so war ich denn auch preußisch oder, um richtiger zu reden, Fritzisch gesinnt: denn was ging uns Preußen an? Es war die Persönlichkeit des großen Königs, die auf alle Gemüter wirkte. Ich freute mich mit dem Vater unserer Siege, schrieb sehr gern die Siegeslieder ab und fast noch lieber die Spottlieder auf die Gegenpartei, so platt die Reime auch sein mochten. [...] [GOETHE, 2011]

Dans le Livre VII, il relève une des premières expressions littéraires du sentiment national, les chants guerriers (*Kriegslieder*) de Gleim. Le combat pour l'édification d'une littérature nationale allemande, qui doit s'affranchir des influences étrangères, se comprend sur cet arrière-plan.

Du point de vue de l'équilibre des forces sur l'échiquier politique, le centre de gravité s'est déplacé du Reich vers les territoires : c'est une évolution qui se dessine depuis la guerre de Trente Ans. La paix de Westphalie (*Westfälischer Frieden*, 1648) consacre le déclin du Saint-Empire romain germanique, qui, en dépit de son extension territoriale, perd de son importance comme grande puissance européenne. Le Saint-Empire ne peut plus assurer la cohésion des territoires allemands (on sait qu'à l'époque il y en a plus de 300 en moyenne, de statut et d'importance très divers). L'affaiblissement de la puissance impériale va de pair avec l'ascension des territoires. C'est à l'échelle de ceux-ci que se fait sentir le processus général de concentration du pouvoir. L'évolution des territoires au XVIIIe siècle est très différente selon leur taille et le stade de développement de l'absolutisme, qui représentent aussi un défi économique. Les petits territoires, économiquement faibles, ou mal administrés en matière financière, ne peuvent faire jeu égal avec des territoires plus importants et sont entraînés dans un déclin souvent irréversible. On parle des princes à la tête de minuscules territoires comme de *Duodezfürsten* ("princes in-12" ou *in-duodecimo*, du nom d'un format de livres où le feuillet d'origine est plié 12 fois) : épris de représentation, ils cherchent à établir leur cour sur le modèle de Versailles, mais leur train de vie dispendieux est sans commune mesure avec les ressources souvent maigres et mal exploitées de la principauté, dont les sujets bien souvent doivent financer les coûteux plaisirs. Le monarque, qui devrait être le *Landesvater*, le père de ses peuples, avec le devoir d'en assurer la subsistance et la prospérité, se transforme en tyran et despote et n'hésite pas, le cas échéant, à vendre ses sujets au Royaume-Uni en guerre contre les insurgés américains (épisode illustré dans une scène célèbre de la tragédie bourgeoise de SCHILLER *Kabale und Liebe* [1784, 1980], II, 2, où la maîtresse du prince apprend d'un valet le coût humain de la somptueuse parure qu'elle reçoit). Le duc Charles Ier de Brunswick-Wolfenbüttel lui-même, le souverain de Lessing à l'époque où celui-ci dirige la bibliothèque ducale (v. Repères/La biographie de Lessing), a lui aussi recours à ce moyen pour financer les dépenses de sa principauté.

C'est à l'échelle des territoires que se déroule le conflit politique majeur du XVIIIe siècle : la rivalité entre la Prusse, gouvernée par la dynastie des Hohenzollern, et l'Autriche, avec la monarchie des Habsbourg. À cette époque se construit le "dualisme allemand" (*deutscher Dualismus*) autour des deux pôles incarnés par la Prusse et l'Autriche. Il pèsera d'un grand poids lorsque, au moment de la révolution de 1848, se cristallisera la question de l'unité de l'Allemagne, avec l'alternative entre la solution *großdeutsch* (qui inclurait l'Autriche, en soulevant le problème des minorités nationales dans les territoires gouvernés par les Habsbourg) et la solution *kleindeutsch* (resserrée autour de la Prusse), celle qui sera finalement retenue.

Jusqu'alors, c'est l'Autriche qui avait eu la prééminence indiscutée parmi les pays allemands, mais sa position est menacée par le jeune royaume de Brandebourg-Prusse (*Brandenburg-Preußen*), issu de l'union personnelle conclue en 1618 entre la marche de Brandebourg et la Prusse ducale sous l'autorité des souverains de la dynastie des Hohenzollern. Frédéric II écrit dans l'*Histoire de mon temps* :

> On vit [...] la maison de Brandebourg quitter le banc des électeurs pour s'asseoir parmi les rois ; elle ne figurait aucunement dans la guerre de trente ans. La paix de Westphalie lui valut des provinces qu'une bonne administration rendit opulentes. La paix, et la sagesse du gouvernement, formèrent une puissance naissante, presque ignorée de l'Europe, parce qu'elle travaillait en silence, et que ses progrès n'étaient pas rapides, mais une suite du temps bien employé. On parut étonné lorsqu'elle commença à se développer. [FRÉDÉRIC II, 1846]

Sous le règne de Frédéric-Guillaume Ier, dit le "Roi-Sergent" (1688-1740), s'accomplit la rationalisation de l'État, avec le développement de la bureaucratie et de l'armée. Cet État bureaucratisé et militarisé, régenté avec une sévère économie, devient, aux mains de son fils, Frédéric II, qui lui succède en 1740, l'instrument d'une politique de conquête. Les deux guerres de Silésie (qui s'achèvent par la cession de la Silésie à la Prusse) et la guerre de Sept Ans vont propulser la Prusse au rang de grande puissance européenne, qui peut rivaliser avec la France, l'Angleterre, la Russie et l'Autriche – et viendra s'asseoir à la table des négociations du congrès de Vienne (1814-1815). L'opposition radicale entre la Prusse et l'Autriche, un topos de l'époque, se lit dans la différence frappante entre les deux capitales de ces royaumes : Berlin fait pâle figure à côté de la capitale viennoise, en dépit des grands travaux entrepris par Frédéric II. C'est à peine une résidence, bien plutôt une ville de garnison, gouvernée par l'armée et la bureaucratie. Un mot de Voltaire résume l'impression générale (Lettre à M. d'Alembert, Potsdam, le 5 septembre 1752) : "Il y a prodigieusement de baïonnettes et fort peu de livres. Le roi a fort embelli Sparte, mais il n'a transporté Athènes que dans son cabinet."

Lessing séjourne à plusieurs reprises à Berlin, où il fait carrière dans le journalisme et participe au mouvement des Lumières berlinoises, mais il a aussi envisagé d'accepter un poste à Vienne et ses pièces ont été représentées dans la capitale autrichienne.

LE RÉGIME DE L'ABSOLUTISME

L'absolutisme, système politique qui concentre tous les pouvoirs dans les mains du souverain, est un phénomène à l'échelle européenne, qui apparaît à la Renaissance et atteint son apogée au siècle des Lumières, où il s'impose comme la forme de régime dominante. C'est le gouvernement qui, dans le contexte des guerres de religion qui ébranlent la prospérité et la paix d'une nation, apporte la réponse la plus efficace. Seul un État fort dispose du pouvoir nécessaire pour mettre fin aux conflits religieux et rétablir l'ordre et la concorde civile.

Les fondements de la doctrine de l'absolutisme ont été établis par le juriste français Jean Bodin (1530-1596) dans son ouvrage de philosophie politique *les Six Livres de la République* ["république" au sens ancien, tiré du latin *respublica*, désigne la "chose publique", l'organisation politique de l'État, sans préjuger de sa forme : monarchie, aristocratie ou démocratie] (1576). Ce livre est écrit sur l'arrière-plan des guerres entre catholiques et huguenots qui ensanglantent la France (le massacre de la Saint-Barthélemy a eu lieu en 1572). Jean Bodin définit la notion centrale de souveraineté (en latin *majestas*) comme la "puissance de donner et casser la loi". Le souverain est placé au-dessus des lois, ne reconnaît "rien plus grand que soi après Dieu" et "n'est tenu [de] rendre compte qu'à Dieu". Le philosophe anglais Thomas Hobbes (1588-1679), qui cherche une issue à la guerre civile causée par l'opposition entre le roi Charles Ier et le Parlement, fonde le pouvoir absolu du prince sur le pacte social et établit ainsi le fondement rationnel de l'absolutisme. Les individus, qui, dans l'état de nature, sont, au moins virtuellement, en guerre les uns avec les autres et ne peuvent mettre fin à leurs conflits, abandonnent leurs droits naturels au souverain qui les représente tous, fondant ainsi l'État. Ils se démettent donc de leur souveraineté et se font sujets, s'obligeant à obéir en tout à celui qui les gouverne, en échange de sa protection.

Le fondement du pouvoir absolu est en premier lieu de nature religieuse, selon les doctrines du pouvoir de droit divin (où il est conféré directement par Dieu au souverain, et non pas par l'intermédiaire d'une Église), ou au contraire de nature rationnelle, selon les théories du pacte. Mais sur le plan historique, cela revient au même : l'État devient une instance autonome. L'historien allemand Reinhart Koselleck, dans son ouvrage célèbre sur l'instauration de la monarchie absolue et sa critique par la philosophie du XVIIIe siècle, écrit : "Appuyée sur la magistrature et les militaires, la monarchie a construit au-dessus des religions un champ d'action rationnel déterminé par l'État et par la politique." [KOSELLECK, 1979] Avec l'absolutisme, le spectre de la guerre civile s'éloigne, l'ordre et la concorde sont garantis à l'intérieur du royaume, ce qui permet l'essor des Lumières. Reinhart Koselleck insiste sur ce point :

> Le fait fondamental du XVIIIe siècle est donc l'épanouissement du monde moral dû à la stabilité du monde politique préalablement assurée. C'est seulement par la neutralisation politique des conflits religieux et par la limitation des guerres à des guerres purement étrangères qu'a été dégagé l'espace social où la nouvelle élite pouvait s'épanouir. [KOSELLECK, 1979]

L'historien Joseph ROVAN [1994] fait le même constat pour la Prusse, en commentant la paix d'Hubertsbourg, qui met fin à la guerre de Sept Ans : "Un lien profond existe entre l'installation du peuple dans la paix et la sécurité (le territoire prussien n'a pas connu la guerre entre 1763 et 1805, pendant plus de quarante ans !) et une double ascension, la montée socio-économique de la bourgeoisie et la formation d'une culture nationale."

La nature de l'absolutisme consiste dans l'accroissement formidable et la concentration du pouvoir dans les mains du prince. Le XVIe siècle avait été en Allemagne le siècle des "états" (*Landstände*), qui représentent les groupes privilégiés (le clergé, les chevaliers et les villes), associés au gouvernement des territoires : leur approbation est requise notamment pour le vote des contributions et des taxes. La guerre de Trente Ans a mis en lumière la lenteur et la pesanteur de ce dispositif en temps de crise et, par contrecoup, a renforcé l'autorité du prince, appuyée sur une administration solide et efficace, en raison de sa capacité à agir et à mobiliser les armées, les ressources et les hommes. Dans son ouvrage *Soldats et citoyens*, Thomas Hippler souligne l'importance de l'armée dans la construction de l'État absolutiste :

> La construction de l'État, la centralisation administrative et la monopolisation de la force armée sont des processus historiques étroitement liés. Les armées permanentes, telles qu'elles se sont formées avec la guerre de Trente Ans, nécessitaient une administration fortement centralisée, capable de les diriger, de les équiper, de les contrôler. Pour reprendre la formule célèbre de Charles

> Tilly, "la guerre a fait l'État et les États ont fait la guerre". [Hippler, 2006]

C'est la double nécessité d'une bureaucratie bien rôdée et d'une armée forte qui a fait advenir l'absolutisme dans les territoires allemands. Le règne de Frédéric-Guillaume de Brandebourg, dit le Grand Électeur, a montré, dans le cas du Brandebourg-Prusse, l'importance des réformes de l'administration, des finances et de l'armée. L'absolutisme apparaît ainsi comme le socle de la modernisation de l'État. Pour ce faire, il est fondé à contrôler et réglementer tous les domaines de l'activité dans le pays. Il développe une administration centralisée et recrute à cet effet un corps de ministres d'État formés dans les universités aux disciplines philosophiques, économiques, administratives et financières. Il fait évoluer l'armée vers une armée de métier. Tous les domaines de l'économie et de la société sont réglementés par la *Policey*, qui vise tout autant la prospérité du pays que le contrôle social (*Sozialdisziplinierung*). L'article "Policey" du grand dictionnaire encyclopédique édité par Johann Heinrich Zedler [1731-1754] montre le lien entre ces deux versants :

> (Lat. *Politia*)… les lois, les institutions et les ordonnances données et prescrites à une ville ou à un pays, afin que chacun s'y conforme dans le commerce et dans la conduite des affaires, de manière à ce que tout aille de manière ordonnée et paisible, pour la conservation de la société humaine […] On appelle lois de police celles qui visent la prospérité de la république ou de l'État, afin que les sujets et les habitants d'un pays ou d'une cité puissent demeurer dans la tranquillité et la paix, et vivent dans l'aisance. Par exemple, lorsque l'on interdit de s'adonner avec excès à la nourriture et à la boisson, et de se débaucher dans les jeux et la profanation du sabbat ; lorsque l'on édicte un règlement sur les mendiants, bohémiens, voleurs de grand chemin et autres bons à rien ; lorsque l'on publie des ordonnances sur les mariages, les baptêmes, les réjouissances, les enfants, les domestiques, les métiers et les vêtements, et autres du même genre. [traduction AL]

Le développement de l'État absolutiste aboutit à soumettre toute activité à l'intérêt de l'État, qui s'incarne dans la personne du monarque : "L'État, c'est moi", disait Louis XIV, le roi absolu, pris pour modèle par bon nombre de princes allemands du XVIIIe siècle. La concentration du pouvoir dans les mains du souverain implique la mise à l'écart de toutes les instances (corporations, institutions, groupes d'intérêt) qui, dans les temps plus anciens, bornaient le pouvoir du souverain, notamment les états (*Stände*), que le prince devait convoquer à intervalles réguliers. Au fil du temps, les princes absolutistes ont cherché à miner cette représentation légale et à réduire les droits et les prérogatives des états. En France, l'absolutisme a affaibli et appauvri la noblesse et a réprimé la résistance des parlements. Une évolution semblable se dessine dans les territoires allemands : les droits corporatifs sont supprimés sans compensation, à une époque où il n'existe pas de droits de l'individu garantis (avant la guerre d'Indépendance en Amérique et la Révolution française). À l'époque des Lumières, les penseurs politiques demandent le contrôle du pouvoir politique et la séparation des pouvoirs (Montesquieu). D'autres font l'apologie d'un passé où, dans le cadre de la société d'états, certains jouissaient de privilèges et de franchises – c'est le sens de la "liberté" du chevalier Götz von Berlichingen, exaltée par Goethe : elle repose de fait sur un système social foncièrement inégalitaire et n'a rien à voir avec la notion de liberté au sens d'un principe universaliste et abstrait.

Au plan politique, la monarchie absolutiste cherche donc à écarter toutes les institutions et structures indépendantes. Au plan économique, l'absolutisme représente une forme de planification et réquisitionne toutes les ressources au service de l'augmentation de la puissance économique et de l'enrichissement de l'État. L'État absolutiste doit en effet faire face à l'augmentation des dépenses, qui ne s'explique pas seulement par les obligations de représentation princière et le faste de la vie de cour (héritage de l'époque baroque, que Frédéric II rejette : "Frédéric vivait sans cour" écrit Voltaire dans ses *Mémoires*) mais aussi par les tâches et obligations nouvelles qui incombent à l'État : développement de l'administration, entretien d'une armée régulière, soutien de l'activité économique, politique de grands travaux, d'aménagement des territoires et de rénovation urbaine. Pour remédier aux destructions de la guerre de Trente Ans, on met en œuvre une politique de (re)peuplement, en encourageant l'immigration : l'accueil des huguenots français par le monarque prussien, emblème d'une politique de tolérance religieuse, est aussi inspiré par des considérations économiques.

> Il arriva depuis un événement favorable qui avança considérablement les projets du Grand Électeur : Louis XIV révoqua l'édit de Nantes ; et quatre cent mille Français, pour le moins, sortirent

de ce royaume. Les plus riches passèrent en Angleterre et en Hollande ; les plus pauvres, mais les plus industrieux, se réfugièrent dans le Brandebourg, au nombre de vingt mille ou environ ; ils aidèrent à repeupler nos villes désertes, et nous donnèrent toutes les manufactures qui nous manquaient. [...]

À l'avènement de Frédéric-Guillaume [le Grand Électeur] à la régence, on ne faisait, dans ce pays, ni chapeaux, ni bas, ni serges, ni aucune étoffe de laine : l'industrie des Français nous enrichit de toutes ces manufactures [...]. Quelques-uns de ces réfugiés se firent marchands, et débitèrent en détail l'industrie des autres : Berlin eut des orfèvres, des bijoutiers, des horlogers, des sculpteurs [...]. Le Grand Électeur, pour encourager une colonie aussi utile, lui assigna une pension annuelle de quarante mille écus, dont elle jouit encore.

Ainsi l'Électorat se trouva plus florissant vers la fin de la régence de Frédéric-Guillaume, qu'il ne l'avait été sous aucun de ses ancêtres ; et la grande augmentation des manufactures étendit les branches du commerce, qui roula dans la suite sur nos blés, sur les bois, sur les étoffes et les draps, et sur nos sels. [FRÉDÉRIC II, *Des mœurs, des coutumes, de l'industrie, des progrès de l'esprit humain dans les arts et dans les sciences*, 1846]

Le prince absolutiste est encore engagé dans la politique agricole : conquête de terres nouvelles, expérimentation de méthodes d'exploitation, introduction de cultures, comme celle de la pomme de terre en Prusse. Le terme de mercantilisme (du latin *mercatus*, commerce) désigne une théorie économique dans laquelle la richesse est fondée sur le négoce. Durant le XVIIe et le XVIIIe siècle, le système du mercantilisme crée les conditions du passage de la production artisanale à la production industrielle. En Allemagne domine le "caméralisme" (d'après la "chambre" – *camera*, *Kammer* – responsable du budget), une variante du mercantilisme qui vise à l'enrichissement de l'État, notamment par l'augmentation planifiée de la production de l'agriculture et de l'industrie. À l'ère préindustrielle, les techniques de l'artisanat sont encore en vigueur, le mode de production caractéristique est celui des manufactures (celles-ci seront remplacées plus tard par les usines). Le prince encourage la production par des privilèges et des subventions. Durant le règne de Frédéric II sont fondées de nouvelles manufactures en Prusse (textiles, porcelaine, métallurgie...). Mais l'Allemagne, du fait du morcellement territorial qui entraîne la multiplication des douanes intérieures et des systèmes monétaires, n'a pas encore de marché intérieur, ce qui constitue une entrave à la liberté du commerce. Cet obstacle ne sera levé qu'avec l'institution de l'union douanière des États allemands (*Deutscher Zollverein*, 1833).

Du point de vue social, les monarchies absolues restent attachées aux structures traditionnelles de la société d'états (*Ständegesellschaft*). L'État absolutiste a certes employé des serviteurs et ministres d'État issus des couches moyennes, intermédiaires entre la paysannerie et l'aristocratie (*Mittelstand*), et formés à l'université, mais les frontières entre la noblesse et les "bourgeois" demeurent étanches. L'avènement de couches sociales moyennes, qui deviennent des acteurs majeurs de la vie économique (négociants, manufacturiers) ou de la vie intellectuelle et culturelle (juristes, professeurs...), ces représentants d'une "bourgeoisie" au seuil de la citoyenneté (le *Bürger*, au sens du latin *civis*, devient le *Staatsbürger*) n'entraîne pas, dans un premier temps, d'évolution significative des structures sociales.

Frédéric II, quant à lui, a été clairement conservateur en matière sociale et n'a rien changé aux stratifications existantes. Il s'est préoccupé, sans doute, d'améliorer le sort des paysans, notamment en allégeant le servage sur ses domaines. Mais pour l'essentiel, son souci n'est pas de promouvoir les classes moyennes en entérinant l'ascension économique ou intellectuelle de nouvelles couches bourgeoises, mais bien de maintenir dans ses privilèges la noblesse, "le premier et le plus brillant ordre de l'État", écrit-il en 1775, dont la destination première est de servir dans l'armée et d'y occuper toutes les charges d'officiers supérieurs en développant la conscience d'une même appartenance nationale prussienne. C'est cette couche sociale privilégiée que Frédéric II cherche à s'attacher et à protéger, voyant en elle l'incarnation du dévouement à l'État et l'instrument de sa puissance.

> Un souverain doit regarder comme son devoir de protéger la noblesse qui fait le plus beau fleuron de sa couronne et le lustre de son armée; et par cette raison il doit non seulement les maintenir en repos, mais tâcher d'améliorer leur état et de les enrichir autant qu'il dépend de lui. [...]
>
> Cette digne noblesse a sacrifié sa vie et ses biens pour le service de l'État; sa fidélité et son mérite doivent lui attirer la protection de tous les souverains; et c'est un de ses [!] devoirs de soutenir les

> familles qui s'appauvrissent, pour les maintenir dans la possession de leurs terres : car ce sont eux qu'il faut regarder comme les bases et les colonnes de l'État. [Frédéric II, *Testament politique de 1752*, 1911]

Aussi s'oppose-t-il, notamment, à tout transfert de propriétés et de biens qui pourrait avoir pour conséquence l'affaiblissement de la noblesse et la promotion des roturiers, encouragés plutôt à se tourner vers le commerce. Cela constitue un obstacle majeur à la mobilité sociale et fixe durablement les traits caractéristiques de la société prussienne.

> Pour qu'ils se maintiennent dans leurs possessions, il est nécessaire d'empêcher les roturiers d'acquérir des biens nobles, et de les engager à placer leurs fonds dans le commerce, de sorte que, si quelque gentilhomme est obligé de vendre ses terres, qu'il ne se trouvent que des gentilshommes qui les achètent. [*Ibid.*]

Le personnage du baron de Thunder-ten-Tronckh, dans le *Candide* de Voltaire, est la caricature de cette caste aristocratique fermée : il refuse à Candide la main de sa fille, au motif que le jeune homme ne peut pas produire le nombre suffisant de quartiers de noblesse. Werther, le héros du roman du jeune Goethe (*Die Leiden des jungen Werthers*, 1774), jeune juriste talentueux, d'extraction bourgeoise, qui jouit de la faveur du prince, subit l'humiliation d'être exclu des salons aristocratiques. Pour des représentants du troisième, voire du quatrième état, les chances d'ascension sociale sont liées à la possibilité d'étudier (en particulier le latin) pour devenir professeur, prédicateur… Les autobiographies célèbres du XVIIIe siècle (Jung-Stilling, Moritz) font état des tribulations et des vicissitudes de ceux qui veulent sortir de leur état. Le soutien financier du prince, ou de familles nobles, permet à des fils de familles instruites et cultivées, mais sans ressource, d'être éduqués dans des collègues princiers, puis de faire des études à l'université. La contrepartie, comme on peut s'en douter, est que le fils doit suivre le chemin tracé pour lui : Lessing, qui passe plusieurs années au collège princier de Sainte-Afra à Meißen (v. Repères/La biographie de Lessing), est financé par une famille noble, son père demande ensuite une bourse pour des études de théologie ; le jeune Schiller, qui rêvait d'être pasteur, est destiné par le prince à devenir médecin militaire.

L'absolutisme jette le fondement de la modernisation de l'État. On se gardera d'opposer frontalement l'Aufklärung à l'absolutisme car, de fait, la réalité est beaucoup plus complexe. L'action et l'œuvre des princes ne sont jamais affranchies de considérations utilitaristes, qui sont aussi les conditions de leur efficacité: la fondation d'établissements universitaires répond à l'objectif de former un corps de serviteurs de l'État zélés, mais surtout compétents, ce qui se traduit par la remise en cause du primat de l'érudition humaniste ancienne au profit de l'ouverture aux nouvelles sciences (les sciences camérales, par exemple). Les problèmes religieux ne sont jamais détachés de considérations politiques, sociales ou économiques, comme le montrent les testaments politiques des Hohenzollern, très conscients que l'accueil des huguenots fuyant la France a fondé la prospérité de leur royaume. La politique de "tolérance" dont ils consignent les principes, ou plutôt l'impératif de maintenir l'équilibre entre les principales confessions, se justifie aussi par la crainte de voir les conflits religieux dégénérer, et les minorités persécutées aller enrichir les pays voisins (v. Problématiques/ L'idée de tolérance). La religion est vue en fonction de son intérêt pour l'État, comme un facteur de la moralisation des sujets, et donc de la stabilité de la société.

Mais on peut dire que l'absolutisme princier est une des forces motrices de l'Aufklärung. Charles-Guillaume-Ferdinand (1735-1806), fils aîné du duc de Brunswick-Wolfenbüttel, souverain de Lessing, est un homme éclairé, à l'initiative de la proposition faite à Lessing d'occuper le poste de bibliothécaire ducal et de travailler à la mise en valeur des fonds de la bibliothèque (v. Repères/La biographie de Lessing). L'historien Étienne FRANÇOIS [1978] a fait valoir que les villes libres d'Empire, qui, à l'exception de quelques-unes (Hambourg, Francfort...), se trouvent en dehors de la sphère d'influence des *Territorialstaaten*, sont en définitive plus conservatrices et arriérées (en raison du poids de leur histoire, avec les droits, privilèges et libertés acquis) que les résidences princières, plus dynamiques, qui se développent avec l'absolutisme et deviennent des foyers de la modernisation économique, sociale, culturelle, avec une liberté de la presse et une liberté religieuse souvent plus grande. Les nouvelles couches sociales "bourgeoises", qui sont les vecteurs des Lumières (serviteurs de l'État, juristes, professeurs) vont souvent habiter dans les résidences princières.

FRÉDÉRIC II, LE ROI PHILOSOPHE : LES CONTRADICTIONS DE L'ABSOLUTISME

L'absolutisme fait partie des acteurs du processus de l'Aufklärung et se réclame des Lumières, mais il peut y avoir conflit entre le principe du pouvoir absolu et le principe de liberté (celui des Lumières comme celui des conservatismes se référant aux franchises accordées dans le cadre de la société d'états).

En Frédéric II, le monarque prussien (1740-1786), s'incarne le double visage de l'absolutisme, sous la forme plus tardive qui s'est développée principalement dans les États allemands et se réclame explicitement des Lumières : l'absolutisme ou le despotisme éclairé. Aux réformes visant la modernisation de l'État, entreprises par le prince absolu, s'ajoutent d'autres réformes emblématiques : abolition de la torture, évolution vers l'État de droit, amélioration du sort des plus pauvres dans la société (les paysans notamment), institution d'un système scolaire au niveau de l'État, destiné à diffuser l'instruction plus largement dans la population. Dans cette même mesure, le gouvernement du prince absolu se moralise. Là où, au début de l'absolutisme, régnait le principe brutal de la raison d'État, le prince éclairé se définit volontiers comme le premier serviteur de l'État, le père de ses peuples, qui se consacre prioritairement à assurer le bonheur de ses sujets.

Frédéric II, avec des dons pour la littérature et la philosophie, a été marqué dans sa jeunesse par la pensée matérialiste et le rationalisme wolffien. Plus tard (1736), il entre en relation épistolaire avec Voltaire, dont il admire la pensée et l'œuvre, et, par son intermédiaire, se familiarise avec la philosophie anglaise. L'attitude de Frédéric II en matière de religion est représentative de certains aspects importants de la pensée des Lumières. Sans se considérer lui-même comme un croyant, il accorde une grande valeur à la morale chrétienne, comme il l'écrit peu de temps avant d'accéder au trône, dans une lettre du 10 janvier 1739 à l'un de ses serviteurs, Camas : "La foi vivifiante n'est point mon mérite éminent, mais la morale chrétienne n'en est pas moins la règle de ma vie." [FRÉDÉRIC II, *Œuvres*, tome 16, 1850] Il se rallie en définitive au déisme, qui lui semble la position la plus inspirée par la raison et la plus propre à favoriser la tolérance :

> Il parut un sage en Angleterre, qui, se dépouillant de tout préjugé, ne se guida que par l'expérience : Locke fit tomber le bandeau de l'erreur, que le sceptique Bayle, son précurseur, avait déjà détaché en partie. [...] Ces grands hommes et leurs disciples portèrent un coup mortel à la religion. Les hommes commencèrent à examiner ce qu'ils avaient stupidement adoré ; la raison terrassa la superstition : on prit du dégoût pour les fables qu'on avait crues, et l'on eut horreur des blasphèmes auxquels on avait été pieusement attaché ; le déisme, ce culte simple de l'Être suprême, fit nombre de sectateurs. Avec cette religion raisonnable s'établit la tolérance, et l'on ne fut plus ennemi pour avoir une façon différente de penser. Si l'épicuréisme fut funeste au culte idolâtre des païens, le déisme ne le fut pas moins de nos jours aux visions judaïques adoptées par nos ancêtres. [Frédéric II, 1846]

Le fanatisme religieux est en effet l'ennemi à abattre et, en cette matière, son anticléricalisme est aussi radical que celui de Voltaire, c'est d'ailleurs ce qui les rapproche dès leurs premiers échanges, en 1736 :

> À l'égard des théologiens, il me semble qu'ils se ressemblent tous, de quelque religion et de quelque nation qu'ils soient ; leur dessein est toujours de s'arroger une autorité despotique sur les consciences. Cela suffit pour les rendre persécuteurs zélés de tous ceux dont la noble hardiesse ose dévoiler la vérité ; leurs mains sont toujours armées du foudre de l'anathème pour écraser ce fantôme imaginaire d'irréligion qu'ils combattent sans cesse, à ce qu'ils prétendent, et sous le nom duquel en effet ils combattent les ennemis de leur fureur et de leur ambition. Cependant, à les entendre, ils prêchent l'humilité, vertu qu'ils n'ont jamais pratiquée, les ministres d'un Dieu de paix, qu'ils servent d'un cœur rempli de haine et d'ambition. Leur conduite, si peu conforme à leur morale, serait à mon gré seule capable de décréditer leur doctrine. (Lettre à Voltaire, 4 novembre 1736)

En matière de politique, l'*Antimachiavel*, que Frédéric II rédige en 1739, est un plaidoyer contre "le monstre" auteur du *Prince*, accusé de "dogmatiser le crime et la tyrannie". Contre l'esprit de corruption morale qui gangrène sa vision de l'exercice du gouvernement, le jeune prince veut défendre l'humanité et la vertu qui doivent éclairer le monarque. On retiendra la formule célèbre : "Il se trouve que le souverain, bien loin d'être le maître absolu des peuples qui sont sous sa domination, n'en est lui-même que le premier domestique, et qu'il doit être l'instrument de leur félicité, comme ces peuples le sont de sa gloire." [FRÉDÉRIC II, *Œuvres*, tome 8, 1848]. Les premières mesures emblématiques des débuts de son règne (abolition de la torture, rappel de Christian Wolff à Halle, invitation d'hommes de lettres et de savants...) font concevoir les plus grandes espérances pour le règne d'un souverain amoureux de la philosophie, ennemi de la superstition et de la tyrannie, conscient de ses devoirs, désireux d'assurer la paix (!) et la prospérité à son peuple.

Mais la façade de la tolérance et des Lumières dissimule un gouvernement autoritaire, comme le suggère la confrontation des deux maximes célèbres. La première est celle de la tolérance étendue à toutes les religions, consignée dans le *Tagebuch oder Geschichtskalender aus Friedrich's des Großen Regentenleben (1740-1786)*, journal ou calendrier historique du règne de Frédéric le Grand par Karl Heinrich Siegfried Rödenbeck, à la date du 22 juin 1740 : "Kabinetsordre. Die Religionen müssen alle tolerirt werden; denn hier muß ein jeder nach seiner Façon selig werden." La seconde est la maxime de gouvernement, telle que Kant l'a reproduite dans *Was ist Aufklärung?* (1784) : "*räsonniert*, soviel ihr wollt und worüber ihr wollt, *aber gehorcht*!" Voltaire, qui séjourne trois ans à Sans-Souci, près de Potsdam, auprès du monarque prussien, revient désabusé. Lessing, qui est bien loin de jouir de la faveur qui a été celle de Voltaire auprès de Frédéric II et des grands, ne se berce pas d'illusions, et écrit à son ami Nicolai, représentant de l'Aufklärung berlinoise, le 25 août 1769 :

> [...] sagen Sie mir von Ihrer Berlinischen Freiheit zu denken und zu schreiben ja nichts. Sie reduciert sich einzig und allein auf die Freiheit, gegen die Religion soviel Sottisen zu Markte zu bringen, als man will. [...] Lassen Sie es aber doch einmal einen in Berlin versuchen, über andere Dinge [...] frei zu schreiben, [...] lassen Sie einen in Berlin auftreten, der für die Rechte der Untertanen, der gegen Aussaugung und Despotismus seine Stimme erheben wollte, wie es jetzt sogar in Frankreich und Dänemark geschieht: und Sie werden bald die Erfahrung haben, welches Land bis auf den heutigen Tag das sklavischste Land von Europa ist. [LESSING, 1987]

Adepte du parlementarisme, Frédéric II n'a rien fait pour favoriser la représentation politique du peuple. L'historien de la littérature libéral

Hermann Hettner [1872] parle de “péché par omission”, mais il en rejette aussi la responsabilité sur l’esprit du temps. Ni Voltaire ni Montesquieu, admirateurs de la constitution anglaise, n’ont envisagé d’exporter le parlementarisme anglais sur le continent. Hettner conclut que “pour l’époque de Frédéric II, le mot d’ordre n’était pas de changer la constitution, mais d’améliorer l’administration” [Hettner, 1872] (“für das Zeitalter Friedrichs des Großen war die Losung nicht Änderung der Verfassung, sondern Besserung der Verwaltung”). Le verdict de Paul Rilla, éditeur de Lessing en RDA, est encore plus sévère : “Il a réfléchi en philosophe sur l’art de gouverner. Mais il a agi en se conformant au diktat du despotisme militaire prussien.” (“Er hat über Staatskunst philosophisch gedacht. Aber gehandelt hat er nach dem Diktat der preußischen Militärdespotie.”) [Rilla, 1958]

Dans son étude classique, déjà citée, Reinhart Koselleck [1979] établit que la structure politique de l’absolutisme est la condition préalable de l’épanouissement de l’Aufklärung. Les Lumières “sont nées dans l’absolutisme, d’abord comme sa logique immanente, ensuite pour le détruire”. Il décrit ce processus dialectique, qui se déroule dans la période qui s’étend entre les guerres de religion et la Révolution française, en disant que l’absolutisme est apparu comme la solution politique à une crise religieuse et a assujetti les hommes au pouvoir du prince. Dans la sphère politique, celle des affaires de l’État, le souverain exerce un pouvoir absolu sur les hommes qui sont ses sujets. Mais il leur concède un espace réservé, où leurs pensées sont soustraites au contrôle de l’État. Cette sphère privée est celle de la liberté de religion et de la liberté de conscience. C’est à ce prix que l’on achète la paix religieuse, et que l’on met un terme aux persécutions. Le prince a prioritairement intérêt à ce que ses sujets lui obéissent, et ne s’intéresse pas à leurs affaires privées : “Que l’homme soit ‘homme’, voilà le secret de cet homme, secret qui en tant que tel échappe nécessairement au souverain. Dans la mesure où l’homme comme sujet s’acquitte de son devoir d’obéissance, le souverain se désintéresse de sa vie privée.” [Koselleck, 1979] L’homme est libre de penser à sa guise en privé, à la condition toutefois que sa libre opinion ne l’amène pas à se mêler des affaires de l’État. On accorde au sujet la liberté de penser tant que celle-ci ne touche pas à la sphère politique. En conséquence, l’homme se retrouve partagé entre l’homme privé, libre de penser, et l’homme public, toujours sujet : “L’homme se coupe en deux : une moitié privée et une moitié publique ; les actions et les actes sont soumis sans exceptions à la loi de l'État, la conviction est libre, *in secret free*." [KOSELLECK, 1979] Dans la sphère politique, en sa qualité de citoyen, l'homme ne s'éprouve que comme sujet, et la liberté politique lui est refusée pour toujours : "C'est seulement en secret que l'homme est homme ; c'est seulement comme sujet que l'homme est citoyen." [KOSELLECK, 1979] On se rappellera ici les deux maximes de Frédéric II qui résument le paradoxe de l'absolutisme. Par la première, "Chacun a le droit de faire son salut à sa façon", l'homme privé se voit accorder le droit de pratiquer individuellement sa religion – luthéranisme, catholicisme, calvinisme, sans que le prince soit habilité à intervenir dans ce domaine de la pratique privée, à persécuter ou à torturer ceux qui sont d'une autre confession que la sienne. Le temps des massacres de la Saint-Barthélemy est donc révolu. Par la seconde, "Raisonnez tant que vous voudrez, et sur ce qui vous plaira ; mais obéissez !", l'homme se voit même reconnaître le droit de faire usage de sa raison, aussi longtemps que la pensée reste au niveau de l'exercice intellectuel, et que le monarque continue d'être obéi scrupuleusement par ses sujets – donc tant que la pensée n'a pas de conséquences politiques, il n'a rien à y redire.

L'homme va faire de cette sphère privée de la liberté de pensée et de conscience une sphère d'autonomie morale, et c'est là "le point de départ spécifique des Lumières. Elles se répandront dans la brèche que l'État absolutiste a ouverte pour pouvoir mettre un terme à la guerre civile." [KOSELLECK, 1979] C'est dans cette sphère privée que l'homme devient un individu moralement responsable, dont les jugements peuvent prétendre à une validité générale. Le philosophe anglais John Locke (1632-1704) a apporté une contribution majeure à la définition de cette sphère morale autonome qui s'impose à côté de la sphère du politique et du religieux. Désormais, le chemin dans lequel on est engagé débouche sur l'horizon de la politique : l'instance de la conscience individuelle peut désormais affronter l'État et le prince avec ses exigences morales propres. De l'espace intérieur qui était une sorte d'enclave exterritoriale de l'État, on passe maintenant à l'exigence que l'État ait une morale. En attaquant l'absence de morale du politique, l'homme veut redevenir citoyen. "Les Lumières ont comme effet que l'on ne comprend plus la séparation entre homme et sujet." [KOSELLECK, 1979] Le sujet n'intervient donc pas directement dans la politique, mais de manière indirecte, par le détour d'une prise de position morale sur des affaires de politique d'État. Mais ainsi, la frontière entre la sphère privée et la sphère politique se déplace. C'est par la morale que l'homme pénètre dans la sphère du politique, alors qu'il n'est toujours pas habilité à agir dans cette sphère :

> Le point de départ de l'élite bourgeoise est le for intérieur privé auquel l'État avait restreint ses sujets. Chaque pas vers l'extérieur est un pas vers la lumière, un acte des Lumières. Celles-ci triomphent à mesure qu'elles dilatent le for intérieur privé jusqu'à en faire un espace public. Sans perdre son caractère privé, il devient le forum de la société qui pénètre l'État entier. Finalement, la société frappera aux portes des détenteurs du pouvoir politique pour exiger là aussi un droit de regard. [Koselleck, 1979]

LA BIOGRAPHIE DE LESSING : LES STATIONS DE SON ITINÉRAIRE ET SES ŒUVRES MAJEURES

Lessing (1729 Kamenz-1781 Brunswick) a parlé à son propre sujet de “pérégrinations d’un lansquenet érudit” (“Wanderschaften eines gelehrten Landstörzers”), mettant ainsi l’accent sur l’instabilité de son existence et la recherche aléatoire, souvent infructueuse, d’un emploi stable qui assurerait durablement sa situation matérielle. La seule période de son existence où il est déchargé de ce souci et peut se consacrer à des “loisirs érudits” coïncide avec les quelques années passées au service du général von Tauentzien, pendant la guerre de Sept Ans (1756-1763). Lessing a refusé la carrière universitaire et le service des grands, les deux seules voies sûres pour les représentants de la nouvelle bourgeoisie intellectuelle, contrairement à d’autres auteurs contemporains (Gottsched est professeur d’université, Klopstock est appelé par le roi du Danemark ; Wieland devient précepteur à la cour de Weimar ; Goethe part en 1775 à Weimar, et devient un auteur courtisan, dont il figure le déchirement dans sa tragédie classique *Torquato Tasso*). Aussi son existence est-elle plus difficile que celle de ses contemporains. Les difficultés financières persistantes, qui sont un motif récurrent de l’existence de Lessing, sont le prix à payer pour garantir son indépendance vis-à-vis des grands et des institutions, et l'obligation d'accepter le poste de bibliothécaire de Wolfenbüttel, en 1770, a la signification d'un échec, révélateur de la condition de l'intellectuel de l'époque.

Lessing quitte le milieu confiné de sa patrie d'origine, la Saxe, pour les grands centres de l'Aufklärung (Leipzig, Berlin, Hambourg) (v. Repères/L'Aufklärung). Pour autant, il n'est guère sorti de l'Allemagne, à l'inverse d'autres grands représentants des Lumières, qui sillonnent toute l'Europe (Voltaire, par exemple, se rend en Angleterre). La seule possibilité pour lui d'entreprendre de grands voyages est d'accompagner un riche voyageur qui paie la dépense. Parti pour l'Angleterre à la suite d'un négociant de Leipzig, Lessing est contraint de s'arrêter à Amsterdam lorsque la guerre de Sept Ans éclate. Durant la période de Wolfenbüttel, il part en Italie à la suite d'un prince de Brunswick.

KAMENZ : LE MILIEU FAMILIAL ; LES ANNÉES DE FORMATION

Lessing est né en 1729 (vingt ans avant Goethe) à Kamenz, petite ville de la province saxonne de Lusace (Lausitz). La Saxe, qui a joué un grand rôle au XVIe siècle dans la Réforme (et dont le prince a protégé Luther), perd son influence politique au XVIIe, tout en gardant son importance culturelle et intellectuelle, comme en témoigne le rayonnement de villes comme Dresde (résidence princière, avec une célèbre collection de peintures) et Leipzig (ville de journaux, de théâtres, d'universités, centre de foires). Lessing est issu d'une famille bourgeoise (son père est pasteur, son grand-père maternel a été maire de la ville), mais sans ressources. Son père est un représentant de l'orthodoxie modérée. Cultivé, il a traduit des ouvrages de déistes anglais, preuve de son intérêt pour les débats théologiques de l'époque.

Après avoir fréquenté la *Lateinschule* de Kamenz, Lessing est envoyé au collège princier (*Fürstenschule*) de Sainte-Afra à Meißen. Ce collège a été fondé à l'époque de la Réforme par l'électeur Maurice de Saxe dans l'ancien couvent du même nom et doté sur les biens des monastères supprimés. Il est destiné à élever de jeunes gens sans fortune et à former des défenseurs du protestantisme. Lessing y est admis gratuitement, avec la protection d'une famille noble qui dispose d'une place dans l'établissement. Le père de Lessing le destine à la carrière de pasteur ou de professeur de théologie. Dans cet internat, où il reste cinq ans, Lessing reçoit une excellente formation classique, déterminante pour la suite de sa carrière. Dans la préface à la troisième partie de ses *Schriften* (Écrits, édités en 1754), il écrit : "Theophrast, Plautus und Terenz waren meine Welt, die ich in dem engen Bezirke einer klostermäßigen Schule mit aller Bequemlichkeit studierte." [LESSING, 2003] Les deux grands auteurs comiques de l'Antiquité latine, Plaute et Térence, à côté de Théophraste, l'auteur de *Caractères* traduits par La Bruyère, posent le fondement de sa première période de création dramatique.

LEIPZIG : L'ENTRÉE DANS LE MONDE DU THÉÂTRE

En 1746, Lessing part à l'université de Leipzig où il s'inscrit en théologie. Mais il abandonne bientôt cette voie, et donc la carrière de pasteur à laquelle le destinait sa famille. Il achève cependant ses études de théologie quelques années plus tard à Wittenberg, bastion de l'orthodoxie luthérienne. Son cousin Mylius, qui est resté dans l'histoire littéraire par son activité journalistique (qui recouvre les domaines de l'histoire littéraire, mais aussi de la vulgarisation scientifique), l'introduit dans le monde du théâtre et de la littérature, à l'époque charnière où le jeune Lessing se détourne de la carrière universitaire pour s'orienter vers le journalisme. Une lettre de 1749 à sa mère nous renseigne sur cette nouvelle orientation de son existence. En voici un extrait :

> Ich komme jung von Schulen, in der gewissen Überzeugung, daß mein ganzes Glück in den Büchern bestehe. Ich komme nach Leipzig, an einen Ort, wo man die ganze Welt im kleinen sehen kann. [...] Ich lernte einsehen, die Bücher würden mich wohl gelehrt, aber nimmermehr zu einem Menschen machen. Ich wagte mich von meiner Stube unter meinesgleichen. Guter Gott! was für eine Ungleichheit wurde ich zwischen mir und andern gewahr. Eine bäuersche Schüchternheit, ein verwilderter und ungebauter Körper, eine gänzliche Unwissenheit in Sitten und

> Umgange, verhaßte Mienen, aus welchen jedermann seine Verachtung zu lesen glaubte, das waren die guten Eigenschaften, die mir, bei meiner eignen Beurteilung, übrig blieben. Ich empfand eine Scham, die ich niemals empfunden hatte. Und die Wirkung derselben war der feste Entschluß, mich hierinne zu bessern, es koste was es wolle. [...] Ich lernte tanzen, fechten, voltigiren.... Ich kam in diesen Übungen so weit, daß mich diejenigen selbst, die mir im voraus alle Geschicklichkeit darinnen absprechen wollten, einigermaßen bewunderten. Dieser gute Anfang ermunterte mich heftig. Mein Körper war ein wenig geschickter geworden, und ich suchte Gesellschaft, um nun auch leben zu lernen. [LESSING, 1987]

Cette lettre célèbre, dans laquelle le critique est-allemand Paul RILLA [1958] voit l'acte de naissance de la conscience bourgeoise, et qui est à rapprocher de celle de Wilhelm Meister sur la “Bildung”, dans le roman de Goethe une génération plus tard, nous montre le passage de l'idéal ancien de l'érudition (sur le modèle de la polyhistoire baroque, qui compile les connaissances) à l'idéal nouveau de l'éducation. Le savoir livresque n'occupe plus désormais la première place dans la formation. L'homme n'apprend pas seulement dans les livres, mais aussi, et essentiellement, par le “commerce avec les hommes” (“Umgang mit Menschen”, d'après le titre du célèbre manuel de savoir-vivre de l'époque de Knigge) à “devenir un homme”. Pour être admis dans l'espace de la sociabilité, le jeune homme doit polir son apparence et son comportement. La pratique d'activités comme la danse, l'escrime, la voltige, destinées à lui donner l'aisance qui lui fait défaut, est un aspect non négligeable de cette auto-éducation, qui transforme le jeune Lessing d'érudit insociable et coupé du monde (tel que l'on voit le héros de sa pièce *Der junge Gelehrte*) en homme capable d'assumer son rôle de “représentation” dans la société.

Lessing entre en relation avec la troupe de Caroline Neuber (la Neuberin), l'une des meilleures de son époque, associée un temps à la réforme de Gottsched. Elle représente sa première pièce *Der junge Gelehrte*. C'est donc avec une expérience directe du théâtre que Lessing aborde les questions d'esthétique théâtrale. Dans une lettre d'avril 1749, il s'ouvre à son père de son ambition d'être le “Molière allemand” (“Titel eines deutschen Molière”), et défend auprès de lui la portée morale de la comédie : “Ein Komödienschreiber ist ein Mensch, der die

Laster auf ihrer lächerlichen Seite schildert. Darf denn ein Christ über die Laster nicht lachen? Verdienen die Laster so viel Hochachtung?" [LESSING, 1987]. Il s'essaie à la comédie, et l'on peut retenir parmi ses premières pièces des *Problemstücke*, traitant de problèmes s'incarnant dans des personnages types, qui restent tributaires des modèles de l'époque : comédie antique, théâtre de Molière, comédie saxonne, même si Lessing dépasse parfois la fixité du type pour esquisser des personnages plus humains, comme le héros de sa pièce *Der Freigeist – Le Libertin*, dans la traduction de Félix SALLES [1870], non pas au sens de l'homme de mœurs dissolues, mais au sens d'"esprit fort", c'est-à-dire de libre-penseur. C'est de cette première période que date la pièce *Die Juden* (1749), dans laquelle il pose la question du préjugé antijuif et de son possible dépassement :

> Es war das Resultat einer sehr ernsthaften Betrachtung über die schimpfliche Unterdrückung, in welcher ein Volk seufzen muss, das ein Christ, sollte ich meinen, nicht ohne eine Art von Ehrerbietung betrachten kann. Aus ihm, dachte ich, sind ehedem so viel Helden und Propheten aufgestanden, und jetzo zweifelt man, ob ein ehrlicher Mann unter ihm anzutreffen sei? Meine Lust zum Theater war damals so groß, dass sich alles, was mir in den Kopf kam, in eine Komödie verwandelte. Ich bekam also gar bald den Einfall zu versuchen, was es für eine Wirkung auf der Bühne haben werde, wann man dem Volke die Tugend da zeigte, wo es sie ganz und gar nicht vermutete. [LESSING, vol. 1, 1989]

L'argument de la pièce est le suivant : un riche baron est attaqué de nuit par des brigands et sauvé par un voyageur inconnu. Il s'avère que les détrousseurs sont les propres domestiques du baron. Celui-ci invite l'étranger dans sa résidence et, pour lui témoigner sa gratitude, lui offre sa fille en mariage. À cet instant, le riche voyageur se présente comme un Juif, ce qui compromet irrévocablement tout projet d'alliance, et même tout rapprochement humain. Le voyageur, qui demeure sans nom, se contente de souhaiter que le préjugé antijuif n'empêche pas le comte de faire crédit à sa nation de porter des hommes vertueux. La réaction virulente d'un professeur de théologie, Michaelis, contestant précisément qu'il puisse se trouver des hommes vertueux dans le peuple juif, montre la persistance du préjugé que la pièce de Lessing met en lumière.

BERLIN : LE JOURNALISTE ET LE CRITIQUE

S'étant porté caution d'acteurs criblés de dettes, Lessing doit quitter Leipzig et arrive en 1748 à Berlin, qui sera désormais (avec quelques interruptions comme Wittenberg, Leipzig, Breslau) son séjour principal jusqu'en 1767, date de son départ à Hambourg. Dans les années 1740, la ville connaît un essor intellectuel remarquable et devient un pôle de l'Aufklärung (v. Repères/L'Aufklärung), largement ouvert à l'influence française (le mathématicien français Pierre Louis Moreau de Maupertuis est secrétaire général de l'Académie des sciences, dont les procès-verbaux sont rédigés en français). Frédéric II, monté en 1740 sur le trône de Prusse, est de culture française. Il a attiré des écrivains à sa cour, dont Voltaire. Par ailleurs, il favorise l'essor du journalisme, fonde le *Journal de Berlin*, auquel il collabore occasionnellement, et assouplit la censure : la devise "Wahrheit und Freiheit" n'est pas un vain mot, la religion peut être désormais soumise à la critique. Le seul domaine qui reste interdit est celui des affaires politiques. Lessing vit de traductions, de recensions et d'ouvrages dramatiques. Il fonde avec son cousin les *Beiträge zur Historie und Aufnahme des Theaters*, la première revue de théâtre en Allemagne ; il édite la *Theatralische Bibliothek.*

Dans l'atmosphère intellectuelle de Berlin, l'horizon de Lessing s'élargit à la dimension des grands courants d'idées européens. C'est là qu'il découvre les œuvres de Pierre Bayle et de Voltaire, qui l'éloignent du protestantisme de ses origines. Il recense les publications récentes, il traduit beaucoup, toutes tâches en relation avec ses propres intérêts. De fait, c'est à cette époque que se dessinent ses positions essentielles en matière de littérature et de théologie : combat contre Gottsched et sa réforme classicisante, mais aussi contre l'école suisse de Bodmer et Breitinger, intérêt pour la comédie larmoyante, et prise de position pour le théâtre bourgeois (v. Problématiques/Le "poème dramatique"). Sa culture et la multiplicité de ses intérêts, sa maîtrise de plusieurs langues anciennes et modernes, son sens de la polémique en font un journaliste et un critique à l'influence grandissante. À ce titre, Lessing fait partie de ceux qui ont apporté une contribution décisive à la constitution de "l'espace public" allemand, en exerçant la nécessaire fonction de critique. C'est par lui que passent la médiation et la réception de la culture européenne en Allemagne. La traduction des œuvres théâtrales de Diderot (*Das Theater des Herrn Diderot* comprend les deux pièces

Der natürliche Sohn et *Der Familienvater*, ainsi que *Von dramatischer Kunst*), en 1760, marque un temps fort.

Lessing devient membre du Berliner Montags-Club, où il rencontre des érudits, des penseurs, mais aussi des artistes. Il noue des contacts durables avec deux représentants majeurs de l'Aufklärung berlinoise, tous deux autodidactes : Moses Mendelssohn et Friedrich Nicolai. Moses Mendelssohn (1729-1786), né à Dessau, de formation rabbinique, arrive en 1743 à Berlin, où il se donne lui-même une formation occidentale. À ce titre, il marque le début du processus d'émancipation et d'assimilation des juifs allemands. Le "grand récit" de l'histoire des juifs en Allemagne en a fait le "troisième Moïse" (après celui de la Bible et Maïmonide) et l'a érigé en fondateur et symbole des Lumières juives, de la Haskala. Même si cette vision hagiographique a été relativisée par la recherche récente, son action et son œuvre ont laissé une empreinte profonde. Les Lumières européennes ont frayé la voie à la Haskala, qui commence en Allemagne, dans les années 1770 et développe des caractéristiques propres, en cherchant à concilier la fidélité à la tradition et l'intégration dans les sociétés modernes. Elle se fixe un double objectif : l'Aufklärung du judaïsme, donc des juifs en tant que juifs, et l'Aufklärung des juifs en tant qu'hommes (*Menschen*), ce qui recouvre plusieurs aspects : l'ouverture aux sciences et à la culture occidentales et le développement de ce qui deviendra "la science du judaïsme" ; le combat pour l'abolition des législations d'exception et des interdictions qui frappent les juifs et pour la reconnaissance de leurs droits humains, qui visent leur intégration dans la société civile et leur participation à l'activité économique des pays où ils vivent. Ce combat est porté par le mouvement des Lumières et il aboutit à la promulgation d'édits de tolérance (le *Toleranzpatent* de Joseph II en 1781), et au programme de réforme des Juifs élaboré par le conseiller d'État prussien Christian Wilhelm von Dohm à la demande de Mendelssohn, *Über die bürgerliche Verbesserung der Juden* (1781) qui vise à faire des Juifs des membres utiles de la société et des citoyens à part entière.

Mendelssohn a été Aufklärer et juif (v. Problématiques/L'idée de tolérance). Il a écrit en allemand une œuvre philosophique reconnue au niveau européen (dont le *Phädon, oder die Unsterblickeit der Seele*, 1767), même si l'entrée à l'Académie des sciences de Berlin lui a été refusée, à l'instigation de Frédéric II. Il a été pour les Juifs un médiateur essentiel de l'allemand et de la culture allemande, comme en témoignent ses traductions de la Bible en langue allemande, mais transcrites en caractères hébraïques (Psaumes, Torah – le Pentateuque, les cinq premiers livres de la Bible) et accompagnées de commentaires en hébreu. Son *Jerusalem oder über religiöse Macht und Judentum* (1783) revendique la séparation entre sphère de la religion et sphère de l'État.

Mendelssohn et Lessing lisent ensemble les philosophes (Leibniz, Spinoza, les empiristes anglais). Dans le domaine de la théorie esthétique, Mendelssohn exerce une influence certaine sur Lessing (il apporte à la réflexion esthétique l'éclairage d'une doctrine wolffienne de la sensation et de la raison) : il joue un grand rôle dans la correspondance sur la tragédie, et est étroitement associé à la genèse du *Laokoon*. En matière religieuse, toutefois, Lessing s'éloigne de plus en plus des positions rationalistes de Mendelssohn. Friedrich Nicolai (1733-1811), journaliste et éditeur, est considéré comme "l'organisateur de la littérature prussienne". Kant le traite de faiseur de livres qui n'a rien à dire en philosophie. Il sera vilipendé par la génération des premiers romantiques, aux yeux desquels il incarne la platitude et le philistinisme de l'Aufklärung. La critique ultérieure tendra, de manière peut-être abusive, à accuser le contraste entre Lessing, auquel revient l'originalité et le mérite, et son entourage, de médiocre envergure.

Avec Nicolai et Mendelssohn, Lessing édite la revue *Briefe, die neueste Literatur betreffend* (1759-1765), essentielle pour la maturation de ses idées littéraires. Avec la pièce *Miß Sara Sampson* (1755), il accède à la célébrité. La première représentation fait couler plusieurs heures les larmes du public ("Die Zuschauer haben drei und eine halbe Stunde zugesehen, stille gesessen wie Statuen, und geweint", écrit le poète et critique Ramler le 27 juillet à son ami Gleim !). Ce drame, inspiré des "domestic tragedies" et du roman sentimental anglais (dont le célébrissime *Clarissa Harlowe* de Samuel Richardson), marque une rupture consciente avec l'esthétique classicisante gottschedienne et l'avènement d'un nouveau genre, comme l'écrit Lessing dans une auto-recension de son ouvrage : "Ein bürgerliches Trauerspiel! Mein Gott! Findet man in Gottscheds critischer Dichtkunst ein Wort von so einem Dinge?" [LESSING, 1998]. Les conflits qui éclatent dans la sphère privée familiale ne sont plus de nature héroïque, mais humaine et sensible, et c'est à ce titre qu'ils suscitent l'émotion et la pitié profonde du spectateur. La correspondance sur la tragédie avec Nicolai et Mendelssohn (*Briefwechsel über das Trauerspiel*, 1756-1757), qui traite des affects suscités par la représentation tragique, s'inscrit dans le prolongement de la création théâtrale. Contre Mendelssohn, qui valorise l'admiration comme l'affect spécifique de la tragédie, Lessing, dans la perspective de ce qu'on appellera plus tard une esthétique de la réception (*Wirkungsästhetik*), récuse l'admiration qui va au personnage du héros stoïque, comme un affect froid ("ein kalter Affekt"). Selon lui, les affects suscités par la tragédie doivent se subordonner à la pitié (*das Mitleiden*), qui est l'affect central (v. Problématiques/Le "poème dramatique"). La correspondance sur la tragédie est influencée par l'expérience du théâtre bourgeois. La traduction des œuvres de Diderot confirme chez Lessing l'orientation vers le théâtre bourgeois, en raison de son efficacité dramatique.

BRESLAU : LA GUERRE DE SEPT ANS ; *LAOKOON* ; *MINNA VON BARNHELM*

À partir de 1760 (donc pendant la guerre de Sept Ans) et pour quelques années, Lessing part à Breslau (aujourd'hui Wrocław, en Pologne), au service du général von Tauentzien, qui l'emploie en qualité de "Gouvernementssekretär", un poste qui, sans correspondre à ses compétences, lui assure néanmoins quelques années d'aisance matérielle relative, un temps de "loisirs érudits". Deux œuvres majeures sont conçues pendant cette période, deux œuvres qui ont laissé une empreinte profonde.

En 1766 paraît *Laokoon: oder über die Grenzen der Malerei und Poesie*, première partie d'un ensemble qui présente le chantier de sa réflexion en matière de théorie littéraire et artistique. La seconde partie, qui devait traiter la danse et la musique, a été abandonnée, qui nous vaut quelques-unes des pages polémiques les plus brillantes de Lessing. L'épisode est loin d'être isolé dans sa carrière, et témoigne de l'âpreté de la lutte entre clans littéraires pour s'assurer une place dans le débat public.

Lessing est connu jusqu'alors comme poète, critique, traducteur et auteur dramatique. Il s'aventure avec le *Laokoon* dans le champ des études antiques, où il fait la preuve de ses compétences philologiques (notamment en grec, ce qui n'est guère fréquent à l'époque). Mais ce détour ne l'éloigne pas de ses préoccupations principales. Le *Laokoon* est né de la réaction critique à l'œuvre de l'archéologue et historien de l'art Johann Joachim Winckelmann, *Gedanken über die Nachahmung der griechischen Werke in der Malerei und Bildhauerkunst* (plusieurs traductions françaises suivent sa parution en 1755, par exemple *Réflexions sur l'imitation des ouvrages des Grecs, en fait de Peinture et de Sculpture*, in *Journal étranger*, Paris, janvier 1756). Winckelmann voyait dans le groupe sculpté du Laocoon la sublimation de la souffrance et la réalisation de l'idéal de "noble simplicité, calme grandeur" ("edle Einfalt, stille Größe") qui résume sa vision de la Grèce antique. Lessing s'inscrit contre cette exaltation "morale" de la constance du héros et défend le principe du héros souffrant, criant de douleur (ainsi le personnage de Philoctète, dans la tragédie éponyme de Sophocle), et donc dans cette mesure humain et sensible. Nous retrouvons ici les principes essentiels de sa réforme théâtrale dans l'esprit de Diderot.

Le *Laokoon* aborde par ailleurs le champ de la théorie des arts, et prend position dans le débat de l'époque sur les frontières entre les différentes disciplines artistiques, et la spécificité de chacune. Lessing critique la thèse de l'équivalence entre "peinture" (arts visuels) et "poésie" (arts du langage), une tradition, qui remonte à l'*ut pictura poesis* d'Horace : selon lui, elle est source de contamination néfaste de la poésie par la peinture, et mène à "l'inflation de la description" dans la littérature du XVIIIe siècle. En distinguant fortement deux systèmes esthétiques (à la peinture, la représentation de corps dans l'espace ; à la poésie, l'évocation d'actions dans le temps), il affranchit la poésie de l'obligation de "peindre" et la consacre comme domaine des visions de l'imagination. Paradoxalement, Lessing, qui, à la différence du Diderot des *Salons*, est coupé de l'évolution de la peinture à son époque et tire ses références littéraires de son fonds philologique plus que de l'actualité, a imposé avec son *Laokoon* une référence de la réflexion esthétique ; dès la génération suivante, Goethe parlait de la "libération" apportée par le *Laokoon*.

Avec *Minna von Barnhelm* (1767), Lessing donne le modèle d'une comédie nationale allemande, lequel est d'ailleurs resté pratiquement sans postérité. La pièce obtient un immense succès, dû en particulier au choix d'un sujet contemporain. L'action est située à Berlin, à la fin de la guerre de Sept Ans. Les personnages ne sont plus les types rigides de la comédie saxonne, mais des figures individualisées et des types contemporains. Le personnage du domestique fidèle, Just, est bien éloigné des valets intrigants des comédies italiennes ou françaises et incarne un type "allemand". Le sentiment général est aussi que l'on se trouve devant une œuvre qui réalise l'union des spectateurs en public national. Cette comédie est issue de l'héritage de la tradition comique européenne et de sa remise en cause par le renouveau de la création théâtrale au XVIIIe siècle, dans le genre sérieux. De fait, on a souvent parlé de Minna comme d'une "verhinderte Tragödie", une "tragédie empêchée", où Lessing explore à la fois les ressources du genre comique, et ses limites, en se portant à la frontière de la tragédie (ainsi avec le conflit du *Major* von Tellheim entre l'amour et l'honneur). La pièce est l'illustration de la distinction, essentielle pour la redéfinition du genre comique sous le signe du sérieux, entre le rire qui vise le défaut du personnage (*Lachen*) et la dérision qui attaque le personnage lui-même dans son intégrité (*Verlachen*). La réception de la pièce dans le sens d'un hymne à la gloire de la Prusse, qui est la ligne d'interprétation d'une certaine historiographie de la fin du XIXe siècle, est un contresens. De fait, on trouve un certain nombre d'accents nettement critiques dans cette forme de *Zeitstück*. Le *Major* von Tellheim préfère, à l'issue de la pièce, la sphère du bonheur privé aux déconvenues qui résultent de l'honneur de servir les grands. Goethe, dans *Dichtung und Wahrheit* (1811), a rendu hommage à cette œuvre, marquante pour sa génération. Pour lui, elle représente un premier sommet de la *Nationalliteratur*, qui dépasse l'horizon étriqué de la littérature bourgeoise de l'époque :

> [...] es ist die erste aus dem bedeutenden Leben gegriffene Theaterproduktion, von spezifisch temporärem Gehalt, die deswegen auch eine nie zu berechnende Wirkung tat [...] Diese Produktion war es, die den Blick in eine so höhere, bedeutendere Welt aus der literarischen und bürgerlichen, in welcher sich die Dichtkunst bisher bewegt hatte, glücklich eröffnete. [GOETHE, 2011]

On ajoutera que le jeune Goethe, dans ses premiers essais dramatiques, s'efforce d'atteindre la perfection de l'exposition dans *Minna von Barnhelm*, qu'il place immédiatement après celle du *Tartuffe* de Molière.

HAMBOURG : LE *DRAMATURG* DU THÉÂTRE NATIONAL ; LA *DRAMATURGIE DE HAMBOURG*

En 1767, Lessing part à Hambourg où il devient conseiller et critique dramatique (*Dramaturg*) de l'éphémère *Nationaltheater*. Dans cette ville commerçante, il fréquente des érudits, mais aussi des artistes (l'acteur Ekhof, le musicien Carl Philipp Emanuel Bach, successeur de Telemann), des négociants (Engelbert König, dont il épousera plus tard la veuve), l'imprimeur Christoph Bode (traducteur réputé de l'anglais et du français, imprimeur), auquel il sera associé pour la réalisation d'un projet de maison d'édition coopérative "Buchhandlung der Gelehrten", qui avait pour but de consolider le statut de l'auteur (première forme d'institution du "droit d'auteur"). Dans la forme ouverte d'un recueil de critiques des spectacles présentés, soir après soir, la *Hamburgische Dramaturgie* (1767-1769), Lessing parvient à l'élaboration des principes de sa poétique. On retiendra, parmi ses prises de position et thèses essentielles : le combat contre le système classique français, qui se réduit au mécanisme des règles, même s'il se réclame d'Aristote (Corneille est particulièrement visé) ; l'invocation de l'autorité d'Aristote pour définir la stratégie de l'illusion dramatique dans le cadre d'une esthétique réaliste, ordonnée à l'effet produit sur le spectateur : principe de vraisemblance, logique de l'enchaînement dramatique, naturel typique des caractères (contre les caractères exceptionnels ou les monstres – ceux de Corneille, ceux de Shakespeare), redéfinition du *phobos* aristotélicien, non comme "terreur" déshumanisante, mais comme "crainte" (*Furcht*), seul affect compatible avec l'humanité du spectateur ; la définition de la position de Lessing, qui représente une médiation entre l'esthétique des règles (celle du classicisme et du néo-classicisme) et l'esthétique du génie (celle du *Sturm und Drang*, dont il désavoue les excès).

WOLFENBÜTTEL : L'ŒUVRE DU BIBLIOTHÉCAIRE

Après l'échec de l'expérience du théâtre de Hambourg et la ruine du projet d'édition de Bode, auquel il était associé, Lessing, en dépit d'autres propositions ou d'emplois envisagés (il étudie une proposition de Vienne, mais la rejette), finit par accepter le poste de bibliothécaire à Wolfenbüttel (1770-1781), ce qui signifie un retour au monde des livres. Lessing pourtant, qui accomplit une œuvre de bibliothécaire remarquable, s'efforce de rétablir le lien avec "l'espace public" (*Öffentlichkeit*), par la publication de fonds de la bibliothèque, pour laquelle le duc lui accorde une dispense de censure préalable (*Vorzensur*). L'entrée au service du duc de Brunswick – la principauté n'est pas dépourvue d'un certain éclat : bibliothèque, vie théâtrale – représente une forme de dépendance vis-à-vis d'un prince qui n'est pas lui-même un mécène éclairé (à la différence de son fils, qui a engagé Lessing) et qui se livre lui aussi au trafic de soldats. Néanmoins, il ne faut pas oublier que la première de la pièce *Emilia Galotti* a lieu à la cour de Brunswick, et que par ailleurs le caprice du prince permet aussi à Lessing de faire un important voyage en Italie. La période de Wolfenbüttel, pourtant, est généralement considérée comme la plus sombre de son existence. Lessing, éloigné des grands centres de l'Aufklärung (v. Repères/L'Aufklärung), où s'est déroulée jusqu'ici l'essentiel de sa carrière, se trouve dans un relatif isolement, en dépit de la constitution d'un nouveau cercle de relations dans la ville de Brunswick (entre autres les professeurs du Carolinum, dont quelques-uns sont de grands érudits ; le pédagogue Campe), en dépit aussi de son entrée dans la franc-maçonnerie, qui le déçoit. C'est dans cette période que se situe aussi le temps de l'éphémère bonheur conjugal avec Eva König, veuve d'un négociant de Hambourg, longtemps différé en raison de lourds problèmes financiers.

La tragédie bourgeoise *Emilia Galotti* (1772) est sa dernière pièce avant que la "querelle des Fragments" ne le ramène au théâtre. Il s'agit d'une version modernisée de l'épisode du sacrifice de Virginia relaté par Tite-Live dans son *Histoire romaine*. La pièce représente un jalon essentiel dans l'évolution qui mène de la tragédie bourgeoise domestique, confinée à la sphère familiale privée (comme l'était *Miß Sara Sampson*), à l'horizon du théâtre "politisé" du jeune Schiller. Bien que Lessing ait situé l'action dans le cadre d'une petite principauté italienne, et non dans un milieu contemporain, *Emilia Galotti* est la source de *Kabale und Liebe* (1784), dont elle a fortement marqué la conception, et jusqu'au détail. Cette pièce est pour le représentant du premier romantisme, Friedrich Schlegel, un modèle de composition, d'"algèbre dramatique" froide. La collusion tragique entre sphère privée et sphère publique n'est pas réductible à l'opposition tranchée et superficielle entre la "corruption" de la cour et la "vertu" bourgeoise, comme en témoignent les nuances apportées aux caractères : le prince représente l'arbitraire du pouvoir absolu, mais, en tant qu'individu, il n'est pas dénué d'humanité, et ce sont plutôt sa faiblesse de caractère et le tumulte des passions qui le soumettent à l'influence de son conseiller Marinelli, dont le rôle est de rendre possibles tous les caprices du prince ; le père incarne une "vertu" rigoureuse, intransigeante, mais il est impuissant à protester contre le pouvoir absolu du prince et se transforme en meurtrier aveugle de sa fille. L'Emilia bourgeoise de Lessing n'est pas la Virginia de l'histoire antique, martyre et symbole de la cause de la liberté de la patrie, mais une figure incarnant la tragédie de la conscience de soi.

Après cette pièce, Lessing abandonne durablement la création littéraire. Ses intérêts se recentrent sur la théologie, un domaine qu'il n'avait jamais totalement abandonné. Profitant de la dispense de censure accordée pour la publication de fonds de la bibliothèque, il publie des extraits d'une *Apologie oder Schutzschrift für die vernünftigen Verehrer Gottes* sous le titre de *Fragmente eines Unbenannten.* Il s'agit d'une œuvre inédite du théologien hambourgeois Hermann Samuel Reimarus, dont le texte lui a été confié par les enfants de Reimarus, qu'il a connus à Hambourg. Cette publication sélective s'inscrit dans une stratégie visant à rouvrir le débat sur l'articulation entre foi et raison. Elle déclenche la "querelle des Fragments" (*Fragmentenstreit*), qui culmine dans l'affrontement spectaculaire avec le pasteur Johan Melchior Goeze, contre lequel Lessing compose ses textes polémiques les plus célèbres, la série des *Anti-Goeze.* Goeze mobilise les autorités et réussit à faire intervenir le prince, qui rétablit la censure et interdit à Lessing de poursuivre la publication des *Anti-Goeze*. Lessing retourne à son "ancienne chaire" – c'est-à-dire le théâtre – et compose *Nathan der Weise* (1779). De cette période datent aussi les dialogues maçonniques *Ernst und Falk. Freimaurergespräche*, ainsi que *Die Erziehung des Menschengeschlechts*, où l'articulation entre raison et Révélation est reprise dans la perspective historique de l'évolution de l'humanité (v. Problématiques/La pensée de l'éducation). Sur la religion de Lessing, les interprétations vont de l'orthodoxie luthérienne au rationalisme antireligieux, en passant par la subjectivité de l'expérience religieuse (Kierkegaard) et le "spinozisme" énigmatique révélé par Jacobi. Il ne faut pas réduire d'emblée ces contradictions, mais il est clair que Lessing (qui s'écarte ici de l'anticléricalisme et du déisme) prend au sérieux les religions positives. Dans un dialogue critique avec elles, il cherche à recentrer l'intérêt sur leur vérité, comprise non comme "possession", mais comme "quête" (*Eine Duplik*). Sa critique ne vise donc pas à ruiner des institutions ou des dogmes archaïques, mais à rouvrir le débat public. En ce sens, Lessing prend place dans l'histoire de la théologie protestante comme "conseiller" de l'orthodoxie luthérienne en crise [Barth, 1994]. Lessing meurt en 1781, l'année même où Kant publie la *Critique de la Raison pure*.

CNED en all.

LA GENÈSE DE *NATHAN LE SAGE*

Bibliothécaire à Wolfenbüttel, Lessing avait abandonné pour l'essentiel la littérature et recentré ses intérêts sur les questions théologiques, qu'il n'avait de fait jamais totalement délaissées, comme en témoignent une série d'écrits, dont les "défenses" (*Rettungen*) de figures hétérodoxes. Ses nouvelles fonctions lui ouvraient un nouveau champ. Il ne se bornait pas, en effet, à assurer un travail d'archiviste (le rangement et la classification des bibliothèques sont aussi un aspect important des Lumières), mais profitait de la dispense de censure préalable (*Vorzensur*) qui lui avait été accordée par le duc de Braunschweig-Wolfenbüttel à partir de 1773, pour éditer la série des *Beiträge zur Geschichte und Literatur aus der Herzoglichen Bibliothek zu Wolfenbüttel*, destinée à mettre en valeur des textes rares du fonds de la bibliothèque. C'est dans cette collection que paraît la série de textes théologiques qui constituent l'une des remises en cause les plus virulentes du christianisme – du moins tel que le concevait l'orthodoxie luthérienne. La "querelle des fragments" (*Fragmentenstreit*) déclenchée par cette publication a joué un rôle essentiel dans la genèse et la composition de *Nathan le Sage*.

LA PUBLICATION D'EXTRAITS DE L'*APOLOGIE* DE REIMARUS (*FRAGMENTS D'UN ANONYME*)

De 1773 à 1774 paraissent les trois premières livraisons (traduction de l'allemand "Stück"; chaque Stück est associé à une date, et correspond peu ou prou à une critique du spectacle de la veille, souvent avec le développement de réflexions théoriques à l'occasion d'un spectacle, sur l'un ou l'autre aspect du théâtre). Dans la dernière figure le texte intitulé

Von Duldung der Deisten (De la tolérance des déistes), le premier des *Fragmente eines Unbenannten* (*Fragments d'un Anonyme*), que Lessing donne pour des extraits d'un manuscrit récemment découvert dans les fonds de la bibliothèque, datant d'une trentaine d'années, sans doute, précise-t-il – pour mieux brouiller les pistes –, l'œuvre d'un théologien rationaliste (auteur de la traduction du Pentateuque connue sous le nom de *Wertheimer Bibel*).

Ces fragments ne sont nullement extraits d'un ouvrage de la bibliothèque de Wolfenbüttel, mais sont en réalité tirés d'une œuvre inédite de Hermann Samuel Reimarus (1694-1768), théologien de Hambourg, *Apologie oder Schutzschrift für die vernünftigen Verehrer Gottes* (Apologie ou défense des adorateurs raisonnables de Dieu), composée entre 1745 et 1768. Professeur d'hébreu et de langues orientales au Gymnasium academicum (intermédiaire entre le lycée et l'université) de Hambourg, Reimarus a fait ses études à Iéna et Wittenberg, et voyagé aux Pays-Bas et en Angleterre, où il s'est familiarisé avec les œuvres des déistes anglais, dont il reprend les arguments et les thèses dans sa critique de l'Ancien et du Nouveau Testament, sur la question des miracles et de la Révélation. Il se rattache à la philosophie de Leibniz et de Wolff, avec la conviction que l'on peut arriver à la connaissance de Dieu par les seules forces de la raison humaine, fonder sur elle une religion naturelle, et en tirer tous les principes de l'éthique et de la conduite morale de l'homme. La défense de la religion purement rationnelle peut apparaître comme un contrefort de l'édifice de la religion (par exemple contre les matérialistes français comme La Mettrie), et compatible avec l'ordre de la Révélation et la reconnaissance de vérités révélées supranaturelles. Dans sa vie comme dans son œuvre et son action publiques, Reimarus n'a pas donné lieu de douter de sa loyauté envers l'Église luthérienne. Il laisse à sa mort le souvenir d'un homme unanimement respecté, et une œuvre considérable de pédagogue, philologue et théologien. Les écrits théologiques qu'il a publiés, en particulier *Die vornehmsten Wahrheiten der natürlichen Religion in zehn Abhandlungen auf eine begreifliche Art erkläret und gerettet* (Les vérités éminentes de la religion naturelle expliquées et défendues de manière compréhensible en dix traités, 1754, plusieurs fois réédité), dans le style de la *Popularphilosophie*, contiennent un exposé des raisons naturelles et rationnelles de croire en la religion, en fondant l'existence de Dieu et l'immortalité de l'âme sur la preuve physico-théologique (la physicothéologie tire de la considération des merveilles de la nature et de l'ordre de l'univers la preuve de l'existence de Dieu). Reimarus se situe donc entre les orthodoxes conservateurs et les critiques radicaux de la religion, tels que Spinoza ou les matérialistes français, qu'il dénonce publiquement. Il incarne une version éclairée de la théologie, par l'intégration de la critique biblique moderne, dont il est un représentant éminent, et la défense des thèses déistes, qui valent non seulement par l'argumentation dogmatique, mais par leurs apports éthiques.

L'*Apologie*, dont Lessing publie des extraits, a été conçue comme une défense de la religion de la raison contre l'oppression politico-religieuse de l'orthodoxie luthérienne, dont la prétention à réaliser l'harmonie entre la foi et la raison était infirmée par la pratique (diffamation du rationalisme, conception du baptême et de l'éducation religieuse des enfants, par exemple). L'intention de Reimarus n'était pas de déclencher une querelle, mais de se rendre compte à lui-même, en privé, des doutes qui l'assaillaient sur sa religion. Conscient de ne pas être dans la ligne de l'orthodoxie, il avait renoncé à publier ce texte, réservant son usage à quelques amis, et sa diffusion à une époque ultérieure, où les esprits seraient plus éclairés ("bis sich die Zeiten mehr aufklären") :

> Lieber mag der gemeine Haufe noch eine Weile irren, als dass ich ihn [...] mit Wahrheiten ärgern, und in einen wütenden Religions-Eifer setzen sollte. [...] Die hierin enthaltenen Sätze sind nicht Catechismus-mäßig, sondern bleiben in den Schranken einer vernünftigen Ehrung Gottes, und Ausübung der Menschenliebe und Tugend. Da ich aber mir selbst und meinen entstandenen Zweifeln zureichend Genüge tun wollte: so habe ich nicht umhin können, den Glauben, welcher mir so manche Anstöße gemacht hatte, von Grund aus zu untersuchen, ob er mit den Regeln der Wahrheit bestehen könne oder nicht. [LESSING, 1989]

Lessing a eu connaissance de ce texte par les enfants de Reimarus, avec lesquels il était entré en relation durant son séjour à Hambourg et qui le lui avaient confié à titre privé. Il envisageait de le publier, mais s'était engagé à ne pas révéler le nom de l'auteur, qui n'a été dévoilé que bien plus tard, par le propre fils de Reimarus.

Il faut se garder de penser que Lessing aurait vu en Reimarus l'interprète de sa propre pensée. S'il défend la légitimité des positions de l'Anonyme, il n'en prend pas moins explicitement ses distances.

La publication sélective de fragments de l'*Apologie* s'inscrit dans une stratégie visant à reposer de manière insistante la question de l'articulation entre la foi et la raison. Aussi Lessing a-t-il bouleversé l'équilibre du texte, en sacrifiant l'apologie de la tolérance au profit de l'examen du texte biblique et de la mise en cause de la Révélation ("alle *Einen* Zweck haben, alle sich auf die geoffenbarte Religion beziehen und vornehmlich die biblische Geschichte prüfen" [LESSING, 1989]).

Le premier extrait choisi, *Von Duldung der Deisten* (1774), s'en prend de manière véhémente aux persécutions que fait subir l'orthodoxie luthérienne aux non-chrétiens, et surtout aux tenants de la religion naturelle : les déistes sont ainsi assimilés aux juifs, Turcs et païens, et vilipendés comme contempteurs de la religion et sacrilèges ("Spötter der Religion und Gotteslästerer"). Lorsque la croyance s'érige en instance de la connaissance de Dieu, elle devient sourde à la voix de la raison ("Sobald sich der Glaube zum Herrn über die Erkenntnis Gottes gemacht hat, will er die Stimme der Vernunft nicht mehr hören."). Or, les déistes soutiennent la thèse que ce n'est pas la religion qui serait la source de la morale, comme le croient les chrétiens abusés par leurs pasteurs, mais bien la saine raison et la nature, dont le Christ et les apôtres ont tiré leurs prescriptions morales ("Gleich als ob die gesunde Vernunft und das Naturgesetz nicht die eigentliche Quelle aller Tugenden und Pflichten wäre, woraus Christus selbst und die Apostel ihre Vorschriften geschöpft haben."). Dans *Nathan le Sage*, la critique de Sittah (II, 1) contre les chrétiens obnubilés par leur "croyance" au Christ et oublieux de l'enseignement évangélique, et même de la simple humanité, va dans le sens de cette remise en cause de l'orthodoxie luthérienne.

En 1777, Lessing édite cinq autres fragments de l'Anonyme, accompagnés de *Gegensätze des Herausgebers* (Contre-propositions de l'éditeur), dans lesquelles il formule des objections aux thèses de l'auteur. Le premier fragment est consacré à la défense de la raison humaine et de sa capacité à se prononcer sur les vérités de la religion (contre les positions de la théologie de la Réforme, qui voit l'obscurcissement de la raison humaine comme conséquence du péché originel). Les fragments suivants, par le biais de la critique rationaliste du texte biblique, et notamment celle des miracles (héritage des déistes anglais), remettent en question la possibilité même que le texte biblique renferme une révélation divine universelle adressée à tous les hommes, et, par là, c'est le cœur de la doctrine chrétienne qui est touché. Les miracles, censés prouver la Révélation, ne sont de fait qu'un tissu d'invraisemblances. Reimarus avance l'argument rationaliste classique contre les miracles : "Daß aber Gott stets Wunder tun sollte, ist seiner Wahrheit zuwider. Beständige Wunder stören die Ordnung und den Lauf der Natur beständig, welche doch Gott selbst weislich und gütig gesetzt hatte." [Lessing, 1989]. Deux passages essentiels sont consacrés à la critique serrée du récit du passage de la mer Rouge (Ancien Testament) et à la comparaison des récits de la Résurrection du Christ dans les évangiles (Nouveau Testament), qui dresse un relevé minutieux de toutes les contradictions qui s'y rencontrent. Par ailleurs, les textes bibliques se révèlent très insuffisants au regard des exigences élevées d'une religion de la raison, notamment en ce qui concerne le dogme de l'immortalité de l'âme – qui garantit que l'homme recevra la rétribution de ses actes, récompense ou châtiment – dans l'au-delà, après sa mort. Or, l'Ancien Testament, pour l'essentiel, n'évoque que des récompenses et châtiments matériels, et les représentations de la mort, loin d'orienter vers un au-delà, ne permettent pas de conclure à la croyance en l'immortalité de l'âme. Quant au Nouveau Testament, la promesse du Royaume de Dieu est dénoncée comme une imposture : ce sont les apôtres qui, pour des motifs profanes, ont transformé le "Royaume des Juifs" initialement promis par le Christ en "Royaume de Dieu", en accréditant l'idée d'une résurrection par le vol du corps du Christ. Cette thèse explosive est exposée dans le dernier fragment, *Vom Zwecke Jesu und seiner Jünger* (De la fin que se proposaient Jésus et ses disciples), édité au plus fort de la polémique en mai 1778.

Les *Gegensätze des Herausgebers*, publiés à la suite de ces cinq fragments, constituent un examen critique de l'argumentation déiste contre les positions de la théologie luthérienne orthodoxe. Lessing continue ensuite à préciser sa position dans quelques textes décisifs qui répondent à ses adversaires et alimentent la polémique et dont certaines formulations sont devenues célèbres : *Über den Beweis des Geistes und der Kraft* (La démonstration de l'Esprit et de la puissance, citation de l'épître de Paul 1Co 2, 4), *Axiomata*, *Eine Duplik* (Duplique). La critique de l'orthodoxie conservatrice est un terrain familier de l'Aufklärung (v. Repères/L'Aufklärung). Lessing a exploité, dans un premier temps, la position de Reimarus pour pousser la critique du texte biblique à l'extrême et ainsi ébranler de manière décisive l'autorité de l'Écriture sainte et, par-là, les fondements de la Révélation. Mais ce résultat une fois obtenu, Lessing attire l'attention sur les limites de la position déiste qu'il vient d'exposer. L'ébranlement des constructions échafaudées par la théologie orthodoxe, qui prétend soumettre la raison humaine à l'impératif de croire, n'affecte que l'extérieur du christianisme (la *lettre* du texte biblique), il laisse intact l'*esprit* du christianisme, celui qui se manifeste dans l'évidence personnelle et sensible de la religion pour le croyant. Le chrétien, en effet, fait l'expérience de la vérité de son christianisme sur un autre mode que celui des preuves requises par l'esprit rationaliste : "[...] was gehen dem Christen dieses Mannes Hypothesen, und Erklärungen und Beweise an ? Ihm ist es doch einmal da, das Christentum, welches es so wahr, in welchem er sich so selig *fühlet*. [...]" [LESSING, *Gegensätze des Herausgebers*, 1989]. La conclusion s'appuie donc sur la célèbre distinction entre la lettre et l'esprit (Buchstabe/Geist) : "Kurz: der Buchstabe ist nicht der Geist; und die Bibel ist nicht die Religion. Folglich sind Einwürfe gegen den Buchstaben, und gegen die Bibel, nicht eben auch Einwürfe gegen den Geist und gegen die Religion." [*Ibid.*]

Lessing s'est donc servi des fragments de Reimarus pour porter un coup fatal à la prétention insoutenable de la théologie orthodoxe conservatrice, qui est de vouloir démontrer la "vérité" de la Révélation en invoquant l'autorité du texte biblique, appuyée sur ces "preuves" supposées que sont les miracles (lesquels ne résistent pas à un examen poussé), autorité qu'elle cherche à imposer en exigeant la soumission, sinon l'abdication de la raison – telle est bien le sens de la demande adressée au Templier par le Patriarche de Jérusalem (*Nathan le Sage*, IV, 2). Dès lors que la raison ne se laisse pas intimider par l'argument d'autorité et reprend ses droits, pour procéder à l'examen des prétendues "preuves", l'édifice branlant s'écroule sous les coups de boutoir de l'examen rationaliste. Voilà ce que peut le rationalisme contre la prétention illégitime de l'orthodoxie luthérienne à domestiquer la raison, par des preuves qui ne relèvent pas de la compétence de la raison.

Mais le plaidoyer déiste pour une "religion raisonnable" est tout aussi contestable. Est-il si sûr en effet que la religion soit entièrement soluble dans la religion naturelle ? Cette religion raisonnable ne méconnaît-elle pas la spécificité de la Révélation, en tentant de réduire la religion à ce qui est assimilable par la raison et validé par elle ?

> Die Kanzeln, anstatt von der Gefangennehmung der Vernunft unter den Gehorsam des Glaubens zu ertönen, ertönen nun von nichts, als von dem innigen Bande zwischen Vernunft und Glauben.

> Glaube ist durch Wunder und Zeichen bekräftigte Vernunft, und Vernunft raisonnierender Glaube geworden. Die ganze geoffenbarte Religion ist nichts, als eine erneuerte Sanction der Religion der Vernunft. Geheimnisse giebt es entweder gar nicht; oder wenn es welche giebt, so ist es doch gleichviel, ob der Christ diesen oder jenen oder gar keinen Begriff damit verbindet. [LESSING, *Gegensätze des Herausgebers*, 1989]

Plutôt que de parler d'un assujettissement de la raison à l'autorité de la foi, Lessing préfère parler de libre reconnaissance par la raison de ses limites, dès lors qu'elle est assurée de la réalité de la Révélation. Il importe en effet de démarquer l'ordre de la raison et l'ordre de la Révélation. La Révélation, selon Lessing, ne présuppose pas une religion raisonnable, mais elle la comprend en elle, ce qui veut dire qu'elle la déborde, ou autrement dit, que la religion raisonnable n'est qu'une partie de la religion révélée : "Die geoffenbarte Religion setzt im geringsten nicht eine vernünftige Religion voraus : sondern schließt sie in sich." [Lessing, *op. cit.*, 1989]

La conclusion majeure de l'examen minutieux des "preuves" censées être apportées par l'autorité du texte biblique est de récuser toute prétention à vouloir donner à la Révélation une portée universelle – adressée à tout homme, affranchie du lieu et du temps. S'il est impossible d'apporter la preuve de l'existence d'une telle Révélation, comme le confirme l'Anonyme, c'est que la Révélation ne peut pas avoir existé sous cette forme. Elle n'existe que sous forme historique, comme une Révélation adressée à un peuple, qui est le peuple juif. Le christianisme, qui s'est greffé sur le tronc du judaïsme, a repris cette prétention à son compte :

> Dieses unendlich mehr verachtete als verächtliche Volk ist doch, in der ganzen Geschichte, schlechterdings das erste und einzige, welches sich ein Geschäft daraus gemacht, seine Religion mitzuteilen und auszubreiten. [...] Die christlichen Völker, die den Juden in diesem Eifer hernach gefolgt sind, überkamen ihn bloß, in so fern sie auf den Stamm des Judentums gepfropft waren. [LESSING, *op. cit.*, 1989]

La Révélation chrétienne est une révélation historiquement datée. Elle ne peut pas prétendre être la seule. Il peut y avoir d'autres révélations que la révélation chrétienne, des révélations par lesquelles l'homme peut aussi faire son salut.

Il doit ainsi s'établir une distinction fondamentale et une ligne de partage entre l'ordre des vérités historiques et celui des vérités rationnelles. La Bible consigne le récit de miracles et de prophéties que l'on dit s'être accomplis à un moment donné. Celui qui, aujourd'hui, connaît ces événements prodigieux par le récit qu'en ont donné ceux qui disent en avoir été les témoins directs n'a plus les moyens de vérifier par lui-même la véracité de ces témoignages. La vérité des miracles passés, qui avait pour les premiers chrétiens l'évidence de ce que l'on a vu de ses yeux et vécu, a cessé, pour le contemporain de Lessing, d'être prouvée par des miracles présents, elle s'est dégradée en vérité de témoignages sur les miracles, en simple connaissance historique :

> Ein andres sind erfüllte Weissagungen, die ich selbst erlebe, ein andres erfüllte Weissagungen, von denen ich nur historisch weiß, daß sie Andre wollen erlebt haben. Ein Andres sind Wunder, die ich mit meinen Augen sehen und selbst zu prüfen Gelegenheit habe, ein Andres sind Wunder, von denen ich nur historisch weiß, daß sie Andre wollen gesehen und geprüft haben. [LESSING, *Über den Beweis des Geistes und der Kraft*, 1989]

L'homme d'aujourd'hui peut donc bien admettre, sur la foi des témoins, que le Christ ait eu le pouvoir de ressusciter un mort, ou qu'il soit lui-même ressuscité – il n'a pas, en tout cas, les moyens de prouver le contraire à celui qui invoque contre lui l'autorité de son propre témoignage. Toutefois, ces témoignages, même s'ils étaient crédibles, demeurent contingents, de nature simplement historique, et ne peuvent l'engager à croire en un Fils de Dieu de même nature divine, ou à tout dogme contre lequel sa raison se rebelle ; *a fortiori* l'engager à réformer toutes ses idées sur l'essence de la divinité, et l'ensemble de ses principes moraux et métaphysiques. Ce serait faire le saut d'un ordre de vérités contingentes à un ordre de vérités nécessaires.

Or, l'orthodoxie luthérienne cherche à imposer la Révélation, dont le caractère de vérité est simplement historique, et donc contingent, comme une vérité démontrée de raison, et donc nécessaire. Mais il est impossible de donner à ces vérités historiques le statut de vérités rationnelles : "Das ist: *zufällige Geschichtswahrheiten können der Beweis von notwendigen Vernunftswahrheiten nie werden.*" [LESSING, *op. cit.*, 1989] Les vérités historiques, contingentes, ne se démontrent pas à la manière d'un théorème mathématique, et dès lors, comme elles n'ont pas le même degré de certitude, on ne peut rien démontrer à partir d'elles :

“Wenn keine historische Wahrheit demonstrieret werden kann: so kann auch nichts *durch* historische Wahrheiten demonstrieret werden.” [LESSING, 1989]. On atteint là à une limite infranchissable que Lessing a fixée dans une formule célèbre : “Das, das ist der garstige breite Graben, über den ich nicht kommen kann, so oft und ernstlich ich auch den Sprung versucht habe.” [LESSING, *op. cit.*, 1989]

Mais le constat de ce “fossé béant” entre les vérités historiques et les vérités rationnelles, qui empêche de fonder en raison l’édifice de la religion, n’est pas le dernier mot de Lessing. Ayant invalidé la prétention des théologiens à confondre les preuves historiques et les preuves rationnelles, il peut insister avec force sur la consistance des contenus de la foi. La situation du chrétien d’aujourd’hui n’est sans doute plus celle des chrétiens des premiers temps, témoins directs des miracles et des prophéties accomplies, qui pouvaient voir, et croire. Mais il peut contempler, aujourd’hui, la religion dans sa forme pleinement développée au cours des siècles de son histoire. C’est là que l’on trouve de bien meilleures raisons d’admirer et de croire, si l’on juge en effet de la vérité de la doctrine à ses fruits. Les “preuves” historiques, dès lors, importent bien moins que les effets manifestes de l’enseignement évangélique : “Was kümmert es mich, ob die Sage falsch oder wahr ist: die Früchte sind trefflich.” [LESSING, *op. cit.*, 1989]. L’enseignement évangélique, pour lui, se concentre dans le “Testament de Jean”, témoignage apocryphe recueilli par Jérôme – qui n’a donc pas l’autorité de la lettre du texte biblique canonique –, et qui pourtant renferme la quintessence de l’enseignement évangélique, dans la simple injonction de Jean à ses disciples de s’aimer les uns les autres : “Ich schliesse, und wünsche: möchte doch alle, welche das Evangelium Johannis trennt, das Testament Johannis wieder vereinigen! Es ist freilich apokryphisch, dieses Testament: aber darum nicht weniger göttlich.” [LESSING, *op. cit.*, 1989].

C’est par le chemin de l’expérience que le chrétien s’approprie les vérités historiques pour les faire siennes. La Révélation ainsi comprise, loin d’être un complexe de vérités désincarnées, devient un chemin historique de la connaissance. Le chemin de la vérité historique va jusqu’au cœur du fidèle d’aujourd’hui. C’est par l’expérience que le chrétien en fait qu’il apporte la preuve, pour lui-même, que l’historicité de la Révélation le concerne [BARTH, 1994].

Cette position pourrait sembler faire conclure à un ralliement de Lessing à l’orthodoxie. Dans une lettre du 2 février 1774 à son frère

Karl, qui l'accuse de contrefaire l'orthodoxe, Lessing se défend du soupçon de s'attacher à la cause de l'orthodoxie luthérienne, mais réclame le droit de poursuivre les buts de l'Aufklärung à sa manière. Il ne s'agit pas de défendre un système de religion dont les insuffisances sont patentes ("de l'eau impure"), mais d'être sûr d'avoir trouvé la source d'un meilleur système ("de l'eau plus pure"). Or, la nouvelle théologie à la mode rejette sans scrupule l'ancien système de religion, mais c'est pour lui substituer un système vicié :

> Nicht das unreine Wasser, welches längst nicht mehr zu brauchen, will ich beibehalten wissen: Ich will es nur nicht eher weggegossen wissen, als bis man weiß, woher reineres zu nehmen; ich will nur nicht, daß man es ohne Bedenken weggieße, und sollte man auch das Kind hernach in Mistjauche baden. Und was ist sie anders, unsere neumodische Theologie, gegen die Orthodoxie, als Mistjauche gegen unreines Wasser?" [LESSING, 1988]

En effet, et sur ce point, Lessing se retourne vers l'orthodoxie luthérienne : l'ancienne théologie avait pour elle le mérite de maintenir une frontière étanche entre foi et entendement et ne cherchait pas à l'estomper. Elle n'est donc pas un assemblage hétéroclite, mais manifeste la cohérence d'un "système de Religion" ordonné à la Révélation. Aussi garde-t-elle aux yeux de Lessing sa valeur d'éducation de l'esprit humain, qu'elle a contribué à exercer et affuter, et ne mérite-t-elle pas le dédain ou l'opprobre des modernes. Les nouveaux théologiens, eux, croyant trop facilement avoir dépassé l'ancien antagonisme en posant la convergence naturelle des contenus de la foi avec les conclusions de la raison humaine, ne font que corrompre la source première, et le résultat de leurs efforts est un produit bâtard, à mi-chemin de la religion et de la philosophie, sans être ni l'une ni l'autre.

> Aber was tut man nun? Man reißt diese Scheidewand nieder, und macht uns unter dem Vorwande, uns zu vernünftigen Christen zu machen, zu höchst unvernünftigen Philosophen [...] Darin sind wir einig, daß unser altes Religionssystem falsch ist: aber das möchte ich nicht mit Dir sagen, daß es ein Flickwerk von Stümpern und Halbphilosophen sey. Ich weiß kein Ding in der Welt, an welchem der menschliche Scharfsinn mehr gezeigt und geübt hätte, als an ihm. Flickwerk von Stümpern und Halbphilosophen ist das Religionssystem, welches man jetzt an die Stelle des alten setzen will; und mit weit mehr Einfluß auf

> Vernunft und Philosophie, als sich das alte anmaßt. [LESSING, 1988]

L'enjeu de la publication des fragments est donc de reposer dans toute sa virulence la question que les théologiens modernes avaient cru résoudre bien légèrement, de dénoncer le réductionnisme de cette position, dont la contribution dogmatique laisse le problème fondamentalement impensé, et de réaffirmer pleinement les droits de la critique contre la prétention de toute théologie à la "possession de la vérité". L'un des textes les plus célèbres de la querelle, *Eine Duplik* (le terme, qui est un terme technique de la controverse, signifie la réponse donnée en retour à une *Replik*), a pour objet de définir sa position par le refus de la "possession de la vérité", qui n'appartient qu'à Dieu et le choix de la voie humaine de la recherche de la vérité, qui passe par l'erreur.

> Wenn Gott in seiner Rechten alle Wahrheit, und in seiner Linken den immer regen Trieb nach Wahrheit, obschon mit dem Zusatz, mich immer und ewig zu irren, verschlossen hielte, und spräche zu mir: wähle! Ich fiele ihm mit Demut in seine Linke, und sagte: Vater gieb! die reine Wahrheit ist ja doch nur für dich allein. [LESSING, *Eine Duplik*, 1989]

LA "QUERELLE DES FRAGMENTS" (*FRAGMENTENSTREIT*) ; LES *ANTI-GOEZE*

Les premières interventions, qui sont le fait de théologiens modernes modérés, se contentent de réfuter les thèses des fragments (en défendant le dogme d'une révélation, comme J. D. Schumann, ou celui de la résurrection, comme J. H. Reß), sans mettre Lessing nommément en cause. C'est avec l'intervention du pasteur Johann Melchior Goeze (1717-1786), le "pape de Hambourg" (*Hammoniens Papst*, du nom latin *Hammonia*, la figure féminine qui personnifie la ville de Hambourg), que le débat religieux prend le tour de la controverse, dont un des caractères principaux est la personnalisation du débat et la constitution de fronts adverses dont les représentants, clairement identifiés, deviennent les champions. Goeze, malgré son ouverture aux apports de la critique biblique, est un représentant de l'orthodoxie luthérienne assiégée dans sa forteresse, l'homme qui "traîne ses gens au ciel par les cheveux" selon le mot de Lichtenberg [1994]. C'est Goeze qui reconnaît que le véritable adversaire de l'orthodoxie n'est pas l'auteur des fragments, mais bien son éditeur et "Advokat", Lessing.

Lessing précise d'emblée le rôle qui revient à chacun d'eux, en comparant le pasteur et le bibliothécaire respectivement au berger et à l'herboriste. L'herboriste – Lessing – est porté par la passion de la connaissance et sillonnera la campagne pour aller chercher l'herbe rare, sans se soucier de sa nature vénéneuse ou non, puisqu'il pense qu'il peut être utile aussi de connaître les poisons. Le berger, lui – Goeze –, ne connaît que les herbes de la prairie où il fait paître ses ouailles. Le bibliothécaire n'a de cesse de publier ses trouvailles, le pasteur, lui, en limite la diffusion, préoccupé de l'effet pernicieux que ces textes pourraient avoir sur ses fidèles [Lessing, *Eine Parabel*, 1993].

Concernant le fond de la querelle, Lessing fait valoir que si l'on n'est pas en mesure de répondre à toutes les objections rationnelles élevées contre la Bible, la religion n'en resterait pas moins intacte dans le cœur des chrétiens qui en ont l'expérience, et qu'il n'est nullement question d'ébranler la religion.

Dans ses *Axiomata* (1778), il récapitule ses thèses principales :

- les attaques ne portent pas sur l'esprit du christianisme/de la religion, mais seulement sur la lettre ;

- la Bible n'est pas identique à la religion, elle renferme visiblement davantage que ce qui relève de la religion *stricto sensu* : elle contient aussi des éléments superflus, qui en sont "l'emballage" ("[...] wenn auch ganz unnöthige Emballage darunter wäre?") ;

- la religion a existé avant la Bible, et il s'est même écoulé un temps fort long avant que les évangélistes et les apôtres ne consignent l'enseignement de la religion par écrit, et bien davantage encore, avant que le canon ne soit entièrement constitué ;

- pourquoi l'Église impose-t-elle de croire sur la foi de preuves historiques, alors que le croyant adhère à des contenus de foi qu'il reconnaît en concordance avec la volonté de Dieu, et comme les traces visibles que la religion a laissées dans le monde ? Cela revient à transformer la Parole divine en lettre morte, et prétendre faire de cette lettre morte une Parole de vie : "Deine Worte sollten erst, in todte Buchstaben verwandelt, Worte des Lebens geworden seyn? Sind die Bücher der einzige Weg, die Menschen zu erleuchten, und zu bessern? Ist mündliche Ueberlieferung nichts?" [LESSING, 1993]

À la limite, le croyant de cœur, qui éprouve la vérité de sa foi, peut se dispenser complètement de la lecture de la Bible, il a en lui le sens qui lui permet de faire directement l'expérience de sa religion. On peut imaginer le scandale que représente pareille proposition pour le luthérien orthodoxe appuyant sa foi sur le principe *sola scriptura*.

La religion n'est pas vraie parce que les évangélistes et les apôtres l'ont enseignée (argument d'autorité). S'ils l'ont enseignée, c'est parce qu'elle est vraie (ce que le croyant peut reconnaître par ses propres forces).

La riposte du pasteur Goeze est à la hauteur du défi. C'est lui qui, face à un adversaire brillant, décide de porter la lutte sur le terrain de la polémique ouverte, à partir de décembre 1777. Il commence par établir un front apologétique contre Lessing, en s'assurant le concours des théologiens modernes (par ses recensions élogieuses de leurs prises de position contre les fragments, par exemple), ce qui est bien le signe de la collusion entre l'orthodoxie et le christianisme de la raison. Son but, au fur et à mesure que le débat gagne en virulence, est de désigner Lessing à la vindicte publique comme propagateur de doutes sur la religion.

Puis, dans son "dialogue qui n'en est pas un" avec Lessing (*Axiomata*) – à la série de ses *Lessings Schwächen* (Les faiblesses de Lessing), son adversaire répond par les onze *Anti-Goeze*, chef-d'œuvre de la prose polémique –, Goeze discrédite la forme de l'argumentation lessingienne, en la taxant de "Theaterlogik". Autrement dit, il dénonce l'absence totale de rigueur démonstrative, le style lâche, les "images et comparaisons" de son adversaire, ses sophismes, et la recherche de l'effet qui éblouit :

> Die Art, wie Herr Lessing streitet, ist sonderbar. Seine Bemühungen gehen nicht dahin, den Verstand seiner Leser durch Gründe zu überzeugen, sondern sich ihrer Phantasie durch allerhand unerwartete Bilder und Anspielungen zu bemächtigen. Er bestimmet daher nichts durch richtige Erklärungen, er führet nie einen gründlichen und einleuchtenden Beweis, sondern er spielt beständig mit Gleichnissen, Instanzen und Antithesen. Er nimmt die Worte in verschiedenen Bedeutungen und garade jedesmal in derjenigen, von welcher er sich die meiste Hoffnung

> macht, daß sie am ersten blöde Augen blenden werde. Er erlaubt sich Sophismen, Equivocen und Fallacien. [GOEZE, 1893]

Quant au fond, il dénonce le "poison" des fragments et l'esprit de rébellion contre la religion qui les inspire. Les thèses avancées par Lessing sont comparées à des bandes de vagabonds et de pillards ("diese Leßingischen irregulairen Trouppen und Marodeurs"), soustraites à tout contrôle, qu'il s'agit de faire rentrer dans le rang de l'armée régulière, puisqu'elles constituent un facteur de désordre.

Avec la publication des derniers fragments, Goeze n'a plus de doute sur la gravité de l'offense : "Sie [Die Fragmente] sind keine bescheidene Einwürfe gegen die christliche Religion, sondern die *lauteste Lästerung* derselben." [GOEZE, 1893] Brandissant le spectre du trouble de l'ordre public, le pasteur abandonne toute mesure et en appelle clairement aux autorités civiles pour étouffer le germe de la rébellion et venir à bout des rebelles, qui doivent être muselés et tenus en laisse ("ihnen Zaum und Gebis anzulegen"). La remise en cause de l'autorité dogmatique religieuse est ainsi assimilée à la contestation de l'autorité civile – les piétistes de Halle n'avaient pas procédé autrement pour faire chasser Christian Wolff. On ne méconnaîtra pas la référence, même sous forme négative, aux supplices d'un autre âge réservés aux hérétiques, l'épée ou la roue :

> Ich habe die Hoffnung zu Gott, daß die Zeit nahe sei, welche diesem unsinnigen Unfuge ein Ende machen wird, und daß große Herren, um ihrer eignen Sicherheit willen, oder wenigstens zu verhüten, daß sie, als Gottes Statthalter, als Liebhaber des Lebens, nicht nötig haben mögen, Schwert und Rad, zur Rache über die Übeltäter gebrauchen zu dürfen, solche Toren und den verwegenen Ausbrüchen ihres Unsinns, Grenzen setzen werden. Dabei kann es verständigen und gesetzten Männern vergönnt bleiben, bescheidene Einwürfe gegen die christliche Religion, und selbst gegen die Bibel, zu machen. [...] Nur müsste solches nicht, ohne besondere wichtige Ursachen, in einer andern Sprache, als in der Sprache der Gelehrten geschehen, und der angreifende Theil müsste die Freiheit nicht haben, die heiligen Männer Gottes, von welchen die ganze Christenheit glaubt, daß sie geredet und geschrieben haben, getrieben von dem heiligen Geiste, als Dummköpfe, als Bösewichter, als Leichenräuber zu lästern. [GOEZE, 1893]

La seule forme de critique envisagée doit être le fait de personnes de sens rassis, s'exprimant dans la langue de l'érudition, soit le latin, et ne surtout pas ébranler la croyance en l'inspiration divine des auteurs du texte biblique.

En 1778, la sanction de l'autorité frappe Lessing. Le duc de Brunswick, à la demande du consistoire (organe composé de juristes, théologiens et représentants de l'autorité civile nommés par le prince, et chargé de régler les affaires relevant entièrement ou en partie de la juridiction de l'Église territoriale : enseignement et prédication, discipline ecclésiastique, censure, mœurs, contentieux matrimoniaux...), intervient et rapporte la dispense de censure dont bénéficiait son bibliothécaire : Lessing a l'interdiction de poursuivre la polémique contre Goeze, et l'obligation de soumettre ses écrits, y compris ceux publiés dans d'autres États, à la censure préalable. Mais l'issue de la controverse, en apparence favorable au parti de la religion, n'en déconsidère pas moins le représentant de l'orthodoxie victorieuse, comme en témoigne l'isolement grandissant de Goeze dans les années suivantes.

RETOUR AU THÉÂTRE : LE PROJET DE *NATHAN*

Lessing doit se soumettre à l'autorité du prince, mais il ne renonce pas au combat. Il se souvient alors d'un ancien canevas de pièce qui présente, écrit-il dans une lettre à son frère Karl datée du 11 août 1778, "une sorte d'analogie avec [ses] querelles présentes" ("[...] eine Art von Analogie mit meinen gegenwärtigen Streitigkeiten" [Lessing, 1994]). Sans vouloir s'expliquer davantage sur le contenu, il précise, à l'intention de son frère ou de son ami Mendelssohn : "wenn Ihr, Du oder Moses, ihn wissen wollt, so schlagt das Decamerone des Bocaccio auf: Giornata I. Nov. III. Melchisedech Giudeo [Melchisedech le Juif]. Ich glaube, eine sehr interessante Episode dazu erfunden zu haben, daß [...] ich gewiß den Theologen einen ärgeren Possen damit spielen will, als noch mit zehn Fragmenten." [Lessing, 1994]. Dans une lettre du 6 septembre 1778 à Élise Reimarus, où il donne la "clef" de la nouvelle de Boccace, il évoque ce retour au théâtre comme une tentative de prêcher du haut de son ancienne chaire :

“Ich muß versuchen, ob man mich auf meiner alten Kanzel, auf dem Theater wenigstens, noch ungestört will predigen lassen.” [LESSING, 1994] On rappellera dans ce contexte la formule de Friedrich Schlegel, chef de file du premier romantisme, dans son essai sur Lessing : selon lui, Nathan est le “Anti-Goeze Numero Zwölf”.

On a donc là, articulée à l’occasion directe de la “querelle des Fragments”, l’indication de la source ancienne qui fournit le noyau de la figuration littéraire – ce qui ne veut pas dire que la pièce serait une simple illustration de la nouvelle de Boccace ! Le thème de la comparaison des trois monothéismes est ancien, et le motif de la parabole des trois anneaux (*Nathan le Sage*, III, 7), pour traduire la difficulté de décider laquelle des trois religions monothéistes est la véritable, est connu dès le Moyen Âge. Nous verrons comment, dans la célèbre scène de la parabole, Lessing a repris et transformé le motif fourni par la nouvelle de Boccace (v. Problématiques/L’idée de la tolérance).

PROBLÉMATIQUES

LE "POÈME DRAMATIQUE"

LA STRUCTURE DE LA PIÈCE

La Troisième Croisade

Lessing a pris dans la nouvelle du *Décaméron* de Boccace le personnage historique de Saladin, et situé l'action de *Nathan le Sage* à Jérusalem, à l'époque de la Troisième Croisade (1189-1992). Celle-ci commence après la prise de Jérusalem par Saladin deux ans auparavant (1187). Fondateur de la dynastie des Ayyoubides, ayant réuni sous sa domination l'Égypte et la Syrie, il est tenu en échec un certain temps par les souverains du royaume de Jérusalem, mais l'avènement de Guy de Lusignan et les cruautés de l'un des principaux seigneurs du royaume, Renaud de Châtillon (qui rompt la trêve accordée par Saladin et massacre un convoi de pèlerins musulmans de La Mecque en leur conseillant d'invoquer Mahomet à leur secours), précipitent la catastrophe. Saladin inflige une sanglante défaite à l'armée franque à la bataille de Hattin – les musulmans s'emparent de la relique symbolique de la Vraie Croix, le roi et ses seigneurs sont faits prisonniers : Renaud de Châtillon, blasphémateur de l'islam, est décapité par Saladin sous les yeux de ses compagnons. Le sultan marche sur Jérusalem et s'empare de la ville, affaiblissant durablement le royaume, dont la chute intervient un siècle plus tard. À l'annonce de ces nouvelles, le pape Grégoire VIII appelle les souverains chrétiens à se croiser. Le roi d'Allemagne et empereur du Saint-Empire, Frédéric Barberousse, meurt avant d'arriver en Terre sainte, de noyade accidentelle, ce qui désorganise son armée – dans la pièce, l'époux défunt de Daja est présenté comme "ein edler Knecht/ In Kaiser Friedrichs Heere…", mort de la même manière que son maître (*Nathan*, I, 6). La Troisième Croisade est conduite par les rois de France et d'Angleterre, Philippe Auguste et le légendaire Richard

Cœur de Lion, qui réussissent à prendre la ville de Saint-Jean d'Acre. Mais le prince français ne tarde pas à retourner en France. Richard mène plusieurs assauts contre Saladin, conquiert la bande côtière, mais échoue à reprendre la ville de Jérusalem. Saladin engage des négociations par l'intermédiaire de son frère, qui se lie d'amitié avec le roi anglais : le sultan refuse de concéder aux croisés le territoire de Gaza, qui couperait la route qui relie l'Égypte et la Syrie, mais il accorde le libre passage aux marchands et pèlerins chrétiens désarmés qui se rendent à Jérusalem.

Lessing n'a pas fait mystère de sa désinvolture dans le traitement des faits historiques, et ne s'est tenu ni à la reconstitution exacte de la chronologie ni aux faits. Il ne s'intéresse pas à la "vérité historique" et donne la priorité à la "vraisemblance interne". Il écrit dans la 19e livraison de la *Dramaturgie de Hambourg* :

> [Der tragische Dichter] braucht eine Geschichte nicht darum, weil sie geschehen ist, sondern darum, weil sie so geschehen ist, dass er sie schwerlich zu seinem gegenwärtigen Zweck besser erdichten könnte. Findet er diese Schicklichkeit von ungefähr an einem wahren Falle, so ist ihm der wahre Fall willkommen; aber die Geschichtsbücher erst lange darum nachzuschlagen, lohnt der Mühe nicht. [...] Was ist das Erste, was uns eine Historie glaubwürdig macht? Ist es nicht ihre innere Wahrscheinlichkeit? [LESSING, 1985]

L'action antérieure à la pièce

Pour analyser les événements qui constituent l'action et en déchiffrer la signification symbolique, il faut reconstituer l'histoire antérieure à l'action qui se déroule sur le théâtre, que le spectateur ne découvre que par bribes jusqu'à la scène finale de reconnaissance, qui voit la réunion des membres de la famille dispersée. Cet enchaînement de circonstances a tissé d'avance le réseau des relations entre les personnages – relations que ceux-ci ignorent encore lorsque le rideau se lève – et entre les religions qu'ils incarnent ou auxquelles ils se rattachent. L'intrigue va mettre à jour peu à peu ces relations par l'intermédiaire des événements de la pièce. Ainsi les ingrédients du théâtre classique (reconnaissances, coups de théâtre, etc.) prennent ici une valeur à la fois réelle et symbolique : ils font avancer l'action qui met les personnages en relation entre eux ; en même temps, ils dévoilent les liens qui, en les unissant et en les séparant, unissent et séparent leurs croyances.

Saladin avait un frère chéri, Assad, qu'il a perdu dans des circonstances mystérieuses, sur lesquelles circulent de vagues bruits, sans que l'on sache rien de précis et que l'on puisse leur accorder crédit, comme le dit Daja : "Doch da es viele zwanzig Jahre her, / Dass dieser Bruder nicht mehr lebt, — er hieß, / Ich weiß nicht wie; — er blieb, ich weiß nicht wo: — / So klingt das ja so gar — so gar unglaublich [...]" (*Nathan*, I, 2). Pourtant, la mémoire de ce frère ne s'est jamais effacée. Saladin en parle avec sa sœur, comme le dit le sultan à Nathan à la fin de la scène de la parabole : "Ich habe meine Schwester / Von diesem ihren Bruder, den sie nicht / Gekannt, so viel erzählet [...]" (III, 7). Le sultan n'a pas oublié le départ de son frère, sans escorte, vers une destination inconnue, en laissant à sa sœur aînée une miniature retrouvée par Sittah : "er gab / Es deiner ältern Schwester, seiner Lilla, / Die eines Morgens ihn so ganz und gar/ Nicht aus den Armen lassen wollt. Es war / Der letzte, den er ausritt. — Ah, ich ließ / Ihn reiten, und allein! — Ah, Lilla starb / Vor Gram, und hat mir's nie vergeben, dass / Ich so allein ihn reiten lassen. — Er / Blieb weg!" (IV, 3). Saladin soupçonne à ce départ des raisons obscures, dont il ne parle qu'à mots couverts : "wer weiß? Der Tod ist's nicht allein, / Der einem Jüngling seiner Art das Ziel / Verrückt. Er hat der Feinde mehr; und oft / Erliegt der Stärkste gleich dem Schwächsten. —" (IV, 3). Ces paroles sibyllines s'éclairent après l'entrevue avec le Templier, sans pourtant lever entièrement le mystère : "Assad war / Bei hübschen Christendamen so willkommen, / Auf hübsche Christendamen so erpicht, / Dass einmal gar die Rede ging — Nun, nun; / Man spricht nicht gern davon. —" (IV, 5). Assad, de fait, s'est épris d'une chrétienne, qu'il a suivie en Europe, s'est converti au christianisme et a pris le nom de Wolf von Filnek – ce qui expliquerait la réticence de Saladin à évoquer la mémoire de son frère comme d'un renégat, traître à sa religion. De cette union sont issus deux enfants. L'un d'eux, le "jeune Templier" de la pièce, se nomme en réalité Leu von Filnek, mais se présente sous le nom de son oncle maternel avec lequel il est venu en Terre sainte, Curd von Stauffen, propre à masquer ses origines musulmanes, qu'il ne connaît lui-même que vaguement, par les "contes" de son enfance. Avec les Templiers, il s'apprêtait à donner l'assaut à la forteresse de Tebnin ; défait, il est sur le point d'être exécuté, lorsque Saladin, ému jusqu'aux larmes par la ressemblance frappante avec son frère (mais encore ignorant de sa parenté avec lui),

lui accorde la vie sauve. Le deuxième enfant du frère de Saladin est une fille, Blanda, que son père, au moment de partir en guerre, confie à son écuyer, qui n'est autre que le frère lai de la pièce, pour la remettre à son ami, le juif Nathan, qu'il a toujours protégé des persécutions des chrétiens. Celui-ci, qui vient de voir massacrer sa femme et ses sept fils par les chrétiens, accueille l'enfant et l'élève comme sa propre fille sous le nom de Recha – en l'instruisant dans les vérités communes à toutes les religions. La pièce s'achève sur la reconnaissance des liens familiaux qui unissent tous ces personnages. Recha et le Templier sont donc, par leur origine, l'incarnation de la coexistence de deux origines nationales et religieuses différentes, islam et christianisme ; Recha, de surcroît, a été recueillie par un juif et élevée dans une religion naturelle, qui ne fait intervenir aucun dogme des religions révélées. Le dernier des événements antérieurs à l'intrigue est la bonne action du Templier sauvant Recha dans un incendie. La recherche a vu dans ces trois vies sauvées – Recha recueillie par Nathan dans son enfance, le Templier gracié par Saladin, et Recha arrachée aux flammes par le Templier – le cycle des trois bonnes actions ("die drei guten Taten"). Ce rapprochement ne doit pas faire oublier que ces trois actions obéissent à des motifs essentiellement différents, qui ne sont pas exempts de passions. Mais il est légitime, dès lors que l'on y voit des actes "bons", c'est-à-dire révélateurs d'humanité. Cette humanité est commune, c'est le premier trait d'union entre des hommes divisés par la nation et la religion, mais amenés à se rassembler dans une forme sublimée et élargie de la famille.

Vers la reconnaissance des membres de la famille

En Recha et son frère s'incarne la coexistence de deux origines nationales et religieuses : islam et chrétienté, Orient et Occident. La découverte de cette double appartenance s'opère par des allusions sibyllines, que le spectateur n'est pas toujours à même de saisir, et qui s'inscrivent dans le filigrane du texte.

Dès la première scène d'exposition (I,1), Daja, la compagne chrétienne de Recha, fait peser le doute sur la légitimité de la paternité de Nathan, mais les propos de celui-ci sur Recha, son enfant, ce "bien propre" (*Eigentum*) qu'il doit à sa seule vertu, restent énigmatiques. C'est seulement à la fin de l'acte III que Daja révèle au Templier l'origine de Recha, dans l'espoir qu'il ramène la jeune fille à son milieu chrétien d'origine et la rapatrie elle-même en Europe (III, 10). L'enquête diligentée par le Patriarche, dont les soupçons sont éveillés par l'imprudence du Templier, amène le frère lai à prévenir Nathan de ce qui se trame contre lui : la scène entre Nathan et le frère lai (IV, 7) instruit le spectateur des circonstances de l'adoption de Recha, et permet à Nathan de reconstituer l'histoire. Il ne connaissait le frère de Saladin que sous le nom de Wolf von Filnek (il savait que son ami n'était pas d'origine européenne, mais sans connaître sa véritable identité). En interrogeant le frère lai, il découvre la filiation du Templier en même temps que ses liens de parenté avec Recha, qu'il soupçonnait seulement jusqu'alors. La généalogie consignée dans le bréviaire vient confirmer ses suppositions. Nathan doit envisager de se séparer de sa fille adoptive pour la rendre à ceux qui ont sur elle "des droits plus anciens", ceux "de la nature et du sang". Il prépare le Templier à la rencontre avec le frère de Recha (V, 5), à mots couverts : l'ironie de la situation fait que le jeune homme ne saisit pas l'allusion, puisqu'il est bien loin de se douter que la description s'applique à lui ("Ein Soldat? ein Geistlicher? [...] – (NATHAN) keines / Von beiden – oder beides").

C'est la ressemblance frappante du Templier avec le frère disparu de Saladin qui a ému le sultan et motivé son acte de clémence (I, 2). Lorsque Nathan aborde le Templier (II, 5), celui-ci lui rappelle immédiatement un visage connu – celui de son ami Wolf –, qui se précise lorsqu'il demande au Templier son nom pour plaider son cas auprès de Saladin (II, 7). Le nom suffit à réveiller les souvenirs enfouis et à évoquer des images précises (la démarche, les attitudes, les gestes familiers...). Le jeune homme, déguisant son identité, donne le nom de son oncle maternel, Staufen (II, 7), ce qui permet à Nathan d'établir le rapprochement avec le nom de son ami (Filnek) et lui fait soupçonner la possibilité d'un lien de parenté entre le Templier et Recha. C'est la raison pour laquelle il élude la demande du Templier – qui l'appelle déjà son père et le presse de lui donner Recha pour épouse – et insiste pour connaître ses origines familiales et la branche des Staufen à laquelle se rattache son père (III, 9). Le jeune homme se dérobe une nouvelle fois, non sans faire, sous couvert d'hypothèse, le demi-aveu de sa "bâtardise" (il pourrait être le fils d'un Templier, donc d'un homme non marié), avant de mettre un terme abrupt à une enquête qui touche de trop près au secret de son origine, qu'il dissimule et refoule. Pourtant, dans la scène précédente, il était encore engagé dans un monologue sur la transformation opérée en lui :

la grâce de Saladin a fait de lui un homme nouveau, et du même coup, le rapproche de son père, qu'il évoque, par allusions presque indéchiffrables à ce stade pour le spectateur, en soulignant la similitude de leurs deux destinées – l'amour pour une femme d'une autre confession : lui est en danger de "trébucher" là où son père est "tombé". Mais la réserve inexplicable de Nathan réveille sa méfiance et son hostilité.

Parallèlement, Saladin, à qui Nathan a rappelé l'existence du Templier, se concerte avec sa sœur, Sittah, qui lui montre un portrait d'Assad retrouvé dans ses affaires (IV, 3). Pour Saladin, c'est l'occasion d'évoquer le souvenir douloureux de son frère disparu. Le sultan vit avec le remords d'avoir laissé partir son frère sans escorte vers une destination inconnue et évoque ses adieux déchirants à sa sœur aînée, morte de chagrin. Il coupe pourtant court à la déploration de Sittah, pour esquisser l'hypothèse d'autres causes que la mort violente à la disparition de son frère : "Wer weiß? Der Tod ists nicht allein, / Der einem Jüngling seiner Art das Ziel / Verrückt. Er hat der Feinde mehr; und oft / Erliegt der Stärkste gleich dem Schwächsten. —" Ces paroles sibyllines s'éclairent un peu plus tard, sans pourtant lever entièrement le mystère. Dans la scène entre Saladin et le Templier (IV, 4), à laquelle Sittah a assisté, muette et voilée, toute une tirade nostalgique de Saladin est consacrée à la douce illusion de voir refleurir dans le Templier la jeunesse d'Assad. Après son départ, Saladin et Sittah se communiquent leur étonnement devant la ressemblance du jeune homme avec l'original du portrait (IV, 5). Mais le mystère demeure entier, dans la mesure où Saladin a négligé de se renseigner sur la famille maternelle du Templier. Le sultan évoque alors la séduction de son jeune frère et l'attrait des dames chrétiennes et suggère, sur la foi d'une rumeur, l'hypothèse d'une aventure galante (IV, 5). Mais il s'interrompt avant d'avoir formulé sa pensée, ce qui peut s'expliquer par sa réticence à admettre ouvertement que son frère est un renégat aux yeux de l'islam. La scène de reconnaissance entre le Templier et Recha lui fait pressentir l'identité de leur père, et c'est lui qui cette fois-ci pose la question à Nathan, qui le lui confirme. Saladin choisit donc de reconnaître ses deux neveux d'origine chrétienne pour ses enfants.

La construction de la pièce : la conduite de la Providence, la leçon de tolérance

Ainsi décrite, cette intrigue ressemble par bien des côtés à celle d'un "Rührstück", et l'on a pu faire à Lessing le reproche de réduire un drame d'idées à la médiocrité d'une comédie bourgeoise. Mais ce serait méconnaître la signification symbolique des liens de parenté qui unissent les personnages et figurent l'horizon de la réconciliation et de l'union des religions au-delà de tout ce qui peut les séparer. L'enchaînement des événements de l'intrigue figure ainsi, avec les moyens du théâtre, la causalité de l'univers, le dramaturge reproduisant, à échelle réduite, la totalité d'un monde aussi parfait, à son niveau, que l'œuvre du Créateur éternel ("Schattenriß von dem Ganzen des ewigen Schöpfers", *Hamburgische Dramaturgie*, 79. Stück, den 2. Februar 1768). Dès lors, la pièce fait ressortir la conduite de l'action par la Providence. C'est ainsi que la pièce a été lue par les contemporains.

La mise en évidence de la liaison entre les bonnes actions est un principe fort de construction de la pièce, puisqu'au plan symbolique cet enchaînement figure l'action de la Providence, lisible par les personnages. On pensera ici au passage célèbre des *Morgenstunden* (*Heures matinales*) de Mendelssohn, qui interprète le poème dramatique de Lessing comme un "Anti-Candide". De la même manière que, dans le conte *Candide ou l'optimisme* (1759), Voltaire a cherché à tourner en ridicule la croyance en la Providence, notamment par le truchement du personnage ridicule et naïf de Pangloss, Lessing, à la parution de Candide, aurait été tenté de composer une suite de Candide, dans laquelle tous les événements malheureux se convertiraient en bien. Mendelssohn voit dans *Nathan le Sage* la réalisation différée de ce projet :

> Es kömmt mir vor, sagte ich, als wenn Lessing die Absicht gehabt hätte, in seinem Nathan eine Art von Anti-Candide zu schreiben. Der Französische Dichter sammelte alle Kräfte seines Witzes, spornte die unerschöpfliche Laune seines satyrischen Geistes, mit einem Worte, strengte alle außerordentliche Talente, die ihm die Vorsehung gegeben, an, um auf diese Vorsehung selbst eine Satyre zu verfertigen. Der Deutsche that eben dieses, um sie zu rechtfertigen, und um sie den Augen der Sterblichen in ihrer reinsten Verklärung zu zeigen. Ich weiß mich zu erinnern, daß mein verewigter Freund, bald nach der Erscheinung des Candide, den flüchtigen Einfall hatte, ein Pendant zu demselben zu

schreiben, oder vielmehr eine Fortsetzung desselben, in welcher er durch eine Folge von Begebenheiten zu zeigen Willens war, daß alle die Uebel, die Voltaire gehäuft, und auf Rechnung der verläumdeten Vorsehung zusammengedichtet hatte, am Ende dennoch zum Besten gelenkt, und zu den allerweisesten Absichten einstimmig gefunden werden sollten. Es scheint, der Französische Satyriker habe ihm die Aufgabe zu schwer gemacht, habe durch Erdichtung mehr Uebel gehäuft, als sich durch Erdichtung wieder gut machen liessen. Lessing gieng daher lieber seinen eigenen Weg, schuf sich eine Folge von Begebenheiten, die an Geist und Dichtungskraft dem Candide doch wohl zur Seite gestellt werden darf und an Vortreflichkeit der Absichten, an Weisheit und Nützlichkeit sich zu demselben verhält, ungefähr wie der Himmel zu der Hölle, oder wie die Wege Gottes zu den Wegen des Verführers. [MENDELSSOHN, 1973]

Une vingtaine d'années plus tard, Johann Gottfried von Herder, réfléchissant sur la représentation du destin au théâtre, voit qu'elle consiste dans la concaténation des événements ("Verknüpfung der Begebenheiten") qui mettent en jeu les passions, les mœurs et les opinions des hommes. Il appartient au dramaturge de mettre en évidence le sens de ces liens mystérieux. Commentant la réception de *Nathan le Sage* comme un poème didactique sur la Providence ("dramatisches Lehrgedicht über die Vorsehung"), il analyse la transposition de cette idée dans l'action : la structure de la pièce est vue comme une toile où viennent s'entrelacer et se nouer les fils des destins des personnages ; à leur insu, ceux-ci sont conduits par la Providence, sous la forme d'une série d'événements inattendus ou improbables (la rencontre du juif et du chrétien, par exemple) jusqu'à l'*anagnorisis* (reconnaissance) finale et à la découverte de la proximité de leurs religions, Nathan apparaissant comme le bienfaiteur de tous les personnages [HERDER, (1802) 1967].

L'un des enjeux de la pièce, et ce qui fait sa valeur pour l'éducation des personnages, est d'amener les personnages à déchiffrer eux-mêmes le sens des événements qui surviennent, à partir du premier lien établi entre eux, celui des bonnes actions, qui est aussi le premier signe de la reconnaissance de leur humanité commune. La progression de l'action dramatique, à défaut d'être amenée par des mouvements spectaculaires, s'opère donc dans le progrès de l'intelligence des événements survenus et de leur sens profond. À maints endroits, les personnages ont l'occasion de s'arrêter pour souligner le lien qui rattache les bonnes actions entre elles, pour s'émerveiller du concours de circonstances qui a conservé la vie d'un individu et fait advenir le bien. Commentant l'acte du Templier qui a sauvé sa fille, rendu possible par la clémence de Saladin – fort improbable, puisque les Templiers sont ses ennemis mortels et qu'il n'en épargne aucun – Nathan s'étonne : “Durch ein geringeres Wunder / War Recha nicht zu retten” (I, 1). Dans la scène suivante, il développe l'idée de miracles naturels, qui, pour surprenants qu'ils puissent apparaître à l'homme, ne s'inscrivent pas moins dans le périmètre du vraisemblable, et donc du possible. Nathan et Saladin soulignent la force de ce lien à l'instant où Nathan, à la fin de la scène de la parabole, rappelle au sultan, qui l'avait oubliée, l'existence du jeune homme dont il a épargné la vie, et lui apprend l'acte de générosité du Templier envers Recha. On prêtera attention à la formulation de Nathan : “So weißt du nicht, wie viel von deiner Gnade / Für ihn, durch ihn auf mich geflossen?” (III, 7). Cette phrase amène Saladin à méditer lui-même sur l'enchaînement des bonnes actions et à voir ce qui les relie : “Wie aus Einer guten That, / Gebar sie auch schon bloße Leidenschaft, / Doch so viel andre gute Taten fließen!” (III, 7). Le jeune Templier est le seul, au début, à vouloir nier l'implication de son geste dans la chaîne des bonnes actions, s'excluant lui-même du périmètre et de la dynamique du drame : il présente à Daja cette action comme une énigme pour lui-même (I, 6), et à Nathan, dans un premier temps, comme un geste dénué de toute valeur morale (II, 5), ce qui, de fait, entrave un temps la progression de l'action. Tout l'enjeu de l'éducation du Templier sera de réveiller en lui le sentiment d'humanité enfoui ou refoulé, en le réinscrivant dans la chaîne. Nathan le fait tout d'abord en lui offrant son amitié, au-delà des frontières confessionnelles (II, 5) ; Saladin, en lui recommandant la tolérance, à l'instant où le Templier, repris par le préjugé anti-juif, est tenté une seconde fois de renier son humanité (IV, 4). La grande scène entre Nathan et le frère lai (IV, 7) constitue un point culminant de cette lecture providentielle des événements survenus : la révélation des circonstances tragiques qui ont conduit à l'adoption de Recha montre comment Nathan accepte ce qui est arrivé et reconstruit son existence sur le fondement de la *Gottergebenheit*, qui inspire l'action vertueuse. La bonne action de Nathan se trouve ainsi être la plus haute des trois, car elle seule porte le caractère de la pure moralité, de la détermination libre de la volonté éclairée par la raison et orientée vers le bien. En ce sens, la réunion providentielle de la famille dispersée, à la fin de la pièce, est bien l'accomplissement de l'œuvre de Nathan. La lecture providentielle des événements, qui mène au dénouement heureux, n'est pas sérieusement menacée par le fanatisme aveugle de Daja, qui n'arrive pas à imposer sa lecture superstitieuse des événements. Elle-même est un puissant agent de l'intrigue et de la relance de l'action, puisqu'elle cherche par tous les moyens, avec une obsession ridicule, à atteindre son but, qui est de ramener Recha dans son milieu chrétien d'origine : par son insistance auprès de Nathan, qui se dérobe ; par les révélations qu'elle fait au Templier, le précipitant ainsi chez le Patriarche ; puis à Recha, qu'elle plonge dans l'affliction, avant de disparaître de la scène. L'échec de toutes ses manigances montre que tout se résorbe pour finir dans le bien.

La fin de la pièce, selon Herder, est de dispenser un enseignement large de la tolérance des hommes, des religions et des peuples. L'image de la "couronne tressée par les mains les plus diverses" est là pour souligner que cet enseignement de la tolérance n'est pas le fait d'un seul (même si Nathan, la figure éminente de la pièce, est aussi l'éducateur principal et, dans la scène centrale, le narrateur de la parabole), mais bien de toute la constellation des personnages : "Um ein Märchen von drei Ringen schlingt sich das dramatische Märchen; ein reicher Kranz von Lehre der schönsten Art, der *Menschen, Religion- und Völker-Duldung*. Im Kampf aller Parteien und Religionen, in ausgewählten, durch das Schicksal zusammengeführten Situationen wird dieser Kranz von den verschiedensten Händen geflochten [...]." [Herder, (1802) 1967]

Le lieu

Sous la liste des personnages, figure la simple indication : "La scène se passe à Jérusalem", sans autre précision. Lessing a lui-même indiqué que le choix du lieu était tombé sur la ville qui se prêtait, plus que toute autre, à la rencontre entre les trois confessions monothéistes, sous le signe de la réalité de la guerre des religions, comme sous le signe de la promesse de la paix. Le Templier désigne la ville comme le lieu le plus propre à faire prendre conscience des horreurs auxquelles conduisent les guerres de religion :

> Wenn hat, und wo die fromme Raserei,
> Den bessern Gott zu haben, diesen bessern,
> Der ganzen Welt als besten aufzudringen,

In ihrer schwärzesten Gestalt sich mehr
Gezeigt, als hier, als itzt? Wem hier, wem itzt
Die Schuppen nicht vom Auge fallen… (II, 5)

Le spectateur entendra, par le filtre du récit puisque rien n'est montré sur la scène, les échos affaiblis de la violence déchaînée en Terre sainte : l'exécution des Templiers par Saladin, leurs coups de main, au mépris de la trêve accordée par le Sultan, les actions d'espionnage et les projets d'assassinat fomentés par le Patriarche et les chrétiens, le massacre de la famille de Nathan à Darun, l'enlèvement du frère lai par une bande de pillards, le supplice réservé à Nathan par le Patriarche… La paix, qui s'incarne dans la figure du sage sultan Saladin, apparaît constamment menacée par les bruits de guerre.

L'action se distribue sur trois lieux proches les uns des autres, qui chacun sont rattachés à une confession : la maison de Nathan, le palais de Saladin, et le monastère. Ces trois pôles sont mis en relation par la circulation des personnages, en particulier le Templier qui déambule de l'un à l'autre. Un premier pôle de l'action est représenté par la demeure de Nathan, caractérisée comme celle d'un riche négociant. Lessing a donc situé l'action dans un milieu correspondant à celui du théâtre bourgeois (comédie, comédie larmoyante ou tragédie), sans toutefois aller jusqu'à la peinture réaliste du milieu que Diderot demande pour son “théâtre des conditions” (v. Du théâtre classique au théâtre bourgeois. La réforme théâtrale sous le signe de Diderot). Lessing se borne à quelques indications caractéristiques : l'exposition des marchandises, la place ombragée de palmiers, le cloître du monastère. La plupart des scènes rattachées au pôle de Nathan se déroulent en dehors de la maison, dans un endroit que Lessing appelle *Flur*, traduit par “vestibule ouvert” (trad. Salles, 1870), que l'on peut se représenter comme un espace intermédiaire entre la rue et la porte, l'un de ces lieux de passage favorisant les rencontres entre les personnages, qui rappelle le décor d'innombrables comédies : places, rues, pas de porte… La première partie du premier acte, comme la seconde moitié du second acte se déroulent donc à l'extérieur (“Vor dem Hause des Nathan, wo es an die Palmen stößt”, II, 4-9) ; c'est seulement au début du troisième acte que l'on entre dans la maison de Nathan, et pour un bref moment seulement, avant la fuite du Templier. Une suite de scènes de l'acte IV (IV, 6-8) est située dans le vestibule, localisé à proximité de la place ombragée de palmiers. Il s'agit d'un lieu ouvert, lui aussi, qui est celui où l'on trouve le plus souvent le Templier: "Ihn untern Palmen auf und nieder wandeln, / Die dort des Auferstandnen Grab umschatten" (I, 1). Cette place ombragée de palmiers abrite donc le tombeau du Ressuscité (Saladin accorde aux pèlerins chrétiens le libre passage à ce lieu saint). Cette place se trouve "à proximité du monastère", ce qui relie la maison de Nathan au monde du christianisme (le pôle du Patriarche et du frère lai, qui n'y séjourne que pour un temps). Le Templier, personnage qui n'est pas au départ rattaché à un pôle et est successivement attiré vers l'un ou l'autre, ne pénètre qu'une fois dans le monastère, mais sa démarche n'est pas le fruit d'une décision arrêtée.

Le décor de la pièce, ni entièrement dépouillé ni chargé, n'est pas à proprement parler pittoresque, mais on note la présence d'un certain nombre d'accessoires et d'objets (les marchandises, les sacs d'or) et une touche d'exotisme (sans aller jusqu'à l'orientalisme luxuriant), donnée par les noms étrangers, le vocabulaire, certains détails de costumes, noms de monnaie, etc.

De façon classique chez Lessing, les données de l'exposition sont distribuées sur les deux premiers actes, ce qui permet de souligner le contraste entre la maison de Nathan au premier acte et le palais du monarque qui ouvre le second acte. Cette structure spatiale ne recouvre pas une opposition tranchée entre sphère familiale privée et sphère du pouvoir. Le spectateur passe de la demeure bourgeoise (décor familier du théâtre bourgeois) au palais du sultan, mais les premières scènes du second acte n'ont pas pour décor la scène du pouvoir à proprement parler. Comme le dit Gustav Kettner, en dehors de quelques aperçus sur la situation politique, le rideau s'ouvre ici sur une scène de famille, et le comportement des personnages, le ton familier de l'échange, tout ici est purement "bourgeois" (*bürgerlich*) et ne rappelle en rien le faste de la cour d'un monarque oriental [KETTNER, 1904]. Même la salle d'audience où se déroule la scène de la parabole des trois anneaux (III, 7) n'est pas un lieu public, et l'on sait que cette scène est censée se dérouler à huis clos. La scène finale de la pièce, qui se déroule dans le "harem" de Sittah, a elle aussi un caractère privé, dépouillé de toute solennité. On fera remarquer néanmoins que l'on ne peut complètement se rallier à l'observation de Gustav Kettner: selon lui, le personnage de la "tante Sittah, nous ramène dans l'intimité familiale et l'atmosphère ouatée (*gemütlich*) de la maison bourgeoise, et jusqu'au jeu d'échecs, qui fait penser à la partie de tric-trac, ou au rituel du café. Le jeu d'échecs n'est pas la partie de tric-trac bourgeoise, c'est aussi le jeu de l'élite musulmane, le jeu des rois, et c'est aussi le jeu de l'intelligence, l'occupation favorite du derviche, jeu de réflexion et de stratégie, jeu de maîtrise du hasard. Lessing a su faire percevoir, jusque dans les scènes de tragédie bourgeoise (*Emilia Galotti*, par exemple), certains enjeux qui relèvent bien de la politique.

On dira encore un mot de la phrase en exergue de la pièce "Introite, nam et heic dii sunt" ("Entrez, car ici aussi il y a des dieux"). Cette citation de seconde main renvoie à une anecdote sur le philosophe Héraclite, que l'on trouve dans sa cuisine en train de se chauffer et qui invite ses visiteurs à entrer "car ici aussi il y a des dieux". Cette invitation à entrer dans la maison de Nathan est une manière d'attirer l'attention sur les choses terrestres et la matérialité du quotidien comme lieu de révélations [Birus, 2021]. Lorsque le Templier se rend chez Nathan, la voix d'un anonyme invisible réitère l'invitation à entrer : "*der* Tempelherr, *dem Jemand von außen die Türe öffnet, mit den Worten:* Nur hier herein!" (III, 2). On rappellera que ces mots font écho au célèbre *Compelle intrare* d'Augustin commenté par Bayle, qui résume la politique d'intolérance et de coercition des consciences (v. Problématiques/L'idée de tolérance), ce qui établit la demeure de Nathan comme le lieu de la paix et de la tolérance, dans une ville toujours en proie aux fureurs de la guerre entre les religions.

La trame de l'action

On remarquera l'habileté avec laquelle Lessing a construit la trame de l'action, en assurant l'enchaînement et le croisement des fils de l'intrigue pour mettre en relation les trois sphères – religieuses – que sont la maison de Nathan, le cloître du christianisme et le palais de Saladin, en utilisant les intermédiaires et les messagers que sont essentiellement Daja et le frère lai, ainsi que le derviche. On sera attentif à la manière dont Lessing s'est préoccupé de relier les actes, en ménageant des effets d'anticipation, de surprise, de suspens et de relance, pour entretenir la dynamique et la progression d'une action assez peu spectaculaire.

Le retour de Nathan, avec sa cargaison de fabuleuses richesses et de marchandises, dont bruit toute la ville, va remettre en marche une action qui semble arrêtée : en effet, le Templier, qui a sauvé Recha de l'incendie, s'est dérobé à toutes les marques de reconnaissance, a repoussé les sollicitations de Daja et a disparu depuis quelques jours. Sa réapparition permet, dans la seconde partie de l'acte I, la présentation directe du personnage, l'exposé de sa situation, sans pourtant relancer l'action : le geste de clémence de Saladin n'a pas eu de suite, le sultan semble avoir oublié le Templier, qui attend vainement d'être fixé sur son sort. Désormais libre, mais sans emploi, d'humeur mélancolique et amère, il erre sans but : sauver une jeune fille juive, faire office de guide pour des pèlerins montant au Sinaï sont des occupations dérisoires à ses yeux. Le Patriarche de Jérusalem, par l'entremise du frère lai, ne peut lui offrir que l'emploi d'un espion et d'un assassin. Il récuse avec hauteur la perspective d'être l'exécuteur de basses besognes, au nom de l'humanité qui l'attache désormais à Saladin, ce qui montre le fond incorruptible de sa nature. Mais dans la scène suivante, il éconduit de manière brutale Daja, qui revenait en émissaire de Nathan. À la fin de l'acte I, l'action est bien suspendue.

Avant de pénétrer dans la sphère du sultan, le spectateur connaît déjà l'acte de clémence de Saladin et sa réputation de générosité ; il est instruit de sa folle prodigalité – la scène animée avec le derviche Al-Hafi, devenu trésorier, voit Nathan refuser d'ouvrir un crédit illimité au sultan et souligne la gestion malsaine du trésor (I, 3) ; Nathan a appris comment le Patriarche de Jérusalem conspire avec les croisés contre Saladin (pour reprendre la ville de Jérusalem et pour attenter à la vie du sultan, par traîtrise). La première partie de l'acte II, dans l'entretien privé entre Saladin et sa sœur Sittah, résume la situation du royaume : sur le plan politique, la ruine du rêve de concorde et d'alliance entre chrétiens et musulmans, en raison du fanatisme des chrétiens, et surtout des Templiers qui font échouer la trêve dans l'espoir de hasards favorables à leur cause ; le désastre financier, dont Al-Hafi, ministre voué à l'impuissance, se refuse à dissimuler plus longtemps l'étendue. Mais c'est en vain qu'il tente d'alerter le sultan, qui reste sourd à tout conseil – et renverse le jeu d'échecs, signe qu'il ne se maîtrise pas plus qu'il ne maîtrise le jeu des forces adverses dans son empire et qu'il refuse de se plier aux nécessités et aux contraintes objectives. Al-Hafi s'avise, mais trop tard, qu'en faisant imprudemment l'éloge de la générosité de Nathan, il a exposé son ami à la convoitise des princes, qui, informés du retour de Nathan par la rumeur publique, ne se feront pas scrupule de réquisitionner ses richesses pour financer les largesses du sultan. De fait, la convocation de Nathan chez le sultan arrive presque aussitôt après la scène entre Nathan et le Templier, suscitant l'inquiétude. Le derviche, qui a servi malgré lui d'intermédiaire entre la sphère de Nathan et celle du sultan, jusque-là étrangères l'une à l'autre, prend la fuite, et dans la seconde et dernière scène avec Nathan, qui conclut l'acte II, annonce sa décision de retourner vivre avec ses coreligionnaires en homme libre, au bord du Gange, sans avoir réussi à convaincre Nathan de le suivre dans cette voie (II, 9). Nathan ne se dérobera pas à ses obligations dans la société. Auparavant, la première rencontre entre Nathan et le Templier (II, 5) a relancé l'action qui se rattache au Templier, en rattachant le Templier à l'action. Nathan réussit à ébranler son opposition farouche et à établir le fondement d'une amitié sur le principe de la simple humanité, dans un horizon supra-confessionnel – où les obstacles religieux (la prétention du peuple juif au statut de "peuple élu", qui est devenue, chez les deux autres monothéismes, fureur d'imposer sa religion par les armes) sont écartés. Il invite le Templier à se rendre dans sa maison pour y voir Recha. Les réticences du Templier à communiquer son nom, le souvenir rappelé à la mémoire de Nathan relancent l'interrogation sur les origines du jeune homme.

L'acte III se divise en trois séquences, qui font passer de la maison de Nathan, où a lieu la rencontre entre Recha et le Templier, au palais de Saladin, où se prépare puis se déroule la grande scène de la parabole, pour revenir aux abords de la maison de Nathan. Dans la maison de Nathan, le Templier se prend d'une passion immédiate pour Recha et, incapable de résister à la violence de ses sentiments, la quitte abruptement, laissant la jeune fille fort étonnée, tandis que Daja voit le parti qu'elle pourrait tirer d'une intrigue amoureuse entre les deux. La seconde séquence est le complexe qui s'organise autour de la scène de la parabole : la répétition avec Sittah, qui prépare son frère à l'entrevue décisive ; la parabole, qui correspond à un moment de suspension de l'action avant le retour à la réalité à la fin de la scène. Saladin offre son amitié à Nathan, qui lui rappelle l'existence du jeune Templier, prélude à l'entrevue entre les deux personnages, et lui propose de lui avancer une importante somme d'argent. La troisième séquence comporte le monologue du Templier, démêlant laborieusement ses sentiments (un chrétien, aimer une jeune juive), sa demande pressante à Nathan, qui l'élude, puis les manœuvres de Daja, qui saisit le moment propice – l'absence momentanée de Nathan – pour révéler au Templier l'origine chrétienne de Recha et pense ainsi faire aboutir son projet de rendre la jeune fille à son milieu chrétien d'origine, alors qu'elle contribue de fait à rallumer chez le Templier la passion religieuse et à susciter la défiance et l'hostilité vis-à-vis de Nathan.

L'acte IV comporte lui aussi trois séquences : la première, dans le cloître du couvent, met en présence le Templier et le Patriarche de Jérusalem : dans son désarroi, le jeune homme est poussé à chercher le "conseil" de celui qu'il pense être un père spirituel ; son imprudence à découvrir "le cas" d'un juif qui aurait recueilli une enfant chrétienne sans l'instruire dans sa religion d'origine, même sous forme d'hypothèse d'école (*Problema*), fait planer sur Nathan la menace du bûcher. C'est le frère lai qui est envoyé pour enquêter sur l'affaire. La seconde séquence, dans le palais de Saladin, s'ouvre sur l'arrivée de sacs d'argent qui indiquent le retour de l'abondance dans le trésor du sultan, et se poursuit avec la grande scène entre Saladin et le Templier : le jeune homme trouve un emploi à sa mesure en entrant au service du sultan ; il peut confier à Saladin sa passion naissante pour Recha, son ressentiment contre Nathan et sa démarche inconsidérée auprès du Patriarche de Jérusalem. Saladin contient avec fermeté, mais indulgence, ses excès, et il est disposé à intervenir pour appuyer son projet d'union avec Recha et aider à la réconciliation entre les deux hommes. La fin relance l'interrogation sur les origines du Templier et ses liens avec le frère de Saladin et prépare l'arrivée de Recha, que Sittah fait appeler au palais. La troisième séquence, parallèle de ce point de vue avec la seconde, expose à la vue l'étalage des marchandises rapportées par Nathan. Daja tente de gagner Nathan à l'idée d'une union entre Recha et le Templier, mais la réponse dilatoire de celui-ci et son exhortation à la patience ("Geduld") lui font prendre la résolution de tout révéler à Recha. L'arrivée du frère lai introduit à la scène capitale (IV, 7) où le spectateur apprend, par le récit des deux personnages, les circonstances de l'adoption de Recha. Nathan trouve la confirmation du lien de parenté qu'il supposait entre le Templier et Recha, fils et fille de son ami défunt. Il peut dès lors envisager de rendre l'enfant qu'il a élevée à sa famille d'origine, en l'occurrence à son frère. La menace que fait peser le Patriarche de Jérusalem reste en suspens (tout comme la question de l'origine de la dénonciation), au moment où Daja annonce que Recha s'est rendue au palais du sultan.

L'acte V s'ouvre dans le palais de Saladin, qui voit arriver d'un coup la caravane d'Égypte si longtemps attendue, et se retrouve fabuleusement riche. Contrairement à sa bonne résolution de pratiquer désormais une économie stricte (IV, 3), il est piégé par sa réputation de prodigalité, dans la scène comique avec les mamelouks habitués à ses largesses et déçus de sa nouvelle avarice (V, 1), mais choisit d'assumer sa générosité, en pensant que son exemple peut contribuer à la moralisation de ses sujets. La seconde séquence, aux abords de la maison de Nathan, commence par un monologue du Templier, ébranlé par "la moquerie" de Saladin, et honteux de ses emportements. L'arrivée de Nathan avec le frère lai, en partance pour son ermitage, fait comprendre que Nathan est désormais en possession du bréviaire qui renferme le secret du frère de Saladin et qu'il est donc le seul à connaître toute l'histoire. Le Templier l'aborde et tente de se disculper auprès de lui en alléguant le tumulte de ses passions. Il réitère sa demande instante de lui donner Recha, mais Nathan l'informe qu'il lui faudra obtenir Recha non de lui-même, mais des parents de Recha retrouvés, et en particulier de son frère. Tous deux retournent au palais, où Sittah, entre temps, a reçu Recha dans son harem. La jeune fille, à qui Daja a révélé ses origines chrétiennes dans une scène pathétique, s'afflige à l'idée d'être séparée de celui qu'elle considère toujours comme son père véritable. Saladin arrive sur ces entrefaites, suivi peu après de Nathan et du Templier. Saladin, pensant conclure l'affaire, propose à Recha de s'unir au Templier. Mais celle-ci, sensible seulement à la présence de son père, accueille l'idée avec une indifférence qui heurte le Templier et le dégrise. La reconnaissance finale s'opère en deux temps : Nathan rétablit d'abord l'identité du Templier et lui révèle qu'il est le frère de Recha. Saladin, troublé par la coïncidence, interroge Nathan sur le père, et se voit confirmer que celui-ci, l'ami de Nathan, est bien son frère disparu, ce qui l'amène, avec Sittah, à adopter les deux orphelins. Le point culminant est le moment des embrassades muettes et répétées entre les différents personnages, qui marque la recomposition de la famille unissant symboliquement le christianisme et l'islam, la présence du juif Nathan, l'agent principal de cette réunion, soulignant l'élargissement de la famille à l'humanité.

LA CONSTELLATION DES PERSONNAGES

Nous consacrerons un développement à chacune des figures qui entrent dans la constellation des personnages dans Nathan. Deux personnages sont empruntés à l'histoire, ceux de Saladin et du patriarche de Jérusalem, et il faut se demander quel traitement leur a réservé Lessing, et comment le personnage de théâtre s'écarte, ou non, des sources auxquelles Lessing a puisé pour construire son caractère. En second lieu, on pensera aux échos de l'actualité perceptibles dans la pièce. On connaît la célèbre formule de Schlegel qui caractérisait Nathan comme “Anti-Goeze Numero 12”. Cela montre bien que les contemporains ont déchiffré immédiatement l'arrière-plan de la composition de la pièce. Il importe ensuite de relever la parenté du personnage avec l'un ou l'autre type de personnage dramatique, ce qui nous donne d'emblée un schéma directeur et nous fournit une première clef de lecture pour l'interprétation du personnage, à charge pour nous de voir ensuite comment Lessing a exploité, développé ou modifié le contour du type, comment il a pu s'en écarter délibérément, parfois, pour créer son personnage. Pour ce qui est des personnages principaux, ceux-ci ont une histoire qui leur donne un relief particulier (Nathan, le Templier, Saladin, et jusqu'au frère lai et à Daja, à un moment donné, sont amenés à revenir sur leur passé, qui retentit dans le présent). Ces personnages sont aussi des représentants des trois monothéismes, caractérisés par leur attitude religieuse et leur discours sur la religion. Nous indiquerons les scènes majeures contribuant à la caractérisation du personnage, qu'il s'agisse des moments où le personnage est l'objet du discours des autres, ou bien les scènes dans lesquelles il apparaît et prend en charge le discours ou l'action. On précisera encore sa place dans la constellation d'ensemble des personnages et son rôle dans l'action ou l'intrigue, c'est-à-dire avec qui il entretient des relations privilégiées, quels sont ses interlocuteurs et interlocutrices privilégiés, les personnages insérés dans le réseau de relations le plus dense étant les plus riches et les plus approfondis. D'autres, en marge ou à l'arrière-plan, peuvent néanmoins jouer un rôle non négligeable : dans l'intrigue, dans le dialogue avec d'autres personnages dont ils sont les interlocuteurs les plus proches, ou les confidents occasionnels. Ils peuvent apporter des nuances importantes au tableau d'ensemble, compléter et équilibrer certains aspects, faire valoir un point de vue, etc.

Le sultan Saladin

La nouvelle de Boccace a donné la figure de Saladin. Le portrait qui est tracé de cette figure historique dans le poème dramatique de Lessing bénéficie de l'évolution de la représentation que se font les Occidentaux de l'islam et de la culture musulmane. D'abord franchement hostile, du fait de l'affrontement millénaire entre chrétiens et musulmans, marquée par le rejet d'une culture au demeurant pratiquement inconnue, l'attitude des chrétiens se transforme. Même si la perception du monde islamique reste longtemps entachée de préjugés (l'expansion de l'islam par la conquête et la violence, la liaison entre l'islam et le despotisme, les interdits alimentaires, la condition des femmes...) la curiosité pour les civilisations musulmanes se développe jusqu'à devenir un véritable engouement, visible dans la littérature et les arts (*Lettres persanes*, *Zadig*, *L'Enlèvement au Sérail*, les "turqueries" en musique, danse etc.). L'intérêt pour les Turcs, la Perse et l'islam constitue une part de l'orientalisme, qui concerne aussi par ailleurs les Indes et la Chine.

L'attention et l'intérêt portés à l'Orient sont soutenus par le progrès des connaissances, appuyé sur l'exploitation de sources désormais plus facilement accessibles : littérature de voyage, travaux érudits de la fin du XVIIe siècle (dont la *Bibliothèque orientale, ou Dictionnaire universel contenant tout ce qui regarde la connaissance des peuples de l'Orient*, de Barthélemy Herbelot de Molainville, orientaliste et interprète auprès de Louis XIV, considéré comme le fondateur de l'orientalisme), traductions latines, et en langues vernaculaires, d'œuvres arabes et persanes, qui donnent accès à la littérature orientale (la poésie du Persan Saadi), aux chroniques historiques, au Coran et autres textes de la spiritualité musulmane... Autant de sources auxquelles vont puiser les Encyclopédistes, écrivains et penseurs des Lumières, qui assurent la diffusion de ce savoir à l'échelle européenne.

Le regard sur "l'autre" change, en particulier le regard sur sa religion. Comparée avec d'autres confessions, elle peut être enrôlée dans le combat des Lumières contre le fanatisme et l'intolérance, voire servir de modèle de conduite morale de la vie. Le fondateur de l'islam, tout d'abord présenté comme un fanatique religieux, apparaît progressivement sous un jour plus favorable. La biographie de Henri de Boulainvilliers, *Vie de Mahomed* (interdite en France, mais éditée à titre posthume à Amsterdam et Londres en 1730), montre pour la première fois les vertus des Arabes et du Prophète et défend l'idée que, exception faite de la religion chrétienne révélée, il n'y a nul "système de doctrine si plausible que le sien, si conforme aux lumières de la raison, si consolant pour les justes, et si terrible aux pécheurs" [cit. in VENTURINO, 1992]. L'islam devient ainsi progressivement l'allié des Lumières, l'ennemi de la superstition et l'emblème de la tolérance. En particulier, l'histoire des croisades est construite comme l'affrontement entre le monde chrétien encore plongé dans la barbarie, sans foi ni loi, et le monde musulman paré des vertus de la chevalerie, de la générosité et de la tolérance éclairée.

Lessing avait étudié les croisades. Parmi ses sources, on mentionnera les écrits historiques de Voltaire, dont il a traduit un ensemble, sur commande de l'écrivain français. Dans ce recueil (*Des Herrn von Voltaire kleinere historische Schriften*, Rostock, 1752) figure la traduction de l'"Histoire des Croisades" (*Geschichte der Kreuzzüge*), tirée de l'*Essai sur les mœurs et l'esprit des nations* (1756). Les hommes des Lumières se plaisent à faire de Saladin la figure du souverain éclairé dans une époque de barbarie. De manière générale, les historiens de l'époque ont idéalisé la figure de Saladin, pour la construire en modèle d'un islam tolérant opposé à la cruauté et au fanatisme du christianisme.

Voltaire accuse ce contraste dans le chapitre qu'il consacre à Saladin, dans son *Essai sur les mœurs et l'esprit des nations*. Dans le contexte de l'histoire des croisades, destiné à illustrer la "fureur d'annoncer la religion les armes à la main", il évoque les conquêtes de Saladin, la prise de Jérusalem, avec quelques tableaux de la générosité de Saladin, "une générosité qui n'avait pas encore eu d'exemple dans cette partie du monde". Notamment, il commente ainsi la reddition du roi de Jérusalem au sultan: "Le roi, captif, qui ne s'attendait qu'à la mort, fut étonné d'être traité par Saladin comme aujourd'hui les prisonniers de guerre le sont par les généraux les plus humains." Après avoir brossé en quelques pages l'histoire complexe de la Troisième Croisade, en mettant l'accent sur l'hémorragie des forces européennes, les dissensions entre les conquérants et le néant de ces conquêtes, Voltaire consacre un paragraphe à la mort du sultan et termine sur cette épitaphe: "[...] il laissa par son testament des distributions égales d'aumônes aux pauvres mahométans, juifs et chrétiens; voulant faire entendre par cette disposition que tous les hommes sont frères, et que pour les secourir il ne faut pas s'informer de ce qu'ils croient, mais de ce qu'ils souffrent. [...] aussi n'avait-il jamais persécuté personne pour sa religion; il avait été à la fois conquérant, homme et philosophe." [VOLTAIRE, 1990] D'autres historiens mettent l'accent sur la piété de Saladin, et son observance stricte des préceptes du Coran. Lessing a suivi cette ligne double d'interprétation et a gardé certains traits consignés par la tradition dans la peinture du caractère : modestie de son train de vie (il n'a besoin de rien pour lui-même), sens de la justice, absence de préjugés, et pour finir, libéralité sans mesure, qui confine à la prodigalité.

À ce portrait "idéologique" du conquérant humain et du monarque éclairé dans un siècle de barbarie chrétienne, l'*Histoire de Saladin* (1758) de François Louis Marin, autre source principale de Lessing, qui a consulté la traduction allemande, ajoute des traits plus décisifs pour la conception du personnage dramatique [MARIN, (1761) 1784]. Chez Marin, et chez Lessing, l'homme privé prend le pas sur le conquérant ; il est plus complexe, moins fortement idéalisé. Marin récuse dans son portrait de Saladin l'épithète de philosophe pour mettre l'accent sur la piété de l'homme, respectueux des rites de sa religion, dont il épouse aussi les superstitions. Par ailleurs, Saladin, incarnation de l'idéal de la chevalerie par sa vaillance héroïque, souverain célébré pour sa générosité fastueuse, est doué de toutes les vertus exaltant l'humanité : tempérance, justice et clémence, générosité et bienfaisance, amour des hommes et de la religion. Surtout, il est exempt des fureurs et des passions communes aux grands monarques, funestes pour leurs sujets. D'un abord simple et naturel, il semble moins fait pour le gouvernement des peuples que pour l'existence privée. Sa force – qui est aussi sa faiblesse – est d'inspirer l'amour plutôt que le respect, d'encourager la familiarité au détriment de l'obéissance, de contenir la fraude et la corruption plutôt que de les réprimer par la violence.

La mise en valeur de la dimension privée du personnage facilite la réduction de la figure historique à l'envergure moyenne ("mittlere Höhe") du personnage, commandée par l'esthétique du théâtre bourgeois. Saladin, doué de vertus humaines et non de grandes passions tragiques, quitte la scène de l'histoire universelle pour la scène privée. Lessing a pensé les conséquences du rejet du prince de la tragédie classique, et s'est préoccupé d'en assurer la relève. Son prince n'est plus modelé sur la puissante individualité baroque, il a perdu l'éminente dignité du souverain pour devenir un personnage familier, par moments colérique et impulsif, humain, voire trop humain.

Le sultan n'entre en scène qu'à l'ouverture du deuxième acte, mais, dès les premières scènes d'exposition, les personnages commentent son geste inouï de clémence : il vient de gracier un Templier capturé et emmené à Jérusalem, ému par la ressemblance du jeune homme avec son propre frère disparu – et pour cause, puisqu'il s'agit de son fils, ce que l'on n'apprend qu'à la fin. Ce geste dicté par l'humanité, et non par des considérations politiques, s'inscrit dans le réseau des "bonnes actions" (*gute Taten*) qui, en resserrant les liens entre les personnages, orientent vers la réunion finale dans le cercle de la famille idéale, prélude à la fraternité du genre humain. Cet ordre de présentation n'est pas indifférent : l'horizon de l'humanité, qui transcende l'ordre politique, est l'horizon déterminant de l'œuvre, et en ce sens conditionne la perception et la présentation des réalités économiques et politiques.

Toujours dans le premier acte, la scène entre Nathan et le derviche, le mendiant devenu trésorier du sultan (I, 3), confronte l'image du souverain à l'analyse de son système économique, en appelant la comparaison entre l'économie du sultan et celle du riche négociant Nathan. Elle est une première confrontation, indirecte, entre le sage et le politique. Le derviche nous informe de la prodigalité inconsidérée de Saladin, évoque la situation financière désastreuse, et les caisses vides. Il commence par célébrer la bienfaisance du monarque, qui va jusqu'à se dépouiller lui-même pour abolir la mendicité. Ce portrait suscite l'approbation de Nathan, lequel peut rivaliser sur ce plan avec le sultan. Mais la générosité du négociant se distingue sur un point essentiel de celle du souverain : elle s'appuie en effet sur une activité industrieuse et une économie réglée, productrice de capital et génératrice de richesses. Celle du sultan, à l'inverse, opère dans le cadre d'un système qui consomme la dilapidation sans profit des ressources du royaume.

Au second acte, nous entrons dans le palais du monarque. Dans cette suite de scènes, les affaires politiques sont débattues comme des affaires familiales (la situation financière catastrophique, comme la menace que fait peser sur la paix le fanatisme des chrétiens), dans un espace qui est celui des coulisses du pouvoir, et n'est pas ouvert sur la sphère publique ; de fait, il se confond souvent avec la sphère familiale privée. Dans cette suite de scènes, Saladin n'apparaît pas comme un souverain "maître de lui comme de l'univers", mais bien comme un idéaliste impénitent, un homme impulsif, incapable de se maîtriser (la réaction de renverser le jeu d'échecs, qui montre son incapacité à respecter les règles du jeu et à prendre les mesures appropriées). Le sultan, l'homme comme le prince, n'est décidément pas à la hauteur du monarque idéal, ces scènes démasquent son impuissance.

Bien que le recours à la ruse se trouve dans l'original de Boccace – à ceci près que, dans le poème dramatique, l'idée en est attribuée à Sittah – ce passage a néanmoins soulevé des difficultés pour les interprètes. Schiller, par exemple, accepte difficilement qu'un prince s'abaisse à cette ruse indigne et basse. C'est oublier que ce personnage n'est pas une figure de roi au sens où l'entend la grande tragédie baroque ou néo-classique, et que la mesure n'est pas ici celle de la dignité tragique, mais de l'humanité moyenne, avec ses qualités et ses défauts. Cette humanité moyenne est aussi un trait des figures de souverains chez Lessing, par exemple celle du prince dans la tragédie bourgeoise *Emilia Galotti*. Le sultan qui s'apprête à piéger le juif pour lui prendre son argent ne se confond plus avec le sage Salomon.

La scène de la parabole (III, 7), dont on ne peut attendre aucun remède immédiat à la crise financière ou politique, produit un retournement. L'épreuve de sagacité à laquelle Saladin pense soumettre Nathan s'inverse et se révèle être la mise à l'épreuve de la réputation de sagesse du sultan en matière religieuse. Saladin déclare, un peu à l'étourdie, qu'il espère mériter désormais son nom de “Verbesserer der Welt und des Gesetzes” (l'expression est reprise de Marin : “réformateur du monde et de la Loi” [Marin, 1758]) ; le commentaire subtilement ironique de Nathan à cet endroit montre la distance qui sépare l'intention de la véritable réalisation.

Or, le monarque, qui, jusqu'ici, avait fait assez piètre figure, s'affirme ici comme homme et comme monarque éclairé. Le moment durant lequel il accorde à Nathan une audience privée est un moment décisif, durant lequel le monarque prend le temps de la réflexion, et tient à distance les réalités proprement politiques. L'entretien sur la religion se déroule dans un espace qui correspond à une sorte d'espace public idéal, loin de l'arène de la polémique. Même si Saladin agit par des motifs troubles, il suit l'argumentation de Nathan et se laisse instruire par le sage. Son absence de préjugés devient tolérance réelle et sincère, comme le montre sa réaction modeste à la fin de la scène. En matière de religion, la puissance du souverain a des limites, et ce n'est pas à lui de trancher. Le rôle qui lui est attribué est de rétablir ou maintenir l'équilibre. Le rêve lointain de la coexistence pacifique entre religions ne s'est pas réalisé dans le domaine politique, mais il s'accomplit dans le pacte d'amitié entre le sultan et Nathan, scellé à la fin de la scène, et qui ouvre un horizon de réconciliation et de fraternité entre les hommes.

Dans la seconde moitié de la pièce, la figure du sultan est rééquilibrée, et il prend sa véritable dimension, d'autant plus que la relation de confiance entre Nathan et le Templier est entamée, et le Templier retombé dans un accès d'intolérance et de haine contre les juifs. Saladin devient le pendant de Nathan, et l'interlocuteur du Templier, à même de contenir ses excès. En homme dont la sagesse repose sur une expérience directe des passions vécues, il prend un rôle de médiateur. Lui seul, parce que sa relation avec le Templier se déroule dans la sphère chaude des affects et des émotions, est capable d'endiguer le tumulte des passions du Templier et de ramener le jeune homme égaré à la raison. C'est ce qui se passe dans la grande scène avec le Templier (IV, 4). Tandis que Nathan voit au départ dans le Templier un homme bon ("guter Mensch"), auquel il offre son amitié, sans d'abord lui demander son nom (II, 5), Saladin reconnaît ouvertement son émotion (ses larmes) devant un homme qui lui rappelle le souvenir douloureux de son frère disparu. La vertu et l'affect sont chez lui indissolublement liés. L'admiration devant la bravoure du Templier est aussi inséparable du sentiment plus chaleureux de la sympathie immédiate. Cette scène est liée à l'autre grande scène d'amitié et d'éducation, celle entre Nathan et le Templier (II, 5), mais le centre de gravité s'est déplacé de la pensée à l'action, le ton aussi n'est plus le ton posé de la réflexion tranquille, propre à Nathan, mais celui des passions vives, voire tumultueuses. Le rôle du sultan ne consiste pas à condamner le Templier, mais à le reprendre avec indulgence, en lui donnant une maxime d'action tolérante. Il n'est donc pas "éducateur" au sens propre du terme, mais intervient, de manière résolue, pour prévenir les suites fâcheuses de l'emportement du Templier. Dans son attitude tolérante et sage s'incarne la vertu du monarque régnant, qui n'intervient pas comme le représentant du pouvoir, mais comme un médiateur, qui, en contact direct avec les passions humaines, équilibre, encourage la vertu, aplanit les conflits et régule les relations entre les hommes, en s'instituant arbitre. Le sultan, qui gouverne sagement, n'en reste pas moins fidèle à son caractère, et ne se corrige pas du prodigue qu'il a toujours été. La scène comique avec les mamelouks (V, 1) vient apporter la touche finale à la composition de son personnage dans le poème dramatique. Elle montre que Saladin reste un homme faible et indulgent, qui n'inspire pas toujours le respect, et que même des serviteurs peuvent traiter familièrement, sans la révérence due au souverain. Saladin ne se sera pas corrigé sur ce point et restera l'image du monarque prodigue qu'il a toujours été et qu'il est vain de vouloir changer, si près de la mort. Néanmoins, cette prodigalité touche à l'enseignement de la générosité, et Saladin peut espérer que sa générosité sera imitée par ses serviteurs, et aura un effet éducateur sur son peuple.

À la fin de la pièce, Saladin acquiert la stature d'un oncle/parent paternel pour les deux orphelins, et rejoint le type du père indulgent et bienveillant (le "milder Vater"). C'est une figure qui fait contrepoint à celle de Nathan. Dans le tableau final, la famille humaine se réunit dans le palais du sultan et, de surcroît, dans les appartements de Sittah, et non dans la maison de Nathan. La communauté humaine idéale, dans la grande scène de reconnaissance finale, prend la figure concrète de la famille réunie.

Sittah, sa sœur

Friedrich Schlegel, dans son essai sur Lessing, n'était guère convaincu par les personnages féminins dans *Nathan*, lesquels, selon lui, n'étaient que des éléments du décor, Lessing, pour l'essentiel, échouant à les représenter comme des personnages vivants: "Die dramatische Form ist nur *Vehikel*; und *Recha*, *Sitta* [*sic*], *Daja*, sind wohl eigentlich nur Staffelei: denn wie *ungalant* Lessing dachte, das übersteigt alle Begriffe." [SCHLEGEL, 1797] La sœur du sultan est un personnage en retrait, secondaire par rapport à d'autres, ce qui se marque par la relative pauvreté des interactions directes avec les autres caractères de la pièce. Elle n'en est pas moins un personnage d'influence, puisque c'est elle qui motive la scène centrale entre Saladin et Nathan en suggérant la ruse. Complémentaire de Saladin, c'est une figure de la maturité, un caractère stable qui ne connaît pas d'évolution ou de crise majeure. La première partie de l'acte II, qui se déroule dans le palais du souverain, la montre, comme lui, parfaitement au courant des affaires du royaume, politiques comme financières, et de mèche avec le derviche devenu trésorier pour dissimuler à son frère l'étendue de la dette de l'État, qu'elle tente d'éponger en puisant dans ses propres ressources – Lessing a réutilisé un trait de générosité attribué à une sœur de Saladin qui, à la mort de son frère, donne ses richesses pour arrondir les aumônes qui doivent être faites. La seconde scène avec Saladin (III, 4) la présente comme l'instigatrice du piège tendu à Nathan pour lui soutirer de l'argent, dans le rôle de conseillère qui prépare le souverain à affronter l'entrevue décisive. Elle exprime le désir d'y assister, et même si le sultan la récuse, elle n'est sans doute pas très éloignée de la salle d'audience où Nathan fait le récit de la parabole, et elle est la première à qui le Sultan parle de l'issue de la scène. Ensuite, elle est présente, voilée, à la rencontre entre Saladin et le Templier (IV, 4), pour constater la ressemblance frappante entre le jeune homme et son frère disparu. La scène avec Recha, à la fin de la pièce, permet d'accentuer le contraste entre deux types féminins, qui s'opposent et se répondent comme les deux pôles de l'innocence et de l'expérience.

Un tel personnage de sœur aurait pu être rattaché exclusivement au pôle touchant de la pièce, en faisant jouer le registre des émotions humanisantes : l'affection et la tendresse fraternelle, la générosité, qui suscite l'attendrissement de Saladin (II, 1) ; le souvenir du départ d'Assad, dont elle retrouve le portrait, pour constater que le Templier le rappelle par tous les traits de son visage ; l'accueil des deux orphelins qui deviennent ses enfants à la fin de la pièce. KETTNER [1904] était d'avis que ce personnage de "tante" ajoute une note d'atmosphère domestique (*Gemütlichkeit*).

Mais Lessing a fait du personnage bien plus qu'une sœur aimante, et a construit Sittah en conseillère éclairée et avisée de la politique de son frère (première partie de l'acte II, 1, et dans la scène qui précède la scène de la parabole III, 4). Elle n'est pas conçue sur le modèle de la "femme forte" ("starkes Weib"), de ces femmes de pouvoir qui peuplent le théâtre baroque ou néo-classique (l'Agrippine de Racine dans *Britannicus*, la Cléopâtre de Corneille dans *Rodogune*). Elle est, elle aussi, un personnage à la hauteur de l'humanité moyenne, qui se caractérise par son esprit (*Witz*), et, à ce titre, rappelle en écho le personnage de Minna dans la comédie éponyme. Ses spirituelles réparties à son frère sont là pour contenir les effusions de tendresse dans des limites rigoureuses et éviter l'enlisement dans les marécages du larmoyant.

C'est d'abord l'interlocutrice privilégiée de Saladin (de fait, aucun personnage de ministre ou de confident du prince ne figure dans ce poème dramatique, et Sittah, d'une certaine manière, en tient lieu). La crise dans laquelle est plongé le royaume est débattue entre frère et sœur sur le ton de la conversation privée roulant sur les affaires de famille – le trésor du royaume, administré par le père du Sultan ; l'échec des alliances qui devaient assurer l'avènement d'une humanité meilleure, dont un projet d'union de Sittah avec le prince anglais. De fait, le personnage de Sittah est celui auquel sont attribués le réalisme politique et la clairvoyance en matière religieuse, contrastant avec l'idéalisme de son frère nostalgique de son rêve d'humanité. Moins impulsive que son frère, elle est aussi plus calculatrice, et ses jugements sur les hommes et les situations sont plus tranchés. Elle considère le rêve d'une coexistence pacifique des religions sans illusion, comme une utopie irréalisable. Son jugement sur les chrétiens est sans appel : ce sont des fanatiques dont il ne faut rien attendre, ils ne cherchent qu'à diffuser et répandre le culte de Jésus. C'est dans sa bouche que Lessing place le discours sévère sur les dérives du christianisme, l'accusation de prosélytisme et de fanatisme, d'un côté, et le reniement de l'idéal évangélique dans la pratique.

Par contraste avec la douceur et la magnanimité du monarque, elle montre un autre visage du pouvoir absolu : c'est l'incarnation de la *Klugheit*, de la *prudentia* qui est l'une des vertus du monarque, jointe à l'absence de scrupules qui permet de tirer parti des faiblesses des hommes pour le bien de l'État. Clairvoyante, elle a bien senti la répugnance d'Al-Hafi à livrer son ami aux convoitises des princes. C'est elle qui a conçu le piège où doit se prendre le juif qui ne serait qu'un homme riche et cupide. C'est elle aussi qui a le mode d'emploi pour sauver sa conscience en de pareils moments. Lessing a su jouer aussi de la polarité entre le masculin et le féminin pour en tirer quelques très sûrs effets de comique, en montrant la ruse féminine qui triomphe de l'homme, même lorsque c'est ce dernier qui a le pouvoir – et le garde.

La scène avec Recha, que la sœur du sultan a fait venir dans ses appartements (donc dans la partie privée du palais, où se conclut la pièce), accuse le contraste entre les deux types féminins opposés de l'innocence et de l'expérience. Recha caractérise la sœur du sultan par le principe dominant de la raison : “Kalte, ruhige Vernunft / Will alles über sie allein vermögen.” (V, 6) Mais dans cette scène qui réunit les deux femmes, Sittah ne tarde pas à être subjuguée par la docte simplicité de la fille adoptive de Nathan, qui lui en remontre en matière de sagesse. Sittah fait preuve d'une intelligence qui est pour une part celle de la sphère politique ; c'est par ailleurs une femme instruite et cultivée, qui rappelle par certains traits l'aristocrate mécène (elle convie son frère à venir entendre une chanteuse qu'elle vient d'acheter). C'est elle, pourtant, qui s'incline devant la jeune fille qui sait à peine lire, mais si bien raisonner, grâce à l'enseignement prodigué par Nathan. La *Klugheit* de Sittah fait ressortir par contraste la simplicité (*Einfalt*, ce qui ne fait qu'un pli…) de Recha. Le mérite de Sittah est aussi de savoir discerner en Recha les prémisses de la sagesse. Avec son frère, elle incarne l'image d'un islam tolérant. La caractérisation de détail donne de la vie à ce personnage féminin spirituel, notamment par la finesse de ses analyses et son art de la répartie, mais elle reste malgré tout une figure marginale, ordonnée au pôle de la raison rassise, qui ne méconnaît pas la chaleur des sentiments. Elle reste en arrière d'autres personnages, plus nettement dessinés.

Nathan, un riche juif de Jérusalem

Le personnage du juif comme interlocuteur de Saladin est une donnée de la nouvelle de Boccace, comme Lessing l'indique explicitement dans une lettre à Herder, en date du 10 janvier 1779 : "Ich will hoffen, dass Sie weder den Prophet[en] Nathan, noch eine Satire auf Goezen erwarten. Es ist ein Nathan, der beim Boccaz (*Giornata I. Novella 3.*) Melchisedek heißt, und dem ich diesen Namen nur immer hätte lassen können." [Lessing, 1989]. Le changement de nom qu'il a fait subir au personnage n'est pas présenté comme déterminant, mais c'est peut-être une stratégie de dissimulation. En effet, le nom de Melchisedek (qui signifie étymologiquement "Roi de justice", et correspond à une figure de prêtre-roi de l'époque d'Abraham dans l'Ancien Testament) renferme des connotations peu pertinentes pour le projet de Lessing [Birus, 1978]. Le personnage de Nathan, en effet, n'est ni idéalisé, ni sublimé : il n'est pas le prophète dépositaire d'une révélation divine, Lessing l'a ramené à la mesure de l'humanité commune et lui a donné le statut social d'un riche négociant. Le juif Melchisedek chez Boccace était aussi un homme du commerce. Les contemporains de Lessing ont vu immédiatement dans la figure de Nathan la transposition idéalisée de son ami Mendelssohn, qui vit lui aussi du commerce des marchandises, et n'est philosophe que dans les intervalles que lui laisse son activité. On s'arrêtera un instant à ce type social, en qui s'incarnent au XVIIIe siècle les valeurs de l'économie libérale, devenues règles de vie. Le négociant "bourgeois" est le pourvoyeur de richesses, l'homme de la circulation des biens, des personnes, des nouvelles et des idées. À ce titre, il œuvre pour l'humanité et se révèle le plus capable et le plus digne de s'élever au niveau de ses idéaux universels :

> […] si l'on oublie la médiocrité de l'homme privé pour songer à cette merveille qu'est le commerce, visage moderne de la civilisation, on verra le bourgeois changer de stature. Sa grandeur n'est pas seulement de parade, comme celle des Nobles inutiles. Elle est active et bienfaisante. Non content de travailler à son bonheur, il est le plus sûr agent du bonheur des autres : il œuvre pour l'humanité. […] Alors que le magistrat et le guerrier défendent seulement les lois d'un royaume et la sécurité d'un monarque, l'action du commerçant est à l'échelle de l'humanité. Tandis que le gentilhomme trouve son emploi dans les rivalités qui opposent les nations, le bourgeois a pour mission de rapprocher tous les peuples. Par la voie privilégiée des échanges commerciaux, il s'élève à l'idéal de l'amitié universelle. [MAUZI, 1960]

D'innombrables témoignages contemporains célèbrent ce type social, qui jouit d'un prestige croissant, et représente une nouvelle aristocratie, celle de l'activité laborieuse, productrice de richesses, et de l'intégrité morale, opposées à l'oisiveté des aristocrates, qui sont autant de bouches inutiles et ne contribuent en rien à l'accroissement des richesses, quand ils ne les dilapident pas – on verra se dessiner en filigrane l'opposition entre Nathan et le prince. De nombreux témoignages d'époque célèbrent le négociant bourgeois, de Voltaire, qui dédicace ses *Guèbres* à un marchand anglais et non à un mécène aristocrate, au dramaturge contemporain Michel-Jean SEDAINE (1719-1797), qui, dans sa comédie *Le Philosophe sans le savoir* [1765], met dans la bouche du père, qui dissimule sa naissance noble à son fils et se présente à lui comme négociant, l'éloge appuyé de la condition du marchand :

> M. Vanderk père. Quel état, mon Fils, que celui d'un homme, qui d'un trait de plume se fait obéir d'un bout de l'univers à l'autre ! Son nom, son seing n'a pas besoin, comme la monnaie du Souverain, que la valeur du métal serve de caution à l'empreinte, sa personne a tout fait ; il a signé, cela suffit. […] Ce n'est pas un peuple, ce n'est pas une seule nation qu'il sert ; il les sert toutes, & en est servi : c'est l'homme de l'univers.

M. Vanderk fils. Cela peut être vrai ; mais enfin en lui-même qu'a-t-il de respectable ?

M. Vanderk père. De respectable ! Ce qui légitime dans un gentilhomme les droits de la naissance, ce qui fait la base de ses titres : la droiture, l'honneur, la probité. [...] Quelques Particuliers audacieux font armer les Rois, la guerre s'allume, tout s'embrase, l'Europe est divisée : mais ce Négociant Anglais, Hollandais, Russe ou Chinois, n'en est pas moins l'ami de mon cœur : nous sommes sur la superficie de la terre autant de fils de soie qui lient ensemble les nations, et les ramènent à la paix par la nécessité du commerce : voilà, mon fils, ce que c'est qu'un honnête Négociant. [Sedaine, II, 4, 1765]

Comme le note Robert Mauzi [1960] dans les pages qu'il consacre au bourgeois négociant, ces mutations sociales ne sont pas sans influence sur le genre dramatique. Le négociant personnage principal des comédies du nouveau théâtre bourgeois, n'est pas, ne peut plus être un personnage héroïque, il fait partie de l'humanité moyenne. Le genre adéquat dans lequel on peut figurer le négociant ne saurait donc être la haute tragédie : "La condition du bourgeois est le contraire d'une fatalité. Si elle est fermée à l'héroïsme, elle dissout, en contrepartie, le germe de toute tragédie." [Mauzi, 1960]

"Nathans Gesinnung gegen *alle* positive Religion [*sic*] ist von jeher *die* meinige gewesen." Le personnage de Nathan, caractérisé comme "riche juif", est appelé "sage" dans le titre. La sagesse de Nathan renvoie à un sens essentiel de la mesure, d'une part à la prudence avec laquelle il administre et investit ses richesses, souvent interprétées comme bénédiction divine sur son activité, et d'autre part, à une éthique qui efface les traits caractéristiques du judaïsme, ses rituels comme sa religiosité. En Nathan s'incarne le pôle de la vie active, même si le riche négociant est mis en relation avec deux types rattachés à la vie contemplative – le derviche et le frère lai – et dans une scène au moins, celle où il prend congé du derviche se voit proposer par l'ex-trésorier de Saladin, en danger de perdre son humanité à la cour de Saladin, de le suivre dans son choix d'une vie libre. Mais ce n'est pas l'option retenue par Nathan qui, seul de tous les personnages, incarne une liberté intérieure assise sur la richesse économique. Dans ce poème dramatique, Lessing n'aborde pas directement la "question juive" proprement dite, comme question sociale et politique de son temps, mais il a construit la situation du juif, en marge de la société, comme une position d'indépendance et de liberté.

Le personnage de Nathan n'est pas exempt de conflits, et il a été marqué par l'épreuve. La première scène de la pièce, qui le montre dans son rôle de négociant, de retour d'un long voyage, révèle d'emblée la profondeur de son amour paternel pour Recha, dont on apprendra bien plus tard dans quelles circonstances elle a été adoptée par Nathan. Lorsque Daja révèle au Templier les origines chrétiennes de Recha (III, 10), et que celui-ci met involontairement le Patriarche sur la piste du juif coupable d'avoir élevé une chrétienne sans l'instruire dans sa religion d'origine (IV, 2), Nathan est exposé à se voir retirer sa fille adoptive. C'est l'éventualité à laquelle il est confronté dans l'entretien confidentiel qu'il a avec le frère lai, celui-là même qui lui a confié l'enfant au nom de son ami défunt, et auquel il raconte, sous le sceau du secret, les circonstances tragiques dans lesquelles il a recueilli Recha, après le massacre de toute sa famille par les chrétiens (IV, 7). Nathan prend ici les traits de “Job en costume moderne”, à l'image de la figure biblique de l'Ancien Testament dans laquelle s'incarne la douleur de l'homme juste incompréhensiblement frappé par la fatalité, et la problématique contemporaine de la théodicée. La “sagesse” de Nathan s'augmente ici d'une dimension plus profonde, dans la mesure où elle apparaît désormais non pas naturelle et donnée, mais conquise au terme de l'épreuve la plus douloureuse qui soit. Le récit de Nathan n'est pas fait, ici, pour donner rétrospectivement un “sens” à la catastrophe qui anéantit l'existence passée de Nathan et son bonheur, mais pour retracer de manière sensible le chemin parcouru par le personnage, et la restauration de son intégrité sous le signe de la raison. Après le temps du deuil et de la prostration, la raison, de nouveau audible, indique l'horizon ouvert d'une nouvelle existence, sous le signe de l'action, dans une attitude, non pas de soumission, mais d'abandon à Dieu (*Gottergebenheit*) “was sich der gottergebne Mensch / Für Taten abgewinnen kann.” (IV, 7) C'est bien l'homme qui choisit et interprète les événements comme signes chargés de sens ; en l'occurrence, l'arrivée de Recha, qui fait écho à la perte de sa famille, amène Nathan à s'assigner une nouvelle tâche. La religiosité de Nathan ne se confond donc pas avec les contenus d'une religion positive, quelle qu'elle soit, elle se confond avec le sens de l'expérience, qui peut se communiquer dans la confidence du récit fait au frère lai, mais ne saurait se reconstruire dans une démonstration.

Au plan de l'ensemble de la pièce, c'est Nathan qui détient les clefs de la connaissance des liens de famille qui unissent entre eux les personnages, du soupçon de l'identité du jeune Templier, au vu de la ressemblance qui avait tant frappé Saladin, à la découverte que le Templier et Recha sont frère et sœur, jusqu'à l'acquisition du bréviaire permettant de les identifier comme les neveux de Saladin qui, avec sa sœur, décide de les adopter. C'est bien Nathan, donc, qui est l'agent de la grande scène de reconnaissance sur laquelle se conclut le poème dramatique. Certains critiques ont relevé qu'à la fin, la famille se recompose en quelque sorte en dehors de Nathan, qui reste à la marge, peut-être exclu de la communauté familiale, à la manière dont le juif peut être l'exclu de la communauté ethnique. Rien n'indique, dans les didascalies, une pareille résolution de la pièce, qui a peut-être pris corps rétrospectivement, et l'on peut tout aussi bien penser que cette scène finale propose une vision de la famille humaine idéale qui inclut mais aussi dépasse les simples liens du sang.

Recha, sa fille adoptive

On mentionnera d'emblée que l'une des filles de Moses Mendelssohn portait le nom de Recha, ce qui peut avoir été un point d'appui pour la conception de ce personnage, sans l'on en ait aucune confirmation. Le personnage de Recha, qui reste, d'un bout à l'autre de la pièce, inconscient des enjeux de l'action, est un personnage difficile à cerner. Dans son esquisse, Lessing la caractérise exclusivement par son innocence et sa piété profonde : "nichts als ein unschuldiges Mädchen ohne alle geoffenbarte Religion, wovon sie kaum die Namen kennt, aber voll Gefühl des Guten und Furcht vor Gott" [Lessing, 1993]. Elle est conçue en partie sur le modèle de l'éducation rousseauiste idéale, qui réalise l'épanouissement de la nature dans l'harmonie et l'innocence – elle reconnaît devant Sittah, la femme d'expérience, qu'elle sait à peine lire. Le Templier reconnaît en elle la véritable fille de Nathan, sa créature, et admire en elle le chef-d'œuvre de l'artiste Nathan, qui a spiritualisé en elle la matière à l'image d'une figure divine "in dem hingeworfnen Blocke / Die göttliche Gestalt sich dachte, die / Er dargestellt? […]" (V, 3)

Elle reste la plupart du temps dans le registre de l'ingénu et du touchant, c'est un personnage qui ignore les affects violents qui déchirent le Templier. Daja tente vainement de lui faire découvrir le registre des passions, tant amoureuses que religieuses. Nathan évoque lui aussi l'éventualité d'un sentiment amoureux pour le Templier, mais Recha reste en définitive insensible à ces suggestions. C'est un personnage qui, de fait, n'a pas atteint la maturité d'une héroïne comme Minna, ou même Emilia, et qui vit dans le silence des passions. Le sentiment dominant chez elle est l'amour exclusif pour son père, comme en témoigne son désespoir à l'idée de le perdre.

Le reproche majeur fait à ce personnage tient à la difficulté d'harmoniser la simplicité enfantine et le déploiement d'une sagacité qui fait l'admiration de la savante Sittah. Le discours qu'elle tient sur la religion est inspiré par la sagesse de Nathan. L'enfant craintive et crédule, qui, dans la première scène, s'entête à croire que son sauveteur est un ange, se révèle dans les scènes qui suivent, avec Daja (III, 1), comme avec le Templier, et finalement Sittah, capable de raisonnements subtils sur la religion : elle sait, par exemple, opposer au prosélytisme de sa gouvernante l'idée profonde que l'abandon à Dieu ne dépend nullement de nos représentations de Dieu : "Ergebenheit / In Gott von unserm Wähnen über Gott / So ganz und gar nicht abhängt" (III, 1). Elle fait preuve de sagacité et d'humour face au Templier déconcerté.

Daja, une chrétienne, compagne de Recha

Daja est un personnage composite, qui se rattache par certains aspects au type de la *nutrix*, la nourrice, personnage familier de la comédie antique, dont le statut est ambigu dans la culture grecque et romaine. D'un côté, elle est présentée comme un personnage tout entier dévoué à ses maîtres et aux enfants qu'elle a élevés, mais elle peut aussi faire office d'entremetteuse dans les intrigues amoureuses. Dans cet emploi, elle est proche de la vieille femme affublée d'un certain nombre de traits misogynes : bonne vieille superstitieuse, bavarde, sans attrait sexuel, laide, parfois repoussante, encline à la boisson, bavarde et cancanière, cupide et intéressée à l'occasion. Dans la comédie antique, on trouve le type comique de la nourrice à prétention philosophique, laquelle serait ici remplacée par le discours religieux. On peut donc établir un parallèle avec ce type de personnages, et l'on sait que Lessing, dans les premières ébauches de sa pièce, a accusé ce côté grossier du personnage, pour l'affiner ensuite. C'est un caractère mixte, qui se prête à un comique moins relevé. Elle ne représente pas la variante de la spirituelle soubrette, personnage caractéristique de la comédie du XVIIIe siècle, proche de sa maîtresse, à qui elle peut le disputer un instant, tous rangs abolis, telle la sémillante Lisette dans *Le Jeu de l'amour et du hasard*, de Marivaux [représenté en 1730], ou Franziska, la suivante de *Minna von Barnhelm*.

La manière dont elle est présentée dans le registre des personnages montre un écart par rapport au type, dans la mesure où elle est désignée comme "Gesellschafterin", soit une position plus élevée que celle de la simple servante ou suivante, celle de compagne ou de gouvernante. Elle vaut par son dévouement à Nathan et son attachement maternel à l'enfant dont elle a pris soin tout au long des années, ce qui lui prête des accents touchants. C'est un personnage qui a, elle aussi, une histoire tragique : restée veuve d'un croisé en terre païenne, elle ne rêve que de retourner en terre chrétienne. En elle s'incarne une vision étriquée et bornée du christianisme. Représentante d'une religion pétrie de superstitions, de croyances aux miracles, elle est décidément du côté des "Schwärmer", ceux qui prennent leurs visions pour la réalité (l'image de l'ange), persuadés qu'ils sont en possession de la vérité, animés de l'ardeur des prosélytes, qui veulent convertir à toute force. La rencontre avec le Templier lui fournit, pense-t-elle, l'occasion attendue si longtemps de ramener Recha à la religion de ses origines, en la mariant à un chrétien, ce qui lui permettrait à elle aussi de retourner en terre chrétienne. La combinaison du zèle religieux et de celui de l'entremetteuse fait de ce personnage un personnage d'intrigue par excellence, et l'un des plus propres à produire des effets comiques. Elle est en relation avec Nathan, qu'elle essaie, sans grand succès, d'amener à ses vues ; avec Recha, qu'elle s'efforce tout ensemble de convertir à sa vérité en encourageant sa croyance superstitieuse aux miracles et de rendre sensible au monde des passions ; enfin avec le Templier, auquel elle finit par révéler le secret de l'adoption de Recha.

Dans l'une des dernières scènes de la pièce, entre Sittah et Recha, Recha parle d'elle comme de la bonne, la méchante Daja ("diese gute böse Daja", V, 6) : "Sie hat mir so viel Gutes, — so viel Böses / Erwiesen!", et conclut sur un portrait ambigu, la dernière image qui sera donnée de ce personnage. Recha apporte quelques nuances à l'image de Daja, chrétienne stupide et bornée, représentante d'un christianisme en ruines, d'une religion fossile et dépassée. Elle dépeint l'insistance fâcheuse de Daja, mais représente aussi, d'autre part, Daja comme l'incarnation d'une forme de religion sincère, qu'il est impossible de condamner entièrement, parce qu'elle témoigne elle aussi de sensibilité et d'humanité – Daja est certes animée d'un zèle importun et tyrannique, mais au fond, quoi de plus humain que de chercher à faire le salut des êtres qui vous sont chers ? L'insistance de Daja est pour Recha l'occasion de réflexions sérieuses et donc utiles. La dernière image que l'on garde de Daja est donc celle d'un personnage humanisé, vu avec indulgence, mais, néanmoins, Daja est aussi l'un des seuls personnages qui manquent à la réunion finale, à l'inverse des personnages de servantes ou serviteurs dévoués qui gardent leur place au sein de la famille réunie, au moment où tombe le rideau. Daja n'a pas de place dans la famille idéale de l'humanité.

Un jeune Templier

Dans la constellation des personnages, le Templier est caractérisé par sa jeunesse, qui le range du côté des "jeunes hommes à l'épreuve" de la comédie larmoyante. Le processus d'accession aux Lumières et à l'humanité s'incarne par excellence dans le Templier, dont le parcours, plus accidenté que celui des autres, mène, non sans crises et retournements, à l'intégration dans la société humaine idéale de la fin de la pièce. Le Templier est le personnage le plus instable, et aussi le plus éprouvé. En ce sens, il est un personnage clef, dont la figuration correspond à des questions ouvertes, et sans nul doute le caractère le plus riche de potentialités dramatiques. Nous aborderons successivement les trois temps de son parcours d'éducation : l'accès à l'humanité, l'épreuve des passions et l'accession à la maturité de l'identité assumée.

C'est un personnage en quête d'identité, qui a refoulé ses origines musulmanes, dont le souvenir ne vit plus que dans les contes qui ont bercé son enfance. Il renie sa filiation avec le frère disparu de Saladin, Assad, mais sa ressemblance frappante avec lui bouleverse le sultan qui lui fait grâce, et éveille chez Nathan le soupçon de sa parenté avec la famille von Stauffen, dont est issue aussi Recha.

Pour un temps, le jeune Templier a pris l'identité du christianisme militant des croisades, celle de l'oncle qui l'a élevé, le frère de sa mère (Curd, ou Conrad von Stauffen). Il a fait partie d'une expédition qui attendait la fin de la trêve conclue avec Saladin pour prendre d'assaut la citadelle libanaise de Tebnin et poursuivre la conquête du pays. Capturé et amené à Jérusalem, il est le seul à avoir été épargné : "Ich bin ein Tempelherr; und ein gefangner. — / Setz ich hinzu: gefangen bei Tebnin [Liban], / Der Burg, die mit des Stillstands letzter Stunde / Wir gern erstiegen hätten, um sodann / Auf Sidon loszugehn; — setz ich hinzu: / Selbzwanzigster gefangen und allein / Vom Saladin begnadiget [...]" (I, 5). Il attend donc que Saladin décide de son sort. Libre de ses mouvements, il erre sans but et sans emploi, oublié par Saladin, retombé dans l'obscurité.

Il faut un certain temps pour que le Templier, démobilisé par force, puisse découvrir en lui la promesse d'un homme nouveau. Pour l'heure, il revendique sa mélancolie ("Wenn ich nun melancholisch gern mich fühlte? —", I, 5) et tourne en dérision la médiocrité de son existence, qui n'a rien de commun avec les "grandes choses" auxquelles Dieu l'aurait appelé : "Ja, zu großen! / Ein Judenmädchen aus dem Feu'r zu retten; / Auf Sinai neugier'ge Pilger zu / Geleiten; und dergleichen mehr." (I, 5). Son existence, vidée de ses contenus anciens, est suspendue à un événement qui le tirerait de son inactivité et l'orienterait dans une direction nouvelle. Incertain sur le sort qui l'attend, le Templier est passif, méfiant envers tous ceux qui cherchent à l'approcher.

L'évolution du Templier dans l'espace prend la forme de la déambulation, "Wandeln" [Pütz 1986] entre les trois pôles que sont le couvent, la maison de Nathan et le palais de Saladin. Le Templier est successivement attiré par chacun de ces trois lieux, représentant les trois religions monothéistes. Le lieu où il se tient le plus souvent est un extérieur "sous les palmiers qui ombragent le tombeau du Ressuscité" ("Ihn untern Palmen auf und nieder wandeln, / Die dort des Auferstandnen Grab umschatten.", I, 1), peut-être une allusion cryptée à la situation du chrétien de l'époque tardive. Il n'a pas été le témoin direct de l'événement de la Résurrection, et sa foi est fondée sur le récit qui lui a été transmis par la tradition de ses pères. Le tombeau du Ressuscité n'est plus habité par la présence du Christ et n'a plus de valeur que commémorative. Le croisé militant est devenu un pèlerin (et un guide de pèlerins) qui arpente les lieux saints. La promenade sous les palmiers est aussi un lieu de passage, à proximité du monastère, visible de la maison de Nathan, et sur le chemin qui mène au palais de Saladin.

Avant d'entrer en scène, à la fin du premier acte, il apparaît tout d'abord, dans le discours de Daja et de Recha, comme l'ange tutélaire venu arracher la jeune fille aux flammes, soit une vision entre songe et réalité, inspirée par la légende qui fait des Templiers avec leur manteau blanc déployé des anges traversant le champ de bataille – trait consigné par Lessing dans ses notes préparatoires. Surgi de nulle part et disparu tout aussi mystérieusement, il devient dans l'imagination délirante de Recha, encouragée par Daja, son ange, qui vient de faire un miracle. C'est Nathan, qui, dans la scène où il guérit Recha de son accès de *Schwärmerei* et obtient de Daja une relation circonstanciée des événements, va permettre l'incarnation du personnage en lui donnant une consistance humaine, celle de l'exilé, seul et démuni. Le Templier devient dès lors un protagoniste de l'action. Pour l'instant, comme l'apprend Nathan en interrogeant Daja, il s'est dérobé obstinément à ses avances et à toutes les marques de reconnaissance, mais son retour soudain ouvre la perspective d'une nouvelle démarche.

La scène avec le frère lai (I, 5), qui introduit le Templier, confirme en partie les inquiétudes de Nathan à son sujet. Le Templier n'a pas été admis au monastère à la table des pèlerins : "Ich habe Fleisch wohl lange nicht gegessen: / Allein was tut's? Die Datteln sind ja reif.". Cette scène comporte aussi la première épreuve à laquelle le personnage est soumis, l'offre, transmise par le frère lai, d'entrer au service du Patriarche pour devenir l'exécutant de ses basses œuvres. Après le récit de Daja, qui a fait ressortir la bravoure du jeune homme, la scène révèle au spectateur un autre aspect de la générosité foncière du personnage. Le Templier refuse avec indignation le rôle d'espion et de traître pour la cause de la religion, en invoquant le motif de l'humanité, par la médiation de l'image du frère de Saladin. Cette scène, mise en parallèle avec celle de la rencontre avec le Patriarche, permet de relativiser la démarche inconsidérée du jeune homme, et de comprendre que la tentation de livrer Nathan correspond à un moment d'égarement, non à la nature morale profonde du Templier. Ce n'est pas sans raison aussi que cette scène précède celle avec Daja, qui vient apporter un correctif à l'image de la générosité du Templier. Dans cette scène, en effet, ressortent les traits les plus grossiers, voire les plus odieux de son personnage, qui mérite les épithètes dont on l'affuble, sinon les revendique : "den wilden, launigen / Schutzengel", "ungesittet Ritterschaft", dit Nathan, avec la distance amusée de l'ironie légère, I,1 ; "deutscher Bär" (Daja, I, 6) ; voire dont il s'affuble lui-même : "Ich bin ein plumper Schwab" (I, 6). Dans cette scène, il persiste dans la dénégation de l'humanité qui aurait pu inspirer son geste, auquel il dénie toute signification ("Will von Euch an eine Tat / Nicht fort und fort erinnert sein, bei der / Ich nichts gedacht; die, wenn ich drüber denke, / Zum Rätsel von mir selbst mir wird.", I, 6), il se plaît à exagérer de manière provocante tous les traits de son insensibilité, et ne fait pas non plus mystère de la violente antipathie qu'il éprouve pour les juifs.

La rencontre avec Nathan (II, 5) marque une étape décisive dans l'itinéraire du Templier : l'accès à l'humanité, la révélation de l'horizon de la fraternité entre les hommes, au-delà des barrières religieuses. Nathan en effet s'efforce de toucher et de rappeler à l'humanité un personnage grand et repoussant tout ensemble ("Groß und abscheulich!"), qui revendique devant lui l'inhumanité de son geste, accompli non par conscience du devoir, mais par obéissance mécanique à la règle de son ordre ; non par respect de la vie, mais par lassitude de sa propre existence ; non par amour de son semblable, mais par indifférence vis-à-vis de celle qu'il a sauvée. C'est par le détour de l'émotion – la larme qu'il verse démonstrativement sur le manteau qui a été brûlé dans l'incendie, et qui rappelle la bonne action du Templier – que Nathan réussit à troubler ("verwirren") le jeune homme, qui se retrouve embarrassé et confus ("betreten"). La scène évolue vers la rencontre et la reconnaissance entre semblables et "amis", dans l'horizon de la fraternité humaine, une fois écartée la réalité, blessante pour le Templier chrétien, de la volonté d'hégémonie de chacune des trois religions, à la suite du peuple juif, qui le premier a revendiqué le signe de l'élection. Le Templier s'enthousiasme dès lors pour les perspectives lointaines ouvertes par la réconciliation des hommes, au-delà des clivages religieux. Par l'amitié de Nathan, il est intégré dans la société humaine.

La reconnaissance réciproque, qui semble conclure harmonieusement la scène, laisse subsister une zone d'ombre et d'irrésolution, qui apparaît lorsque Nathan, convoqué chez Saladin, veut saisir l'occasion de parler en faveur du Templier et lui demande son nom. Le brusque raidissement du Templier, son lapsus : "Mein Name war – ist Curd von Stauffen. – Curd!" (II, 7), son impatience à souffrir les questions de Nathan ("Doch warum schärft sich Euer Blick auf mich / Je mehr und mehr?") et son départ précipité attirent l'attention sur l'identité du jeune homme. Nathan, après Saladin, est frappé par la ressemblance avec son ami, mais doit différer l'élucidation du mystère. L'intermède énigmatique qui alerte le spectateur amène à envisager des résistances inaperçues encore du personnage.

Le Templier, qui se présente chez Nathan pour rencontrer Recha, se trouve foudroyé par une passion violente qui lui fait précipiter son départ. Nous le retrouvons dans un premier monologue, qui succède immédiatement à la scène de la parabole, dans un état de trouble qui s'aggrave jusqu'à la confusion totale à la fin de l'acte. Le monologue agité dans lequel il tente de parvenir à la conscience claire de sa situation, la scène avec Nathan, qui élude sa demande impétueuse de le prendre pour fils ; puis les révélations de Daja sur les origines de Recha amènent un retournement sous l'effet des passions : son élan vers l'humanité est brisé, sa confiance en Nathan ébranlée, la porte ouverte au fanatisme religieux et à la violence, à l'instant même où Nathan vient de s'entretenir avec le sultan de la concurrence pacifique des religions.

Le Templier, inaccessible et méfiant au début, était défendu par son insensibilité même. Le moment où il s'humanise est aussi celui où il fait l'expérience de l'ordre des passions, jusqu'alors inconnues. Gustav Kettner [1904], qui rapproche typologiquement le personnage du Templier des "jeunes hommes à l'épreuve" de la *Rührkomödie*, relève dans ces caractères l'impétuosité qui menace l'équilibre de l'univers familial bourgeois. La passion du Templier est inséparable d'affects religieux violents, qui renvoient eux-mêmes au déchirement du Templier et à la difficulté d'assumer son identité. Ce vacillement de l'identité est au centre du grand monologue délibératif du Templier (III, 8), sous le choc de ces expériences nouvelles : l'amour du chrétien pour une juive, la grâce accordée par Saladin, qui le délie de ses engagements religieux et l'ouvre à une autre forme de religion.

L'intuition d'un autre horizon religieux est associée à l'image du père, et c'est effectivement la quête du père que va entreprendre le Templier dans la suite de la pièce. Il croit tout d'abord trouver ce père en Nathan, auquel il demande la main de sa fille. Mais Nathan, pour des raisons qui lui demeurent opaques, se dérobe, et son insistance à revenir sur le sujet sensible de ses origines le renvoie à son identité qu'il ressent comme "bâtarde" ("So was von Bastard oder Bankert!", III, 9). Instruit des origines de Recha, il s'adresse ensuite au frère lai, qui élude la demande adressée à lui comme à un "père spirituel" – qu'il n'est pas, puisqu'il est un simple "frère" – et le renvoie au Patriarche, le "père" par excellence du fidèle, dont il se détourne avec horreur, lorsqu'il reconnaît en lui le représentant autoritaire d'une religion dévoyée. Pour finir, c'est auprès de Saladin que le jeune homme trouve d'abord un souverain bienveillant et indulgent pour sa jeunesse et ses erreurs, avant de trouver en lui, à la fin de la pièce, l'oncle paternel prêt à l'adopter. La relation qui s'engage entre les deux hommes s'établit sur le fondement des affections humaines – la ressemblance frappante du Templier avec le jeune frère de Saladin –, et non pas sur l'amitié idéale entre représentants de la pure humanité telle que l'offrait Nathan. Elle est donc inscrite dans la sphère des passions particulières, mais rattachée aussi à la sphère de la moralité. C'est ce que comprend le Templier lorsqu'il accepte de remplir le rôle du jeune frère de Saladin auprès de lui. Sous cette identité d'emprunt, au demeurant si proche de la sienne, le Templier trouve une humanité à sa mesure. La figure d'Assad n'est pas un modèle de perfection, elle n'impose donc pas l'éradication des passions, mais réserve leur place, et peut-être leur rôle, dans le processus d'éducation à l'humanité.

L'intervention de Saladin, prudente, mais ferme, assortie d'une mise en garde solennelle contre le fanatisme, permet au Templier d'effectuer un retour sur lui-même, dans un deuxième grand monologue délibératif (V, 3). Il témoigne d'une plus grande aptitude à faire retour sur lui-même et sur son emportement, et appréhende d'avoir pu mériter la moquerie, sinon le mépris de Saladin. La scène avec Nathan, où il revient, contrit, sur sa démarche auprès du Patriarche, est exploitée non pas pour obtenir des effets touchants, mais pour dispenser au Templier les dures leçons du comique, en le montrant toujours instable, toujours agité.

C'est à la question cruciale de son identité que la scène finale de la reconnaissance apporte une réponse, de fait complexe. Le Templier, à la différence de ce qui arrive dans d'autres scènes de reconnaissance, se trouve contraint de reconnaître la vérité sur ses origines. Le secret, qu'il dissimulait comme une tare honteuse – sa double origine chrétienne et musulmane –, est dévoilé et imposé par Nathan, qui fait toute la lumière sur sa filiation, en dépit de ses résistances. Jusqu'à la crise du drame, le Templier a tenté de préserver la fiction d'une unique appartenance religieuse, seule position compatible avec la prétention de toute religion à détenir la vérité. Le nom qu'il porte, et qui n'est pas le sien mais celui de son oncle maternel, symbolise le déchirement dans lequel il vit. Inconcevable pour lui, la restauration de son identité est rendue possible par l'enseignement de Nathan, qui lui ouvre l'horizon du dépassement des barrières confessionnelles vers la pure humanité. La rencontre avec lui fraie pour le Templier le chemin qui va vers ses origines, comme en témoigne le passage mystérieux du premier monologue dans lequel il évoque son père. C'est dans cette communauté des hommes, dont la cohésion est fondée non sur la contrainte du dogme, mais sur la libre adhésion, que le Templier peut trouver sa place. Reste que cette libre adhésion ne peut s'effectuer sans le support d'une identité, composée de toutes les déterminations (nationales, religieuses...) qui impriment au sujet la marque de son individualité. Nathan a conclu amitié avec un homme sans nom. Saladin donne au Templier une identité concrète, qui se trouve être, sans qu'il le sache, celle même du père dont il dissimule le secret. La reconnaissance de la dernière scène établit le Templier dans sa double identité. Il a de fait un double nom, qui renvoie à son identité problématique : il apparaît sous le nom de son oncle Curd ou Konrad [Wolf] von Stauffen et il retrouve son nom d'origine à la fin de la pièce, lorsque Nathan l'identifie comme Leu [Löwe] von Filnek. Les deux noms correspondent symétriquement à ceux de son père : le musulman Assad [Löwe] devient Wolf von Filnek par son mariage avec une chrétienne [Birus, 1978].

Les altérations apportées au caractère du Templier, notamment par le grossissement comique, permettent de réduire sa stature, et d'atténuer ses effets en introduisant une critique de l'héroïsme (inhumain) et des passions (déraisonnables, démesurées). Dès lors, la fonction du Templier peut se définir dans le cadre du processus d'éducation à l'humanité, qui le concerne, ainsi que sa place comme caractère illustrant un stade de l'expérience de la religion : celui de la transition vers la religion de l'humanité, marqué par la méfiance, les conflits, et le fanatisme.

Un derviche

Le derviche Al-Hafi, l'ami et le partenaire de Nathan aux échecs, reste dans le poème dramatique une figure marginale, qui disparaît à la fin du second acte. Lessing avait eu l'intention de développer ce personnage et d'écrire une autre pièce qui lui aurait été entièrement consacrée, et qui devait s'appeler *Der Derwisch*. Al-Hafi, le va-nu-pied, le mendiant, entre en scène (I, 3) au retour de Nathan, et lui apprend qu'il a été irrésistiblement séduit par l'offre flatteuse du sultan d'entrer à son service en qualité de trésorier, et qu'il a accepté, appâté par la flatterie de Saladin, tenté à l'idée de pouvoir réaliser son idéal de bienfaisance. Mais il n'a pas tardé à déchanter, en constatant l'état désastreux des finances du royaume et sa totale impuissance à réformer la prodigalité ruineuse de Saladin. Nathan, qui, pour sa part, n'a jamais été attiré dans la sphère du pouvoir, du fait de sa position de riche négociant, commence par évoquer, avec un amusement ironique, le piège qui s'est refermé sur le derviche, dont l'idéal est la liberté du moine mendiant, et qui se retrouve victime de son mouvement généreux, entraîné malgré lui dans une comédie bouffonne, instrumentalisé au service des grands, qu'il dénigre sur le ton du sarcasme et de l'amertume. À peine arrivé, il ne pense qu'à se démettre de son office pour retourner aux bords du Gange : "Ich bin am Ganges, wo ich leicht und barfuß / Den heißen Sand mit meinen Lehrern trete […] und Schach mit ihnen spiele." (I, 3).

Convoqué par Saladin pour payer sa dette de jeu à Sittah (II, 2), il saisit l'occasion de révéler au sultan les expédients auxquels il a recours depuis longtemps avec Sittah pour dissimuler l'étendue du désastre financier, mais sa tentative d'intervenir dans la partie d'échecs, et le mouvement d'humeur de Saladin qui renverse le jeu, marque pour lui le point de non-retour. De surcroît, il a attiré sans le vouloir l'attention sur les richesses de son ami Nathan, au moment même où Saladin est à la recherche de nouvelles ressources. Un homme tel que Al-Hafi ne peut qu'aliéner sa liberté, sinon son humanité, à assurer le service des grands, emprunter pour eux, prêter à usure. Il n'est pas de force à s'opposer au dessein du sultan, et voit déjà Nathan prendre sa place. Aussi rompt-il d'un seul coup les liens qui l'entravaient et s'empresse-t-il de fuir ce monde de corruption, en essayant d'entraîner Nathan à sa suite. L'aparté de Nathan, à la fin de l'acte II, avec l'effet rhétorique de la gradation montre l'estime qu'il lui porte, même s'il n'est pas prêt à suivre la même voie que lui : "Wilder, guter, edler — / Wie nenn ich ihn? — Der wahre Bettler ist / Doch einzig und allein der wahre König!" Ce qu'il salue en Al-Hafi, c'est l'idéal incorruptible de liberté et de souveraineté, la promptitude à renoncer au monde et à toutes ses richesses, la volonté de vivre fidèle à ses croyances, dans le mépris du monde et de ses possessions.

Le Patriarche de Jérusalem

Le Patriarche de Jérusalem, dont Lessing n'a pas retenu le nom (Héraclius), est un personnage historique, mais son traitement dans la pièce est un exemple des libertés prises avec l'histoire. Lessing a suivi ses sources, en l'occurrence Marin qui, dans son *Histoire de Saladin*, trace, sur la foi de la chronique de Guillaume de Tyr, lui-même rival du patriarche, un portrait d'une noirceur absolue, dans un chapitre consacré aux déportements et aux exactions des chrétiens au temps des croisades – de fait, l'historiographie récente a réhabilité en partie ce personnage, en le replaçant dans le contexte de l'époque. Mais dans ce portrait entièrement négatif, Lessing a considérablement atténué le trait. Ainsi, de l'image d'un prélat odieux, qui vit en concubinage, et arrive à ses fins par l'intrigue, criminel et assassin, il n'a gardé que la figure d'un prélat dissimulé et menaçant, en qui s'incarne le pouvoir de l'Église.

Lessing a donc réduit ce personnage monstrueux à un fantoche caricatural, et à l'expression d'une idée ("allgemein aus der Idee heraus konstruiert") [KETTNER, 1904]. Le débat théologique dans lequel il se lance avec le Templier est entièrement de l'invention de Lessing, et l'on notera que le prince de l'Église médiévale parle de fait la langue de l'orthodoxie luthérienne contemporaine de Lessing. Sous le voile transparent de l'histoire, la figure du Patriarche de Jérusalem est là pour évoquer la situation de l'Église luthérienne et les controverses théologiques de l'époque de Lessing, et, *last, but not least*, faire entendre l'écho de la "querelle des Fragments", en faisant se profiler, derrière la figure du Patriarche, celle de son contradicteur, le "pape de Hambourg", le *pastor primarius* Goeze (v. Repères/La genèse de *Nathan*).

Ce personnage est en relation avec le frère lai et le Templier, donc avec les seuls représentants de sa confession, ce qui en fait un personnage de peu d'interactions, sans le relief d'une personnalité. Il n'apparaît que dans l'acte IV, dans la scène qui a pour cadre le cloître du couvent, celle où le Templier, troublé par la révélation des origines chrétiennes de Recha, vient le consulter, sans trop savoir s'il vient chercher un conseil (*Rat*) ou une parole d'autorité (*Machtspruch*). Auparavant, il est indirectement présent dans la première scène entre le frère lai et le Templier (I, 5), où le frère lai déclare tout net au jeune homme qu'il est chargé par le Patriarche de le sonder, pour savoir si l'Église peut l'employer à des missions d'espionnage pour le compte des croisés, voire le mettre à la tête d'une expédition chargée d'assassiner

Saladin par traîtrise. On sait avec quelle indignation le Templier repousse ses propositions d'une indignité et d'une inhumanité révoltantes. Le Patriarche emploie encore le frère lai pour enquêter sur "l'hypothèse" du juif coupable d'avoir élevé une jeune chrétienne dans l'ignorance de sa religion (IV, 2) et vraisemblablement le charge de toutes sortes de basses besognes, qui lui permettent d'espionner sans éveiller les soupçons. Dans cette scène d'exposition se révèle un monde d'intrigues et de corruption, entièrement dénué de scrupules : comme en témoigne la promesse de l'absolution pour tous les crimes commis pour la plus grande gloire de Dieu, tous raisonnements qui suscitent l'indignation du Templier. La scène est faite pour former un contraste frappant entre les manœuvres tortueuses du Patriarche et la droiture incorruptible du jeune homme.

Lorsque le prélat apparaît dans tout l'éclat de sa majesté, le Templier est tout d'abord frappé par le contraste entre son apparence, le déploiement du luxe ostentatoire et de la richesse, et l'idéal de pauvreté professé par le christianisme – les commentaires faussement naïfs et subtilement ironiques du frère lai sont là pour renforcer encore l'impression première. Ce faste, à l'image des vanités condamnables du monde, de l'appétit du pouvoir et des richesses, qui fait du patriarche un homme du monde plus qu'un homme de Dieu, contraste aussi avec le mode de vie simple et sobre d'autres personnages, à commencer par Saladin – comme le relève le Templier –, mais aussi le derviche, et pour finir Nathan.

Le patriarche tout d'abord traite le Templier avec une apparente bienveillance, avant que le jeune homme ne lui soumette le cas de Nathan et que l'entretien avec le "père spirituel" supposé ne se transforme en débat théologique. Alors, le Patriarche se révèle tel qu'il est en réalité : un homme de pouvoir, le représentant d'une Église qui impose à ses fidèles une vérité sans leur accorder le droit de libre examen, exige d'eux une obéissance aveugle, et châtie impitoyablement ceux qui font obstacle à la transmission de la foi. C'est la contrainte qui s'exerce sur les âmes. Le Patriarche est prêt, en l'occurrence, à requérir le concours des autorités civiles (à l'image du pasteur Goeze mobilisant les autorités contre son adversaire dans la "querelle des Fragments") et à faire appel à Saladin pour appuyer sa condamnation du juif voué au bûcher. C'est le célèbre "Der Jude wird verbrannt". Il apparaît ici comme un personnage dissimulé et menaçant, mais on a de bonnes raisons de douter que Saladin prête main-forte au Patriarche de Jérusalem, qui est bien loin de la figure écrasante du Grand Inquisiteur – le tribunal de l'Inquisition n'existe pas encore à l'époque de la Troisième Croisade – dans le *Don Carlos* de Schiller.

Le Patriarche de Jérusalem, qui ne constitue donc pas une menace sérieuse dans le cadre du poème dramatique de Lessing, reste donc une silhouette à peine esquissée, l'incarnation de la "Schurkerei" – le dictionnaire Grimm définit le "Schurke" par sa nature basse et veule, sa noirceur et sa vilénie ("gemeiner, niederträchtiger, charakterloser Mensch, Schuft").

Un moine (le frère lai)

Le Templier épingle d'un trait le curieux attelage que forment le Patriarche et le frère lai (un religieux, donc, qui n'a pas prononcé d'engagement solennel et a été chargé des tâches matérielles pour le couvent) : "Die Einfalt vor der Schurkerei voraus" (V, 5). La simplicité marche devant la félonie. Il semble y voir l'effet d'une ruse plus raffinée, ce que Nathan dément aussitôt, dans une formule qui cerne le personnage du frère lai : "Ja, die dumme; — nicht die fromme." Un homme stupide serait instrumentalisé par le Patriarche, mais le frère lai, lui, est pénétré d'une authentique piété, et sa simplicité ("Einfalt") va de pair avec une forme d'habileté ou d'astuce qui lui permet de ne jamais se compromettre dans les démarches qu'il doit effectuer pour le compte du Patriarche. On pourrait dire, à propos du frère lai, qu'il illustre l'injonction de la Bible à ceux qui sont envoyés comme les brebis parmi les loups, et doivent avoir tout ensemble la prudence du serpent et la candeur de la colombe ("Soyez donc prudents comme les serpents, et simples comme les colombes", Matthieu 10, 16). C'est ce dont le Templier s'avise en constatant, à certaines répliques, que le frère lai ne manque pas de malice ("Ein verschmitzter Bruder!", I, 5). Le nom du frère lai, "Bonafides" (prononcé une seule fois, paradoxalement par le Patriarche, IV, 2) est la traduction directe de sa "bonne foi" et de son honnêteté.

Il apparaît tout d'abord dans le rôle de l'humble émissaire du Patriarche, chargé de venir sonder le Templier, comme il le déclare sans détour. Toute son habileté consiste à faire entendre qu'il ne parle pas en son nom propre ("– sagt der Patriarch –"). L'aparté du personnage à la fin de la scène ne laisse pas de doute sur la contrainte à laquelle il est obligé de se soumettre, et sur sa joie de voir le Templier résister victorieusement aux tentatives de corruption du Patriarche. Sa déclaration au début de l'acte IV montre d'ailleurs qu'il s'acquitte assez maladroitement des missions que lui confie le Patriarche, répugnant à se commettre dans les affaires du monde alors que son désir profond est de s'en retirer, et n'ayant aucun goût pour les missions d'espionnage et le rôle de "fouineur" auquel il est réduit. Il est doué de discernement, et c'est lui qui, dans le dialogue avec le jeune Templier, éclaire la portée de ses actes et tente de lui montrer l'impropriété de la démarche envisagée auprès du Patriarche, en l'avertissant de ne pas s'adresser, dans une affaire chevaleresque, à un "curé" (*pfäffisch*). C'est lui aussi qui pressent le danger qui menace Nathan et va l'en avertir.

Le frère lai a lui aussi une histoire, que l'on apprend dans la scène IV, 7, où, envoyé par le Patriarche pour enquêter sur le juif qui élève une enfant chrétienne hors de sa communauté d'origine, il vient prévenir Nathan de ce qui se trame contre lui. Il est pris entre les deux pôles de la *vita activa* et de la *vita contemplativa*. Tout d'abord écuyer du frère de Saladin disparu, il a cherché, à la mort de son maître, à se retirer dans un ermitage pour y vivre en paix à Quarantana (à quelque distance de Jéricho, dans un monastère construit au-dessus de la grotte où Jésus se serait retiré quarante jours et quarante nuits pour méditer et jeûner, avant d'être tenté par le diable). L'épisode est décrit dans les évangiles synoptiques. Mais son ermitage est dévasté par des Arabes pillards et lui-même emmené en captivité. Il parvient à s'échapper et se réfugie chez le Patriarche de Jérusalem, qui lui donne asile, et lui permet de rester dans le couvent en qualité de frère lai, en attendant qu'une place se libère dans l'ermitage du mont Thabor, soit le lieu de sa retraite définitive, pour consacrer le reste de son existence solitaire au service de Dieu ("Um mir ein ander Plätzchen auszubitten, / Allwo ich meinem Gott in Einsamkeit / Bis an mein selig Ende dienen könne", IV, 7). Le passage de l'ermitage du mont de la Quarantaine (avec sa référence exclusive au christianisme) à celui du mont Thabor est révélateur. Le mont Thabor, en effet, est le lieu de la Transfiguration du Christ devant trois de ses apôtres : Pierre, Jacques et Jean (épisode rapporté par les trois évangiles synoptiques), mais dans cet épisode, Jésus apparaît en conversation avec Moïse et Élie, deux figures majeures en qui s'incarnent la Loi et les prophètes de l'Ancien Testament. C'est une manière de souligner l'union profonde entre l'Ancienne et la Nouvelle Alliance, l'Ancien et le Nouveau Testament, le judaïsme et le christianisme, qui est la conviction profonde du frère lai – à savoir que le christianisme est édifié sur le judaïsme: “Und ist denn nicht das ganze Christentum / Aufs Judentum gebaut? Es hat mich oft / Geärgert, hat mir Tränen g'nug gekostet, / Wenn Christen gar so sehr vergessen konnten, / Dass unser Herr ja selbst ein Jude war.” (IV, 7).

C'est donc à ce personnage simple et ignorant, qui ne sait même pas lire, que Lessing prête les accents de la piété chrétienne authentique, celle qui est inspirée par l'amour, l'amour de Dieu comme l'amour de ses créatures. L'instance morale de la “conscience”, à laquelle il se réfère, n'est pas le tribunal chargé de juger et de condamner, mais le commandement de la simple humanité. Le cas de la jeune chrétienne élevée dans l'ignorance de la religion de ses pères, qui représente pour le Patriarche le sacrilège inexpiable, et le péché pour lequel il n'y a pas d'absolution, se résout tout naturellement à l'aide de considérations inspirées par la simple humanité: les liens d'amitié qui unissent Nathan à celui qui lui a confié son enfant, la nécessité vitale de donner à l'enfant orpheline d'abord l'amour d'un père, avant de l'instruire dans le christianisme. Ce sont l'amour et la foi (“Liebe und Treu”) qui prennent ici le pas sur la prudence (“klüger hättet ihr gethan”) qui aurait commandé de confier l'enfant à un tiers – on reconnaît dans cette tournure une variation de la formule “Auf Treu und Glauben” de la parabole, qui fait apparaître l'amour comme l'interprétation humaine de la foi, “l'accommodation” de la Révélation à la nature humaine, et la fidélité comme le sceau de l'engagement.

DU THÉÂTRE CLASSIQUE AU THÉÂTRE BOURGEOIS. LA RÉFORME THÉÂTRALE SOUS LE SIGNE DE DIDEROT

L'indication générique de la pièce “Ein dramatisches Gedicht” montre que Lessing n'a pas voulu inscrire sa pièce dans le cadre de l'un des deux grands genres dramatiques, la tragédie ou la comédie, comme il l'avait fait pour ses pièces précédentes: *Miß Sara Sampson* et *Emilia Galotti* sont toutes deux “Ein Trauerspiel”, *Minna von Barnhelm* “Ein Lustspiel”. Ce parti pris illustre aussi l'engagement de Lessing dans le mouvement de réforme profonde du théâtre qui a marqué le

XVIIIe siècle, avec la remise en cause du modèle classique et notamment du système du classicisme français.

Le combat mené pour la création d'un *Nationaltheater* est emblématique de l'ambition de l'Aufklärung, qui, confrontée au problème de son identité (à défaut d'être une *Staatsnation*, elle est une *Kulturnation*), cherche à combler le retard pris sur les autres nations européennes et à fonder une littérature nationale, dans laquelle le théâtre joue un rôle éminent, comme medium privilégié des idées de l'Aufklärung. Lessing a été l'un des pionniers, et le plus célèbre, de ce *Nationaltheater*, auquel il a apporté une contribution critique et théorique décisive, et donné quelques-unes de ses premières œuvres majeures (v. Repères/ La biographie de Lessing).

Le problème de la fondation du "théâtre national" comporte plusieurs aspects : la recherche d'une voie originale correspondant à l'affirmation d'une identité culturelle propre, avec le choix des modèles à imiter, des influences, bénéfiques ou nocives, pour la création d'un répertoire ; la réflexion théorique sur le rôle et la fonction assignés à la scène dramatique, sur l'évolution des genres dramatiques en fonction du public qui va au théâtre ; enfin, l'existence de scènes sur lesquelles jouer les œuvres nouvelles du théâtre national.

Le théâtre comme médium privilégié de l'Aufklärung

De Gottsched à Schiller, dont la conférence de 1784 (prononcée devant la *kurfürstliche deutsche Gesellschaft*, créée à Mannheim par le prince électeur palatin Charles Théodore en 1775 pour la promotion de la littérature allemande) porte un titre programmatique "Die Schaubühne als eine moralische Anstalt betrachtet" (Le théâtre considéré comme une institution morale), s'impose l'idée que la scène doit devenir une école des mœurs, pour contribuer à la formation et à l'amélioration de l'homme, et qu'elle est un des instruments de l'éducation morale. Le rapprochement avec la chaire du prédicateur ("Kanzel") revient souvent – Gottsched parle de "chaire du monde" ("weltliche Kanzel"), Lessing évoque le retour à son "ancienne chaire", le théâtre, au moment de la composition de *Nathan le Sage*.

L'époque des Lumières est aussi celle de l'institutionnalisation et de la professionnalisation du théâtre. La situation des scènes allemandes à l'époque de l'Aufklärung est considérée comme déplorable. On connaît l'exclamation désabusée de Lessing dans la 81e lettre du recueil *Briefe, die neueste Literatur betreffend*, datée du 7 février 1760 : "Wir haben kein Theater. Wir haben keine Schauspieler. Wir haben keine Zuhörer."

Au XVIIIe siècle, il existe deux traditions théâtrales en Allemagne : le théâtre de cour (*Hoftheater*) et les troupes itinérantes (*Wandertruppen*). Le théâtre de cour, conçu sur le modèle de Versailles, destiné à une société aristocratique et cultivée, est un des aspects de la politique de représentation princière. Le répertoire est constitué presque exclusivement d'œuvres du théâtre classique français et d'opéras italiens. Les troupes d'acteurs sont françaises et italiennes, et jouissent d'une sécurité matérielle et d'une reconnaissance sociale enviables. Le théâtre public, qui doit satisfaire le besoin de divertissement du peuple (voire du bas peuple – *Pöbel*), est le plus souvent le fait de troupes itinérantes qui vont d'une ville à l'autre, s'arrêtant plus ou moins longtemps en fonction des recettes. On joue dans des salles d'auberge, en plein air, sur des tréteaux, dans des baraques. Le roman de Goethe *Wilhelm Meisters Lehrjahre* (*Les Années d'apprentissage de Wilhelm Meister*), publié en 1796, donne un tableau vivant de la condition des comédiens de l'époque, dont le héros, Wilhelm, partage un temps l'existence aventureuse. Comparées aux fastes du théâtre de cour, ces réalisations apparaissent bien modestes. Seules les troupes les plus nombreuses peuvent prétendre à une audience suprarégionale. Le théâtre des troupes itinérantes n'est pas un théâtre littéraire et rompt de ce fait avec les œuvres dramatiques de l'époque baroque. Les textes sont travaillés en fonction de l'effet scénique. Il se forme un style de jeu qui fait penser aux modèles de la *commedia dell'arte* italienne (improvisation) et des comédiens anglais : *Hanswurstiaden* et farce. Ce théâtre contribue à diffuser des fragments de drames de l'époque élisabéthaine (le *Faust* de Marlowe, par exemple). Les acteurs se voient attribuer des rôles fixes, qui renvoient à des types hérités d'une longue tradition : les valets et servantes, les barbons, l'ingénue, le matamore... Lessing, en praticien du théâtre, est familiarisé avec cette typologie, qui n'est pas sans importance dans la composition de ses caractères, tout comme dans l'élaboration de la constellation de ses personnages.

Aux yeux de la population des villes, cultivée, le théâtre des troupes itinérantes n'est guère que du théâtre populacier. Les réformateurs du théâtre allemand se retrouvent donc confrontés à plusieurs défis : constituer un répertoire, pour un théâtre national encore à créer, qui doit unifier les couches sociales hétérogènes pour en faire un public.

Johann Christoph Gottsched (1700-1766), le Maître de Leipzig

Gottsched, en dépit des jugements négatifs portés sur lui par la génération suivante, est le premier réformateur de la scène allemande, et son œuvre est considérable, moins, sans doute, par la force poétique de ses propres productions que par sa contribution au progrès des lettres de manière générale – notamment à la formation de la langue littéraire –, et son apport à l'entreprise du théâtre national : revalorisation du texte littéraire ; épuration de la scène d'éléments baroques et populaires ; création d'un nouveau répertoire, notamment par la traduction et la diffusion d'auteurs anciens et modernes –, fixation de principes et de modèles pour guider les pas de la jeune littérature allemande.

Gottsched va consacrer tous ses efforts à réformer le théâtre à partir de l'amélioration de l'existant, en ciblant tout d'abord le théâtre des troupes itinérantes. Il se fait l'avocat du théâtre, et notamment de la tragédie, en insistant sur son utilité. La réforme de Gottsched, particulièrement dans la décennie 1730-1740, est liée au nom de la troupe la plus célèbre de l'époque, celle de la Neuberin, du nom de la célèbre actrice Caroline Neuber. C'est elle qui a diffusé et propagé les œuvres du théâtre épuré et lui a donné ses lettres de noblesse. Roland Krebs [1985] fait remarquer que cette "collaboration entre un professeur d'Université et des comédiens n'allait nullement de soi" et témoigne de l'ouverture d'esprit de Gottsched. Avec ses disciples de la "Société allemande", il fournit à la troupe un répertoire de pièces régulières, traductions – pièces de Corneille comme *Le Cid* et *Cinna*, de Racine comme *Iphigénie* et *Bérénice* – et pièces originales, comme le *Sterbender Cato* (La Mort de Caton, 1732) de Gottsched lui-même. La réforme gottschedienne est donc marquée par l'introduction de la tragédie française, classique et moderne (Voltaire), mais aussi de la comédie française contemporaine, et de manière générale par la domination du théâtre français. La représentation de ces pièces attire un public plus cultivé, curieux de ces essais dans le genre de la haute tragédie à la française. Sans surprise, ce théâtre n'attire guère le peuple, puisque la réforme théâtrale de Gottsched bannit la culture théâtrale du "peuple".

La poétique de Gottsched est adossée à celle de ses grands prédécesseurs, les trois grands noms qui sont les références du classicisme français : Aristote, Horace et Boileau. Pour ce qui est du théâtre, cette poétique repose sur une stricte séparation générique entre la tragédie et la comédie, qui recouvre la "clause des conditions" (*Ständeklausel*), tirée de la poétique d'Aristote. On observera que la stricte distinction des genres et la clause des états ne figurent pas en l'état chez Aristote: celui-ci distinguait les genres de représentation idéalisant, caricatural, naturaliste – montrant les hommes plus beaux, pires ou semblables à eux-mêmes – et parle de la tragédie comme imitation d'une action noble. Il ne fait donc pas correspondre la différence entre la tragédie et la comédie à la hiérarchie sociale – "la tragédie représente des êtres meilleurs, et la comédie, des êtres pires que dans la réalité" – et établit simplement qu'il y a plus de grandeur et de dignité dans la tragédie. Le théoricien de l'esthétique de l'âge baroque en Allemagne, Martin Opitz, dans son *Livre de la poésie allemande* (*Buch der deutschen Poeterey*, 1624) fixe la clause des états et l'interprète nettement en termes de distinction sociale: "[...] [la tragédie] ne souffre guère que l'on y introduise des personnes de condition sociale inférieure et des sujets ordinaires, car elle ne traite que de volonté royale, de meurtres, désespoirs, infanticides et parricides, incendies, incestes, guerres et soulèvements, lamentations, pleurs, soupirs et autres choses de ce genre. [...] La comédie traite de sujets ordinaires et met en scène des personnages de basse extraction, elle parle de mariages, banquets, jeux, tromperies et ruses des valets, soldats fanfarons, intrigues amoureuses, inconscience des jeunes gens, avarice des vieillards, intrigues matrimoniales et autres choses de ce genre qui se produisent quotidiennement chez les gens du commun." [OPITZ, 2009] Gottsched, appuyé sur la poétique du classicisme français, reprend cette distinction et la clause des états.

La comédie larmoyante

Le genre de la comédie larmoyante, créé en France dans les années 1730 par l'auteur dramatique Pierre Claude Nivelle de La Chaussée et introduit à la fin des années 1740 en Allemagne, est caractéristique de l'évolution du théâtre bourgeois. Selon le grand historien de la littérature française, Gustave LANSON [1903] : "La comédie larmoyante est un genre intermédiaire entre la comédie et la tragédie, qui introduit des personnages de condition privée, vertueux ou tout près de l'être, dans une action sérieuse, grave, parfois pathétique, et qui nous excite à la vertu en nous attendrissant sur ses infortunes et en nous faisant applaudir à son triomphe." Il s'agit d'un genre qui s'insère entre les genres établis de la tragédie et de la comédie, à proximité du roman familial anglais (illustré à cette époque par Samuel Richardson). Le système rigide du théâtre classique ne correspond plus aux attentes de l'époque nouvelle. Des personnes privées, d'origine bourgeoise, qui, dans le système ancien, n'avaient de place que dans la comédie, pour y être moquées, deviennent les sujets d'une intrigue sérieuse : ce ne sont plus les destinées de figures royales qui émeuvent le spectateur en tant que telles, mais les souffrances des personnes privées dont le caractère est en son principe vertueux. La comédie larmoyante, qui représente l'idéal sentimental en récompensant la vertu et en punissant le vice (l'issue tragique est donc évitée), cherche à toucher le spectateur, "envelopper le sentiment moral dans l'émotion générale de la sensibilité" [LANSON, 1903]. Le rire est le grand absent de ce nouveau type de comédie, qui de fait penche vers la tragédie. Lanson voyait le mérite de Nivelle de La Chaussée ainsi : "[...] il a su découvrir dans la vie que nous font les lois et les mœurs les éternels sujets de malheurs et de larmes, qui jettent soudain des éclats tragiques dans la platitude bourgeoise de nos monotones journées". On comprend ici ce qui attire dans cette nouvelle forme dramatique. Le système dramatique ancien était fondé sur la distance de la scène au spectateur ("esthétique de l'éloignement"), la comédie larmoyante rapproche le spectateur qui reconnaît son propre milieu dans l'action qui se déroule sur scène. Christian Fürchtegott Gellert a implanté la comédie larmoyante en Allemagne sous le nom de "rührendes Lustspiel" (Lessing traduit exactement : "comédie larmoyante, das ist die weinerliche"). Il compose *Die Zärtlichen Schwestern* (Les sœurs tendres) en 1747, et donne une conférence programmatique en 1751 sous le nom de *Pro comoedia commovente*, que Lessing traduit sous le titre *Abhandlung für das rührende Lustspiel* (Traité de la comédie touchante). Ce type de comédie touchante cherche à atteindre un effet moral plus intense et remplace l'éclat de rire par le sourire, les affects tragiques violents par des sentiments tempérés. Il s'agit d'un idéal d'éducation du cœur. Comme nous le voyons en étudiant les personnages du poème dramatique de *Nathan le Sage,* ce genre théâtral a laissé des traces, même si Lessing lui-même n'est pas un défenseur inconditionnel de la comédie larmoyante. Il distingue en effet la véritable comédie, celle qui est représentée par Plaute et Molière, une comédie faite pour le peuple, de la farce populacière, d'un côté, et de la comédie sentimentale, de l'autre, qui offrent à des personnes de condition l'occasion de se targuer d'être des âmes sensibles, là où des personnes honnêtes bâillent. Toujours est-il que Lessing n'est pas insensible à la représentation d'un milieu contemporain.

À la suite de Diderot : du théâtre des caractères au théâtre des conditions

Lessing traduit les pièces et les textes théoriques de Diderot (*Entretiens sur le Fils naturel* 1757, *Discours de la poésie dramatique*, 1758), qui constituent la tentative la plus aboutie de réforme théâtrale profonde : le "théâtre des caractères" du théâtre classique, avec sa typologie des passions, s'efface devant le "théâtre des conditions" (*Stände*).

Selon Diderot, le théâtre classique était fondé sur la représentation des caractères et des passions au sens de la psychologie rationaliste, qui faisait abstraction des conditions de vie concrètes des personnages. Il repose en effet sur un fondement métaphysique et philosophique, à savoir que la diversité des individus se ramène à l'universalité de la nature humaine commune. L'homme dépouillé de toutes ses particularités et de ses traits individuels représente tous les hommes. Le type humain qui est le support du personnage tragique ou du caractère comique se caractérise par sa structure psychologique fondamentale. Ses passions et ses vices ne lui sont pas propres, ils sont communs à tous. La caractérisation individuelle est donc en retrait, l'accent principal est mis sur les éléments typiques, généralisants. Le spectateur pourra donc se reconnaître dans le type. La clause des états, dans ce système, garantit l'efficacité maximale de la catharsis. La représentation de catastrophes extraordinaires et celle des passions déchaînées dans les personnes de condition royale garantit l'effet le plus puissant. Selon le postulat de l'universalité de la nature humaine, le spectateur reconnaîtra dans le type tragique ses propres passions, simplement portées à l'incandescence extrême, et au degré maximum :

> La passion royale déchaîne la passion, contenue chez les particuliers par toutes les entraves des lois et de la médiocre fortune. Les grands intérêts la justifient [...] Les événements de la vie commune ne permettraient pas cette force extrême des sentiments, où consiste la seule universalité possible dans leur expression. Ainsi tous les degrés divers où s'arrête la sensibilité des individus sont comme contenus et ramassés dans le type que la tragédie présente : Roxane et Phèdre sont les peintures les plus complètes, générales et individuelles à la fois, de l'amour, parce qu'elles manifestent le maximum d'énergie d'une passion que chacun porte en soi, ressemblante en nature, mais inférieure en puissance. [Lanson, 1903]

Cette analyse de l'effet produit par la tragédie classique permet en même temps de dévoiler les conventions sur lesquelles repose ce système dramatique. Tout système esthétique repose en effet sur des conventions admises par le spectateur, parce qu'elles sont en accord avec ses idées et ses représentations, elles-mêmes conditionnées par son histoire et sa culture. Mais le changement d'époque induit un décalage entre ces conventions et la réalité qu'il vit : les conventions apparaissent alors comme telles et ne sont plus simplement admises, puisqu'elles ne correspondent plus à la réalité vécue et au monde de la vie dans lequel évolue l'individu concret, qui en perçoit désormais toute l'artificialité. Cela suffit à ébranler l'édifice du système de représentation esthétique fondé sur ces conventions. C'est le sens de la réforme théâtrale qu'appelle de ses vœux le XVIIIe siècle, constatant que les genres établis manquent leur effet auprès du public. Il s'agit de comprendre les causes de ce déclin et d'y remédier, en rénovant les genres, éventuellement la pratique, et en redéfinissant la fonction du théâtre.

La représentation de la destinée des grands n'émeut plus la génération des contemporains de Diderot, parce que la condition éminente des personnages tragiques ne correspond plus à l'ordre social et politique nouveau, avec l'émergence et la montée d'un nouveau type humain, bourgeois. C'est lui qui devient le sujet de la représentation. On comparera d'ailleurs sur ce point l'évolution du roman, qui présente des traits semblables. La distance infranchissable entre le spectateur et l'action représentée sur la scène, sur laquelle reposait le théâtre classique, n'est plus ressentie comme condition de l'effet majeur de la catharsis, mais au contraire, elle devient source de froideur et d'ennui. Contre une esthétique de la distance, Diderot plaide pour une esthétique de la proximité.

La réforme de Diderot dépend d'une nouvelle définition de la relation entre la scène et la salle, l'action représentée et le spectateur. La représentation des "états", des conditions, est faite pour réduire, sinon abolir complètement, la distance entre les deux. La relation entre le personnage dramatique et le spectateur se transforme. Le spectateur est rapproché de l'action dramatique, avec laquelle il peut à présent s'identifier complètement. Là où le spectateur de la tragédie classique pouvait s'identifier avec le personnage à partir de la disproportion entre le caractère et lui ("Je suis comme lui", mais plus petit), le nouveau théâtre bourgeois vise l'identification immédiate avec la situation représentée (“Mais c’est moi”, “Je suis comme lui”). Cette dramaturgie de l’identification repose sur le perfectionnement des techniques de l’illusion dramatique.

> […] ce ne sont plus, à proprement parler, les caractères qu’il faut mettre sur la scène, mais les conditions. Jusqu’à présent, dans la comédie, le caractère a été l’objet principal, et la condition n’a été que l’accessoire ; il faut que la condition devienne aujourd’hui l’objet principal, et que le caractère ne soit que l’accessoire. C’est du caractère que l’on tirait toute l’intrigue. On cherchait en général les circonstances qui le faisaient sortir, et l’on enchaînait ces circonstances. C’est la condition, ses devoirs, ses avantages, ses embarras, qui doivent servir de base à l’ouvrage. Il me semble que cette source est plus féconde, plus étendue et plus utile que celle des caractères. Pour peu que le caractère fût chargé, un spectateur pouvait se dire à lui-même, ce n’est pas moi. Mais il ne peut se cacher que l’état qu’on joue devant lui ne soit le sien ; il ne peut méconnaître ses devoirs. Il faut absolument qu’il s’applique ce qu’il entend. [DIDEROT, 2005]

C’est précisément la fonction assumée par la représentation des conditions (de la profession, de l’état des personnages), qui se substitue à la représentation des caractères. Ce ne sont plus maintenant des types psychologiques abstraits qui apparaissent sur la scène (l’avare, le misanthrope, le mari jaloux), mais des personnages concrets, dans leur environnement quotidien, pour ainsi dire sur le vif. Entre la scène et la vie, il n’y a plus de différence essentielle. On pensera ici à la pièce de Diderot, *Le Fils Naturel* (1757), et à la discussion qui suit entre le personnage principal, Dorval, et le spectateur. C’est l’histoire de la famille qui a fourni le sujet de l’intrigue, les protagonistes de l’histoire sont encore vivants, et c’est eux qui jouent dans la pièce leur propre rôle, soi-disant sans aucune mise en forme artistique, tel qu’ils l’ont vécu. On accorde une grande place à l’improvisation. De surcroît, la représentation ne se déroule pas dans un théâtre, mais dans une pièce de la demeure bourgeoise. Dans ses *Entretiens sur le Fils Naturel*, Diderot a fait de la porosité de la frontière entre la vie et la scène un sujet de sa réflexion.

La communication entre la scène et la salle est immédiate. La sympathie n’est plus éveillée par la similitude, mais par l’identité. Le processus complexe qui mène dans la tragédie classique à l’identification avec le personnage tragique fait place à la sympathie immédiate et spontanée. Ainsi s'explique aussi le recul de l'admiration comme affect dramatique: "L'admiration est un sentiment rapide, un saisissement subit qui n'a point de durée et qui devient fatigant et froid dès qu'on veut le prolonger." [Diderot, 2005] C'est désormais l'émotion, l'effusion qui devient une valeur esthétique, et garantit aussi la moralité de la sphère de l'art:

> Qu'est-ce qui nous affecte comme le récit d'une action généreuse? Où est le malheureux qui puisse écouter froidement la plainte d'un homme de bien? L'impression est reçue; elle demeure en nous malgré nous. Le poète, le romancier, le comédien vont au cœur d'une manière détournée. Les peines sur lesquelles ils m'attendrissent sont imaginaires, d'accord; mais ils m'attendrissent. [Diderot, 2005]

Lessing a été formé par l'œuvre des deux maîtres de la comédie antique, Plaute et Térence, dès l'époque de Sainte Afra, et c'est là le fondement de sa propre création dramatique. Ses premières comédies, avec des personnages comme le pédant – *Der junge Gelehrte*, 1747 – ou le libertin – *Der Freigeist*, 1750 – (v. Repères/La biographie de Lessing) sont encore tributaires de la comédie de types saxonne, même si l'on discerne déjà le début d'une évolution vers la caractérisation psychologique de personnages plus complexes. La pièce *Die Juden* (1749) introduit la dimension de la critique de l'ordre social, avec la remise en cause des préjugés dominants.

À partir de 1754, avec son travail pour la Theatralische Bibliothek, Lessing, critique, prend pour objets la comédie touchante, le drame bourgeois anglais et les idées de Diderot. Les contours de sa propre pensée se dessinent: il n'est pas un adepte inconditionnel de la comédie larmoyante, il se rallie à la nouvelle tragédie bourgeoise, qui est pour lui le genre dominant. Son éloge de ce genre, comme forme particulière de tragédie, annonce son rejet du modèle de la tragédie française. *Miß Sara Sampson* (1755), la première tragédie bourgeoise allemande, est un triomphe. La pièce représente une tragédie des passions incontrôlées, et le modèle de la nouvelle culture émotionnelle bourgeoise, en même temps qu'elle fixe les critères d'une représentation naturelle des caractères.

C'est à cette période que se situe la correspondance avec Mendelssohn et Nicolai sur la tragédie (hiver 1756-1757), dans laquelle Lessing parvient à une première élaboration du concept de *Mitleid*, déterminant pour sa propre théorie dramatique. On retrouve dans ce concept lessingien de pitié des influences diverses : celle de la philosophie anglaise du sens moral, celle de Mendelssohn, sans oublier celle de Rousseau [ALT, 2007]. Il s'inscrit contre Nicolai, qui voit le but de la tragédie dans la seule excitation des passions, et non dans l'amélioration morale du public ("Das Tragische in den Charakteren liegt wieder darin, dass sie heftige Leidenschaften erregen, nicht dass sie die Sitten bessern" [LESSING, 2003]). Lessing veut rattacher les passions à la fonction didactique de la tragédie, qui doit aussi viser la moralisation du spectateur. C'est ce but qui détermine les moyens, c'est-à-dire le choix des affects qui doivent être mobilisés chez le spectateur. C'est la pitié, *Mitleid*, qui est définie comme l'affect tragique par excellence, et celui auquel tous les autres doivent être subordonnés. La pitié occupe la position médiane dans l'échelle des passions, entre l'effroi et l'admiration, qui en marquent les bornes : "Die Staffeln sind also diese: Schrecken, Mitleid, Bewunderung. Die Leiter aber heißt: Mitleid; und Schrecken und Bewunderung sind nichts als die ersten Sprossen, der Anfang und das Ende des Mitleids." L'effroi marque la limite inférieure, l'admiration la limite supérieure où la pitié cesse d'être ressentie. Lessing s'appuie sur cette conception pour marquer son rejet de la position de Mendelssohn. Celui-ci, en effet, reste attaché à un modèle de tragédie héroïque. La représentation de caractères nobles et vertueux suscite l'admiration du spectateur et l'incite à imiter lui-même des exemples si élevés. La vertu, pour Mendelssohn, est fille de l'admiration. Pour Lessing, à l'inverse, l'admiration reste un affect froid ("kalter Affekt"), et la vertu héroïque, digne d'admiration, est à la limite de l'inhumanité et de l'insensibilité. Le "héros" n'est qu'un beau monstre : "Ich will nur diejenigen großen Eigenschaften ausgeschlossen haben, die wir unter dem allgemeinen Namen des Heroismus begreifen können, weil jede derselben mit Unempfindlichkeit verbunden ist, und Unempfindlichkeit in dem Gegenstande des Mitleids, mein Mitleiden schwächt. (Lessing à Mendelssohn, Leipzig, le 28 novembre 1756)" [LESSING, 2003]. Ces réflexions peuvent s'appliquer à l'étude du personnage du Templier, dont certains traits relèvent de l'insensibilité du héros. L'enjeu de l'éducation du personnage est de l'amener à reconnaître en lui la sensibilité, comme une part de son humanité à reconquérir. Cette idée fondamentale gouverne toute l'esthétique de Lessing, et l'amène à rejeter entièrement le modèle de la tragédie cornélienne, ce qu'il fera avec vigueur dans la *Dramaturgie de Hambourg*, une dizaine d'années plus tard (v. Repères/La biographie de Lessing). Le but de la tragédie est donc étroitement lié à l'affect du "Mitleid". La position de Lessing se résume dans ces formules célèbres, qui consacrent la tragédie bourgeoise comme le genre au service de l'idéal de l'Aufklärung.

> Wenn es also wahr ist, dass die ganze Kunst des tragischen Dichters auf die sichere Erregung und Dauer des einzigen Mitleidens geht, so sage ich nunmehr, die Bestimmung der Tragödie ist diese: sie soll unsre Fähigkeit, Mitleid zu fühlen, erweitern... Der mitleidigste Mensch ist der beste Mensch, zu allen gesellschaftlichen Tugenden, zu allen Arten der Großmut der aufgelegteste. Wer uns also mitleidig macht, macht uns besser und tugendhafter, und das Trauerspiel, das jenes tut, tut auch dieses. (An Nicolai, im Nov. 1756) [LESSING, 2003]

La tragédie bourgeoise est pour Lessing la forme dramatique qui lui permet de combattre efficacement l'influence du classicisme et néoclassicisme français, en opposant à la tragédie française un genre égal en dignité. C'est en 1759 que Lessing publie la célèbre 17e lettre du recueil *Briefe, die neueste Literatur betreffend*, considérée comme le manifeste du jeune théâtre national allemand, dirigé contre celui qui est construit et désigné par Lessing comme l'adversaire principal, à savoir Gottsched – quelles que soient l'injustice ou l'outrance de ce jugement, car il ne s'agit pas ici de rendre justice au mérite du premier réformateur du théâtre allemand, mais d'engager le jeune théâtre national dans une voie nouvelle : "[Gottsched] wollte nicht sowohl unser altes Theater verbessern, als der Schopfer eines ganz neuen sein. Und was für einen neuen? Eines französierenden; ohne zu untersuchen, oh dieses französierende Theater der deutschen Denkungsart angemessen sei, oder nicht..." [LESSING, 1997]. Libéré de cette tyrannie, le nouveau théâtre allemand peut s'orienter en suivant d'autres modèles : le théâtre anglais, Diderot. Lessing élabore sa critique de la tragédie classique française (surtout le modèle cornélien) et de celle de Voltaire tout en construisant sa propre position théorique dans la *Dramaturgie de Hambourg*. Cette œuvre ne renferme pas une poétique systématique au sens de Boileau ou de Gottsched, mais elle consiste dans une réflexion critique sur la pratique théâtrale, comme en témoigne la forme sous laquelle elle se présente, celle d'une somme d'articles rédigés au jour le jour, sur les représentations données par le Théâtre national de

Hambourg, où Lessing est conseiller dramatique. Ce caractère de circonstance n'exclut nullement l'engagement d'une ample réflexion esthétique, qui, de proche en proche, aborde les questions les plus diverses de l'activité d'un théâtre. On retiendra, parmi d'autres, les passages consacrés au jeu de l'acteur, ce qui fera dire à l'historien de la littérature Hermann Hettner que Lessing a été aussi "le père" d'une génération de grands acteurs (Ekhof, Schröder), même s'il n'a pas pu développer jusqu'au bout ses considérations sur ce sujet. Il aborde par ailleurs les grandes questions théoriques, en particulier celle des moyens propres à assurer l'efficacité du théâtre bourgeois. Lessing cherche à fonder sa démarche en s'appuyant sur la *Poétique* d'Aristote. La *Dramaturgie de Hambourg* correspond ainsi à un travail d'élucidation de sa propre réflexion théorique, qui constitue le fondement de sa conception du nouveau genre du théâtre bourgeois, même si la portée de l'œuvre est bien plus vaste.

On retiendra ici quelques thèses fondamentales.

Tout d'abord, Lessing combat résolument le modèle classique, et en particulier celui qui est représenté par Corneille, dès lors que celui-ci affiche sa fidélité à la tradition aristotélicienne. Pour Lessing, cet "aristotélisme" n'est que de façade, il consiste dans l'observance superficielle des règles, ce qui aboutit à un mécanisme sans âme. Lessing critique en particulier chez Corneille la complication de l'action (c'est le côté baroque de Corneille) et encore la conception de caractères surdimensionnés. Il développe cette analyse dans l'étude de la monstrueuse héroïne de *Rodogune* (1647), la reine Cléopâtre. Ce personnage excède décidément les limites de ce que l'on peut représenter dans la tragédie. Il n'est pas montré dans sa noirceur absolue et l'admiration que l'on ne peut refuser à sa grandeur contribue à brouiller les repères moraux en dissimulant la profonde corruption de ce caractère, ce qui va directement à l'encontre du but que l'on doit se proposer avec la tragédie bourgeoise. Le modèle cornélien constitue une perversion du théâtre, par le faux éclat dont est paré le vice et par la déformation que subit la vertu : "Befolgt ihn [Corneille] in der Ausführung, und es ist um alle Wahrheit, um alle Täuschung, um allen sittlichen Nutzen der Tragödie getan. Denn die Tugend, die immer bescheiden und einfältig ist, wird durch jenen glänzenden Charakter eitel und romantisch: das Laster aber mit einem Firnis überzogen, der uns überall blendet..." (*Hamburgische*

Dramaturgie, 83. Stück, Den 16ten Februar, 1768) [Lessing, 1985]. La dramaturgie cornélienne abuse ainsi le spectateur et manipule ses émotions, en l'amenant, par les prestiges de la représentation, à éprouver en fin de compte de la pitié pour des êtres qui ne devraient en aucun cas le toucher, des monstres qui ne méritent aucune sympathie. En conséquence, il ne peut y avoir de purification des passions, au sens où les affects suscités sont destinés à rappeler le spectateur à son humanité. Ce qui n'empêche pas Lessing, à certains moments, de constater l'efficacité de systèmes dramatiques dont il combat ou conteste les fondements. Shakespeare demeure une énigme.

Lessing va s'appuyer sur Aristote pour définir, contre la tragédie française, une nouvelle stratégie de l'illusion dramatique. Les plus grands changements concernent la théorie des affects dramatiques. Lessing reprend les affects aristotéliciens par lesquels s'opère le processus de la catharsis, soit la purgation des passions chez le spectateur, *eleos* et *phobos*, et les modifie profondément. Pour que le spectacle puisse avoir l'efficacité la plus grande, le grec *phobos*, qui correspond à l'effroi ou à la terreur, devient la crainte (*Furcht*). La crainte, comme atténuation de la terreur, et la pitié sont pour lui les deux versants de la même émotion qui saisit le spectateur et détermine son identification avec l'action qui se déroule sur la scène. La crainte du spectateur se ramène essentiellement à lui : nous ne pouvons éprouver de crainte que lorsque nous rapportons directement à nous les malheurs que nous voyons représentés sur la scène, et que nous redoutons qu'ils puissent nous arriver. Cette crainte est la pitié rapportée à nous-mêmes ("diese Furcht ist das auf uns selbst bezogene Mitleid"). Cette redéfinition des affects tragiques a suscité la critique et le scepticisme, mais il faut voir ici que le combat contre le système classique français, avec la volonté de placer le nouveau théâtre sous le signe de l'humanité et du naturel, va de pair avec un effort pour se démarquer rigoureusement des affects qui étaient ceux de la tragédie ancienne, et à ce titre devaient être condamnés. Les affects de la pitié et de la crainte, plus doux, permettent l'identification du spectateur avec l'action représentée sur la scène, sur le fondement d'une identité commune. Lessing rejoint ici Diderot dans la réalisation d'une esthétique de la proximité.

La peinture des personnages doit correspondre à cette forme nouvelle de catharsis. On a vu que les destinées royales ou princières, qui sont le sujet des tragédies classiques, échouent à émouvoir le spectateur d'une époque désormais "bourgeoise". Ce qui ne veut pas dire que les rois ou les princes soient bannis de la tragédie bourgeoise. On citera ici le prince dans *Emilia Galotti*, ou le Saladin de *Nathan le Sage*, deux exemples qui montrent que des personnages d'un rang élevé ont leur place dans la tragédie ou la comédie de l'Aufklärung. Simplement, ils n'apparaissent plus comme des personnages auréolés de la gloire ou du prestige du pouvoir, ils sont montrés comme des personnes privées (*Nathan le Sage*, acte II), qui s'expriment dans une langue naturelle, non apprêtée, et font état de préoccupations médiocres. Lessing se vante de faire parler les personnages de rois sans affectation, en évitant tout artifice.

Lessing n'a pas de goût pour les personnages qui sortent de l'ordinaire, et privilégie les personnages typiques et naturels. Tout au début de la *Dramaturgie de Hambourg*, il récuse les figures de martyrs sublimes qui peuplent le théâtre baroque (on pensera aussi au *Polyeucte* de Corneille), tout comme les monstres, les exceptions monstrueuses qui s'incarnent dans les grandes figures littéraires du mal. Le roi Richard III lui permet de préciser son idéal en matière de type dramatique. L'homme méchant n'a pas sa place dans le périmètre du théâtre bourgeois. On n'en voudra pour preuve que le Patriarche de Jérusalem, dans *Nathan le Sage*, que Lessing n'a pas voulu développer davantage et qu'il a réduit à une simple silhouette, sans lui donner d'épaisseur psychologique. De même que le personnage lessingien ne va pas jusqu'à la noirceur absolue, il ne doit pas aller jusqu'à la perfection désincarnée, voire l'abstraction métaphysique. Il redoute chez Diderot l'écueil des caractères parfaits ("die Klippe der vollkommenen Charaktere"). Le nouveau genre dramatique doit privilégier la représentation nuancée de caractères vraisemblables.

Lachen et *Verlachen*. Les limites du comique

Bien que la réflexion porte essentiellement sur la tragédie dans la *Dramaturgie de Hambourg*, on trouve aussi une théorie du rire comme affect principal dans la comédie. Lessing, ce faisant, a réagi à la condamnation sans appel prononcée par Rousseau sur *Le Misanthrope* de Molière. Dans sa célèbre *Lettre à d'Alembert sur les spectacles* (1758), défendant l'absence de théâtre dans la ville de Genève, déplorée par l'auteur de l'article de l'*Encylopédie*, Rousseau reproche à Molière de livrer au ridicule le personnage d'Alceste, noble et vertueux, et accuse ainsi encore l'immoralité foncière du théâtre. Lessing prend position dans ce débat et, dans un passage célèbre, expose la distinction fondamentale entre le rire (*Lachen*) et le sarcasme (*Verlachen*) :

> Die Komödie will durch Lachen bessern; aber nicht eben durch Verlachen [...]. Ihr wahrer allgemeiner Nutzen liegt in dem Lachen selbst; in der Übung unserer Fähigkeit, das Lächerliche zu bemerken. Ihr ist genug, wenn sie keine verzweifelte[n] Krankheiten heilen kann, die Gesunden in ihrer Gesundheit zu befestigen. [...] es ist ersprießlich, diejenigen zu kennen, mit welchen man in Kollision kommen kann; ersprießlich, sich wider alle Eindrücke des Beispiels zu verwahren. Ein Präservativ ist auch eine schätzbare Arznei; und die ganze Moral hat kein kräftigeres, wirksameres als das Lächerliche. [LESSING, 1985]

Le rapport entre le rire et la morale est ici précisément défini : la fonction de la comédie ne réside pas dans le lien étroit entre le divertissement et l'édification morale ("Belustigung" et "Erbauung") ; elle est plus légère : le rire est un exercice de la raison, il n'est pas d'abord édifiant, mais un plaisir et l'expression vitale de la santé ; il nous empêche de tomber dans le ridicule ou dans l'excès. C'est le rire de Minna, opposé au terrible rire sarcastique de Tellheim, qui est l'expression du désespoir. La comédie se démarque nettement de la satire, qui raille cruellement les défauts humains, mais le rire est pleinement rétabli dans ses droits.

LE COMIQUE DANS *NATHAN LE SAGE*

Toute l'analyse de *Nathan le Sage* montre que Lessing n'a pas hésité à recourir aux ressources du comique, et à faire intervenir le rire, ne serait-ce que pour contenir dans des bornes l'émotion débordante qui nuit souvent aux comédies sérieuses ou larmoyantes, à commencer par les œuvres de Diderot [LAGNY, 2018].

Le déploiement de différentes formes de rire et d'effets comiques – empruntées à l'ensemble de la tradition théâtrale européenne – façonne les différents niveaux de signification du poème dramatique.

On retiendra trois fonctions essentielles : l'identification des personnages obstinés qui résistent à l'éducation et aux Lumières, comme Daja ; la modération de ceux dont les passions excessives menacent l'humanité et la tolérance, comme le Templier ; la mise en évidence, sous le masque de la comédie, de problèmes qui ne peuvent être traités sans risque, à savoir l'arrière-plan politique de l'absolutisme. Le rire dans *Nathan le Sage* fait donc partie d'une stratégie dramatique qui consiste à créer une sphère d'humanité et de liberté dans le contexte de l'absolutisme, et qui, en tant que telle, a son étendue et ses limites. La réflexion critique sur l'absolutisme n'est possible dans cette sphère que lorsque l'exercice brutal du pouvoir est suspendu, le temps d'un conte.

Tout d'abord, les effets comiques peuvent être les symptômes d'une nature humaine commune, exclue de la moralité supérieure et des Lumières. On les trouve dans un personnage tel que Daja, ancré dans le type de la *nutrix*, la nourrice, ce qui met ce personnage en résonance avec des personnages similaires dans la comédie antique. Dans la liste des personnages, elle apparaît comme une *Gesellschafterin*. Elle est donc un personnage mixte, chargée d'un fort potentiel de comique bas, mais atténué par sa condition sociale de *Gesellschafterin*. Le comique auquel Daja est associée n'est pas cette variante spirituelle typique de la comédie du XVIIIe siècle, telle qu'elle est représentée par Francesca (*Frauenzimmer*) servante de Minna dans *Minna von Barnhelm*, ou par les soubrettes de Marivaux. Elle est elle-même un personnage lourd et reste dominée par des passions mesquines, ce qui fait d'elle un puissant agent d'intrigue. Lessing ne revient pas au type de comédie le plus bas et à des effets grossiers, mais il fait allusion à cette tradition de la comédie pour camper le personnage de Daja. La scène d'ouverture entre Nathan et Daja nous donne un bon exemple de la façon dont Lessing peut jouer avec les motifs et les procédés comiques traditionnels (I, 1).

Nathan a gardé secrète l'origine de Recha. Daja, qui est dans la confidence, proteste avec indignation contre ce qui est à ses yeux un péché mortel. Chrétienne, elle tente de rappeler à Nathan que son "devoir" moral est de ramener Recha au christianisme. Mais la voix de sa "conscience" ("Mein Gewissen"), qu'elle oppose à Nathan, ne peut être considérée comme l'expression d'une foi respectable ou noble. Il s'agit bien de l'expression d'une moralité réduite. Le premier échange entre Nathan et Daja révèle sa médiocrité et, par contraste, la moralité supérieure de Nathan.

Pour Daja, la relation entre Nathan et Recha ne peut être qu'une relation de possession ("Besitz") : elle est la première à utiliser ce mot, qui signifie la possession illégitime de Recha : "Nennt Ihr alles, / Was Ihr besitzt, mit eben so viel Rechte / Das Eure ?" Nathan corrige "Besitz" en "Eigentum". Recha est le seul bien propre, dit-il, qu'il doive à la vertu : "Alles, was / Ich sonst besitze, hat Natur und Glück / Mir zugeteilt. Dies Eigentum allein / Dank ich der Tugend." Entre la "possession" et la "propriété", le bien propre, il y a le fossé qui sépare les types inférieurs de ceux qui symbolisent la véritable humanité. Daja ne saisit pas cette différence. Mais l'allusion aux biens matériels (la seule chose qu'elle puisse concevoir) introduit un intermède comique entre les deux protagonistes. Daja est aussi ridicule que l'avare de Molière, car elle ne peut parler que de "Besitz", sans comprendre la profondeur de l'amour paternel. Nathan, moqueur, réduira Daja à l'impuissance et la forcera à reconnaître sa bienveillance et sa générosité ("Güte") ainsi que son honnêteté et sa bonne foi ("Ehrlichkeit").

Sa riposte est subtile, tandis qu'il l'empêche de parler. Il retourne contre elle ses propos sur la possession et dévoile ainsi chez elle l'empire des passions communes. Elle a réduit son amour pour Recha à un vil appétit de possession et il l'expose maintenant au désir matériel. Elle l'a soupçonné d'avoir l'intention de l'acheter par sa générosité ; il la prend au mot, revêt le masque du tentateur et l'oblige à jouer le rôle du personnage vénal. Les serviteurs masculins sont achetés avec de l'argent ou des plaisirs sensuels – vin, bonne chère – et les servantes sont tentées par des vêtements et des bijoux, les accessoires du *mundus muliebris*. Nathan lui montre toutes les marchandises qu'il a ramenées de son long voyage : Daja est aveuglée par la beauté et la richesse des vêtements et des robes précieuses, et, dans une scène ultérieure (IV, 6), Nathan feint même de croire qu'elle pense au mariage pour elle-même, ce qui nous rappelle ces femmes mûres ou vieillissantes, que l'on circonvient facilement par une flatterie outrageuse et qui sont donc particulièrement exposées au discrédit du comique, dans des parodies grotesques de scènes de séduction.

L'ironie supérieure de Nathan consiste ici à confronter Daja à une image d'elle-même à laquelle elle résiste (celle de la vénalité) et à la piéger au moment où elle prétend avoir une conscience incorruptible, qu'elle invoque pour contrer Nathan, au nom de ce qu'elle croit être sa supériorité morale. La religion de Daja est ici dramatiquement traitée comme une basse passion, une plaisanterie, avec l'effet comique de la répétition ("Mein Gewissen..."). C'est son maître, Nathan, utilisant les armes d'un humour supérieur, qui la contraint à ce rôle ridicule dont elle ne peut s'extraire, révélant ainsi les limites essentielles de son personnage. Cette leçon est claire pour le spectateur, mais non pas pour Daja, qui n'en a pas conscience. Nathan est libre d'abandonner le rôle du tentateur, auquel il ne s'identifie pas, et de revenir à celui de l'homme généreux qu'il est. Daja n'a pas cette liberté. Cet intermède comique figure le conflit essentiel entre morale supérieure et morale conventionnelle, entre raison et passions. Il fixe le caractère de Daja; il souligne aussi la présence et la consistance de ces types ridicules. Daja revient toujours à son obsession unique.

Daja peut être réduite au silence pendant un certain temps, mais elle n'est en aucun cas vaincue. Elle est insubmersible. En tant que personnage dominé par des passions mesquines (la superstition religieuse et l'intolérance) et une idée fixe (ramener Recha au christianisme et retourner elle-même en terre chrétienne), elle est un puissant agent d'intrigue et un pôle d'énergie dramatique, puisqu'elle utilise tous les moyens pour atteindre son but. La force comique suit ici le modèle de la prudence inutile du maître, qui ne peut empêcher la trahison du serviteur. Les serviteurs, plus généralement, peuvent représenter les bas appétits de la nature humaine: la loyauté du serviteur ne résiste pas à la bonne chère, au vin, aux femmes ou à l'argent, comme chez le naïf Arlequin de Marivaux.

Nathan ne peut pas empêcher l'initiative de Daja. Elle joue le rôle d'intermédiaire, à la manière des entremetteuses de la comédie antique. La rencontre avec le Templier lui donne l'occasion qu'elle attendait: son mariage avec Recha résoudrait tous les problèmes. Daja tente d'exciter la passion violente du Templier, mais ne parvient pas à éveiller des sentiments similaires chez Recha. En l'absence de Nathan, elle livre le secret de Nathan au Templier. Cela met d'abord Nathan en danger, mais accélère finalement le processus de reconnaissance générale.

De manière significative, Daja n'a pas sa place dans les retrouvailles finales. Elle n'est pas punie, elle ne demande pas pardon, elle disparaît simplement. Elle est inéducable. C'est en cela que réside le comique profond de ce personnage. Le destin de Daja est lié à l'intrigue, plutôt qu'au sens supérieur de la pièce. Daja est là pour nous rappeler avec insistance l'existence et la consistance de tout ce qui se trouve en dehors de la sphère des Lumières. Il y a là largement matière à rire.

La seconde stratégie consiste à utiliser des effets comiques pour rendre éducables les personnages fiers et pour réduire ces personnages héroïques au niveau humain. Le Templier est le personnage le plus touché par cet effet. Par son rôle dans l'intrigue, Daja représente une force d'attraction dans la sphère comique. Sa principale victime est le Templier, prisonnier de Saladin, qui attend la décision qui déterminera son destin. Parmi les personnages principaux, il est le plus vulnérable et le plus influençable, car il est plongé dans une grave crise d'identité.

La principale source de comique réside ici dans la tension croissante entre la figure que le Templier pourrait et devrait être (c'est-à-dire un guerrier courageux, un héros généreux), et la personne qu'il est en réalité, un jeune homme instable, livré à des passions incontrôlées telles que l'amour frustré et l'intolérance religieuse. Tout au long de la pièce, il fait l'expérience douloureuse de ces passions bouleversantes, qui le conduisent à la limite du fanatisme et de la trahison. La contradiction intérieure du Templier, l'écart entre l'idéal et la réalité, nous rappellent les personnages des grandes comédies de Molière comme l'Alceste du *Misanthrope*.

Le Templier est un personnage potentiellement tragique, mais, au lieu d'être élevé au niveau sublime de la tragédie, il est confiné dans des limites sévères et privé de son aura héroïque. Contrairement aux grands héros tragiques, il n'a que rarement l'occasion de se confronter aux personnages principaux de la pièce, Nathan et Saladin, et de débattre avec eux sur un pied d'égalité. La plupart du temps, il n'interagit qu'avec des personnages subalternes, humbles ou bas qui suscitent son exaspération et le rendent ainsi ridicule. Dans deux scènes d'exposition, il rencontre d'abord le frère lai, émissaire du patriarche de Jérusalem, qui lui propose de devenir espion (I, 5), puis Daja, qui l'accable de sa gratitude (I, 6). Son commentaire en apercevant Daja au moment de quitter le frère lai souligne la dimension de la farce grotesque dans ce hasard des rencontres :

> Das Sprichwort wohl: dass Mönch und Weib, und Weib
> Und Mönch des Teufels beide Krallen sind? (I, 6)

Confronté à ces personnages bas, il réagit par la colère et donne à voir non seulement la grossièreté de son caractère, soulignée par des qualificatifs peu flatteurs ("deutscher Bär", "plumper Schwab", I, 6, que résume finement Nathan dans l'oxymore "ungesittet Ritterschaft", I, 1), mais aussi les passions qui l'agitent, notamment l'antijudaïsme et l'intolérance religieuse. Dans une première étape de son "éducation", Nathan fend l'armure du jeune homme farouche et réussit à faire appel à son humanité (II, 5). Les effets comiques – l'humour bienveillant de Nathan et sa manipulation subtile du Templier, qui laissent le jeune homme confus – restent ici discrets et s'effacent instantanément devant le sérieux du débat et la perspective de la fraternité humaine. Le rire spirituel expose les faiblesses humaines à la lumière de l'intelligence, sans humilier la personne. En cela, il se distingue de la moquerie et du sarcasme.

Cependant, au fur et à mesure que l'intrigue progresse, le Templier est sujet à des accès de passion incontrôlés, qui soulignent la profondeur de la crise qu'il vit. Le moment où il tombe violemment amoureux de Recha est traité avec une énergie comique, Daja jouant le rôle de témoin malicieux de cet amour, qu'elle cherche à attiser. Le Templier, qui exprime son tourment dans le monologue qui suit, est désormais troublé et aveuglé. Le rire a pour fonction de l'atteindre, pour l'avertir des conséquences peut-être fatales d'actes impulsifs. Lorsque Daja lui révèle le secret de Nathan, il va chez le Patriarche, mû par une impulsion irrésistible, sans savoir ce qu'il veut. Seule la menace du Patriarche fanatique de traîner le juif au bûcher ("Der Jude wird verbrannt", IV, 2) lui fait prendre conscience de la limite qu'il est bien près de franchir. L'effet du comique de répétition ridiculise le Patriarche, tout comme il avait ridiculisé Daja, mais il contamine aussi le Templier. Ses passions ne sont pas éteintes pour autant. Devant Saladin, il est repris d'un accès de fureur contre Nathan, ce juif prétendument tolérant qui se comporte comme le loup prédateur parmi les brebis chrétiennes. Saladin le rappelle à l'ordre et dédramatise l'affaire par une remarque narquoise, qui souligne par contraste l'importance démesurée que peut lui accorder un chrétien fanatique – le Templier, inspiré par le Patriarche :

> [...] — Wär' um das Mädchen dir
> Im Ernst zu tun: sei ruhig. Sie ist dein!
> Auch soll es Nathan schon empfinden, dass
> Er ohne Schweinefleisch ein Christenkind
> Erziehen dürfen! — Geh! (IV, 4).

Le Templier, dégrisé, est contraint, dans le monologue suivant (V, 3), de s'avouer son accès de fureur religieuse :

> Wie? sollte wirklich wohl in mir der Christ
> Noch tiefer nisten, als in ihm der Jude? —

Piqué dans son amour-propre, sensible à la moquerie, il doit reconnaître qu'il s'est placé lui-même dans une situation qui l'expose au ridicule et à la moquerie de Saladin :

> [...] — Wenn ich den Spott verdiente,
> Mit dem mich Saladin entließ! Schon schlimm
> Genug, dass Saladin es glauben konnte!
> Wie klein ich ihm da scheinen musste! wie
> Verächtlich! — Und das alles um ein Mädchen? (V, 3)

Il a maintenant honte de ses réactions mesquines et se sent petit et méprisable, dans son obstination stupide (un "Querkopf"). La mise à l'épreuve de sa générosité s'est soldée par une forme d'échec. C'est une leçon difficile à recevoir.

Mais la leçon la plus dure reste à venir lors de la confrontation suivante avec Nathan (V, 5). Lessing aurait pu écrire une scène touchante ou pathétique avec le Templier bourrelé de remords et implorant le pardon de Nathan, mais il rend délibérément la scène comique aux dépens du Templier. Nathan a appris par le frère lai la démarche du Templier auprès du Patriarche : il l'évoque devant lui avec une ironie supérieure et joue avec la mauvaise conscience du Templier en feignant de ne pas croire qu'il puisse s'agir de lui :

> Von einem Tempelherren freilich hat
> Er mir gesagt...
> TEMPELHERR. Und was?
> NATHAN. Womit er Euch
> Doch ein für allemal nicht meinen kann!
> [...] Dass mich Einer
> Bei seinem Patriarchen angeklagt...

Sans avoir prononcé un seul mot de reproche, il le prend au piège en dissociant l'image idéale du Templier et celle de son vil accusateur, ce qui précipite la confession du Templier, qui s'enferre en cherchant à reconstituer l'enchaînement des circonstances qui l'ont plongé dans une colère aveugle, met en cause Nathan qui l'a repoussé, puis Daja, qui l'a tenté, revit l'escalade de sa colère devant Nathan, toujours silencieux. Il en vient alors à la phrase frappante : "Und so fiel mir ein, / Euch kurz und gut das Messer an die Kehle / Zu setzen." Nathan l'interrompt alors avec une remarque ironique : "Kurz und gut? und gut? – Wo steckt / Das Gute?", qui confond le Templier et l'oblige à réfléchir à son attitude insensée et à la mesquinerie de ses passions non éclairées. C'est en effet une leçon douloureuse et quelque peu cruelle car le personnage, dans sa confrontation avec les autres, doit s'exposer à son propre jugement, et se condamner lui-même. Cependant, ce n'est qu'en prenant conscience de son erreur qu'il peut se corriger.

À l'instar du *Major* von Tellheim, le fiancé de Minna, Lessing utilise ce personnage pour refléter la crise de l'idéal de l'héroïsme, un héroïsme digne d'admiration, mais en définitive peu touchant. L'insensibilité, qui peut conduire à l'inhumanité, est la face cachée de l'héroïsme tragique. Le rire est ici le moyen le plus efficace pour ramener le personnage (trop grand pour le poème dramatique) à des dimensions plus humaines, et à ce cours modéré ou *mediocritas*, qui est la seule voie d'intégration dans un processus d'éducation des Lumières.

La troisième stratégie comique vise à réduire les problèmes politiques à la comédie – problèmes qui ne pourraient être résolus autrement sans détruire l'équilibre de la pièce – et représente le seul moyen de faire ressortir l'arrière-plan politique.

Al-Hafi est le premier personnage à représenter la dimension politique de la pièce, celle d'un rapport de force existant ; il est aussi le médiateur entre Nathan, le riche et sage marchand, et Saladin, le puissant sultan. Il est donc un agent de l'intrigue, et c'est lui qui prépare la rencontre décisive entre les deux personnages. On ne peut pas non plus négliger l'avertissement déguisé qu'il transmet : le sujet peut risquer sa vie en entrant dans la sphère du pouvoir avec l'ambition téméraire de traiter d'égal à égal avec le monarque absolu et de lui donner des conseils politiques ou économiques avisés.

Lessing, qui aurait pu présenter Al-Hafi comme un personnage religieux et méditatif, choisit au contraire de le dépeindre comme un homme extravagant, pris au piège d'une contradiction insoluble : le moine mendiant est devenu trésorier du sultan ! Séduit par les flatteries de Saladin – un mendiant doit savoir mieux que quiconque comment aider les pauvres –, il s'est bercé de l'illusion de jouer un rôle digne de lui dans la sphère du pouvoir. Mais la réalité est tout autre et il se retrouve réduit au silence et à l'impuissance. Il ne peut que constater que Saladin ruine l'État par sa générosité, ou plutôt sa prodigalité insensée. Nathan est le témoin et le confident de l'échec d'Al-Hafi : le derviche joue une farce extravagante, empêtré dans des vêtements magnifiques, pris d'une colère impuissante, se maudissant de son aveuglement. Il voit trop tard les pièges de l'oiseleur auxquels il est maintenant pris, à cause de son absurde vanité :

> So lieblich klang des Voglers Pfeife, bis
> Der Gimpel in dem Netze war. – Ich Geck!
> Ich eines Gecken Geck! (I, 3).

Cependant, ces gémissements pathético-comiques sont un moyen efficace d'atteindre indirectement Saladin et de le forcer, lui aussi, à entrer dans la sphère comique, le privant ainsi de sa majesté. Un moyen efficace, peut-être le seul possible dans la pièce, de remettre en question le pouvoir absolu ; elle révèle la faiblesse de ses représentants, mais aussi leur pouvoir illimité de vie et de mort sur leurs sujets obéissants. Les scènes d'exposition, dans le palais de Saladin, développent cette stratégie comique. Elles visent toutes à représenter un pouvoir absolu privé de sa *majestas*, mais toujours doté d'une *potestas* réelle, dangereuse certes, proche de l'image populaire du despote oriental qui peut, dans un accès de colère, écraser toute contradiction ou opposition. Al-Hafi tremble et craint la colère de Saladin et ses menaces de décapitation ou d'étranglement. Nous rions de la peur comique d'Al-Hafi, mais nous entendons que le sujet d'un tel potentat n'a aucune protection contre les caprices du sultan.

Quant à Saladin, il apparaît plus d'une fois dans le rôle d'un benêt, facilement berné par un esprit supérieur, d'abord celui de sa sœur Sittah, puis celui de Nathan. Le mélange de la farce, avec ses rires grossiers et bruyants, et du comique d'esprit, avec son fin sourire, est caractéristique de cette remise en cause du pouvoir absolu.

Il est facile pour Sittah de cacher à son frère qu'elle est en fait celle qui, la plus consciente des difficultés financières du royaume, a remboursé les dettes de l'État avec la complicité d'Al-Hafi. La découverte du stratagème est traitée presque dans le style de la *commedia dell'arte*. L'irritation croissante de Saladin, furieux d'avoir été manipulé, est adoucie par son sens aigu de la générosité de Sittah : la comédie redevient touchante.

Examinons la scène qui précède immédiatement la célèbre parabole, et la conversation entre Sittah et Saladin (III, 4). Saladin est nerveux à l'instant de rencontrer Nathan pour tenter de lui extorquer son argent, grâce au stratagème suggéré par Sittah. Il est obligé de se battre, dit-il, avec des armes indignes de lui. Sittah répond qu'il est simplement réticent à reconnaître le rôle de la ruse dans l'art de gouverner, alors qu'il est en effet autant un renard qu'un lion. Saladin s'empresse de déprécier ce beau conseil politique, considérant que les hommes se rabaissent au niveau des femmes ("dass die Weiber doch so gern den Mann / Zu sich herunter hätten!") et renvoie Sittah dans ses appartements. Bien sûr, cela n'empêchera pas Saladin d'utiliser la méthode méprisée de la ruse en essayant de prendre Nathan dans ses filets, mais cette scène éloquente montre que Saladin n'est nullement prêt à céder ne serait-ce que l'apparence de la domination masculine. Nous ne pouvons plus être impressionnés par cette démonstration d'autorité virile. Saladin est parfois réduit au niveau des tyrans familiaux, qu'il s'agit de ridiculiser et de vaincre dans des comédies ourdies de fil plus grossier. Mais heureusement, sa prudence et sa générosité le définissent comme un souverain digne de ses sujets. L'intermezzo comique avec le mamelouk du sultan, qui tente de lui extorquer de l'argent par la flatterie, nous apprend que Saladin est assez équilibré pour se laisser aller aux appétits humains et reconnaître la part de vertu réelle chez les hommes qu'il doit gouverner. Il se présente à la fin comme un personnage digne et libéral, qui peut s'améliorer dans certaines circonstances et qui joue un rôle central dans la réunion finale de la famille humaine.

On soulignera la maîtrise de Lessing dans l'utilisation de toutes les ressources comiques de la tradition théâtrale européenne, de la comédie antique à la comédie moderne du XVIIIe siècle. La supériorité du rire de Lessing réside dans le fait qu'il n'a pas entièrement renoncé aux formes inférieures du comique, de sorte que son œuvre passe des effets comiques parfois épais à la plaisanterie la plus spirituelle, du rire bruyant au sourire subtil et fin, en fonction d'objectifs très différents : la déconsidération de personnages méprisables qui ne peuvent être éduqués, la mise en garde contre les passions qui peuvent nuire à l'humanité, la remise en question du pouvoir absolu. Dans *Nathan le Sage*, la dimension comique est d'abord difficile à percevoir, car elle n'est pas au premier plan, et elle peut aussi très vite se résorber dans des moments touchants ou sérieux. Même si la comédie n'est pas au premier plan de ce poème dramatique – l'interprétation sérieuse est la plus courante –, il est néanmoins nécessaire d'en comprendre le sens supérieur. Avec la dimension comique, nous sommes dans une sorte de zone franche, une sphère de liberté et de libre circulation des idées dans le contexte de l'absolutisme. Cela peut expliquer l'énergie de la pièce, et en même temps ses limites, car ce qui est possible dans cette sphère, la réflexion critique sur l'absolutisme, n'est en fait possible qu'à l'intérieur de cet espace théâtral. Nous avons la conscience aiguë d'être dans une fable, dans un espace théâtral, où le temps et le pouvoir sont temporairement suspendus.

LA LANGUE DRAMATIQUE DE LESSING

La dramaturgie de Lessing marque un progrès notable dans le sens de la perfection de l'illusion réaliste. Le caractère lessingien a beaucoup évolué par rapport à la fixité du type, il se singularise par la densité et la consistance de sa vie psychologique. L'approfondissement du personnage est solidaire de la rénovation du langage dramatique à laquelle Lessing a contribué de manière décisive. Celle-ci inclut la création d'un nouveau langage, plus simple et plus souple, ainsi que l'élaboration d'une grammaire des gestes et la codification du jeu de l'acteur, dont la *Hamburgische Dramaturgie* propose une esquisse. Les tirets, dont Lessing use abondamment, sont de précieuses indications pour l'acteur, en marquant le rythme et les modulations de sa diction et de son jeu. Lessing, d'ailleurs, insistait pour bien distinguer entre le tiret, indiquant une pause et destiné à guider l'acteur, et les points de suspension, qui correspondent à une interruption du discours, qui reste inachevé.

Le style vise essentiellement à l'efficacité dramatique. Sa qualité principale tient à la peinture des affects, dépouillée de toute pompe ou emphase rhétorique. Il doit se rapprocher le plus possible d'un parler naturel et sans affectation, qui soit la traduction du sentiment pris sur le vif et exprimé de la manière la plus directe possible, sans pose, sans affectation et sans artifice. On illustrera ces considérations par les réflexions de Lessing sur le langage dramatique et les conditions de son efficacité dans la *Hamburgische Dramaturgie*.

Dans la 19e livraison, Lessing aborde la question du choix du vers ou de la prose pour une traduction, saluant le choix opéré par le traducteur Antoine Houdar de La Motte : "La traduction de *Zelmire* est uniquement en prose. Mais qui ne préfère une prose ferme et harmonieuse à des vers plats et massacrés ?" [LESSING, 1985]. Si Lessing ne condamne pas absolument le choix du vers, il s'agit pour lui de définir clairement l'alternative, et la priorité : ou sacrifier le sens et l'énergie de l'expression, ou sacrifier la versification. Dans l'exemple choisi, la prose s'accorde au but recherché, qui est de faire parler sans exagération (et ce faisant, de faciliter à l'acteur la déclamation) : "L'expression ne s'élèvera pas davantage au-dessus du langage quotidien que ne le fait la déclamation théâtrale comparée au ton ordinaire de la conversation dans le monde." À l'inverse des Français, chez qui la versification est de l'ordre du tour de force gratuit, "incapable de donner plus de force à l'expression", la langue allemande est supérieure, et se rapproche du grec, apte à faire sentir les passions par les rythmes différents.

Pour réaliser ce rendu des passions au naturel, il s'agit de lutter contre l'enflure, souvent considérée comme un ingrédient obligé du tragique, qui fait parler aux héros un langage qui n'est pas celui de la nature. Or, le théâtre des modernes n'est pas celui des tragiques grecs, représenté devant la cité, et donc le caractère public imposait la dignité et la retenue du langage. Le théâtre des modernes est un théâtre dont l'action se déroule dans la sphère privée, et dont les personnages ne sont pas contrôlés dans l'épanchement de leurs sentiments. Aussi rien ne justifie-t-il que les héros tragiques ne parlent pas le langage commun :

> C'est en vain que l'on fait valoir en l'affaire le rang supérieur des personnages. Les gens de condition élevée ont appris à mieux s'exprimer que l'homme du commun : pour autant, ils n'affectent pas sans cesse de s'exprimer mieux que lui. Moins que jamais dans la passion pour laquelle chacun possède sa forme personnelle d'éloquence, celle par laquelle la nature suscite l'enthousiasme, que nulle école n'enseigne et à laquelle l'esprit le moins éduqué s'entend à l'égard du plus poli. Là où la langue est recherchée, précieuse, enflée, le sentiment n'a pas de place. Rien n'y témoigne de l'existence du sentiment, rien ne l'y produit. Il s'accorde bien en revanche avec les mots et les tournures les plus simples, les plus communs et les plus plats. (*Dramaturgie de Hambourg*, 59e livraison)

Le langage dramatique est donc celui du cœur, et estompera aussi toute armature logique trop voyante, qui ne correspond pas à l'expression directe des mouvements de l'âme. Dans la 20e livraison, Lessing se moque de la Gottschedin, l'épouse de Gottsched, qui traduit deux phrases de l'original français sans copule (mot reliant le sujet à son attribut) en les harnachant de tout un appareil de connecteurs logiques propres à étouffer l'expression simple du sentiment naturel :

> [...] le langage du cœur, lui, ne peut toucher que le cœur. Ce langage a ses règles spécifiques, et c'en est fait d'elles si peu qu'on les méconnaît, prétend les soumettre aux règles de la grammaire et les doter de la froide exhaustivité, de toute la précision ennuyeuse que l'on exige d'une proposition logique. (*Dramaturgie de Hambourg*, 20e livraison)

Tout le travail de l'auteur dramatique consiste donc à faire disparaître l'armature logique et intellectuelle quand il s'agit de faire parler le sentiment, à rechercher l'effet par le choix de la tournure plate et banale. Lessing, commentant son travail de traducteur, évoque, de manière programmatique pour l'auteur qu'il est, "toutes les petites négligences [...] qui ont coûté tant de peine au poète, qu'il a semées çà et là, après y avoir tant réfléchi, afin de conférer plus de souplesse au dialogue et de communiquer aux discours des personnages l'apparence d'une plus grande vérité, spontanée et de chaque instant" (59e livraison).

L'emploi du *Blankvers*

Lessing avait jusqu'à présent composé toutes ses œuvres dramatiques en prose, les tragédies comme les comédies. Il avait commencé par rédiger la pièce en prose, avant de se décider pour le vers. Il ne suit pas le conseil de Karl W. Ramler, l'expert en versification qui l'assiste et le conseille dans ces matières, et assure la relecture et la correction de *Nathan le Sage* pour ce qui est de la versification. Celui-ci avait préconisé l'emploi du *Trimeter* (un mètre comportant six accents). Dans une lettre du 18 décembre 1778, Lessing se justifie de ne pas l'avoir adopté, en raison de sa longueur, et déclare avoir choisi le vers non pas pour l'harmonie, mais parce que la touche d'orientalisme serait trop apparente en prose – le vers, donc, se prêterait mieux à fondre le ton oriental dans l'ensemble de la pièce. Lessing se décide finalement pour le *Blankvers*, soit le pentamètre iambique non rimé, qui n'était pas encore véritablement en usage à cette époque en Allemagne, et auquel Lessing, avec *Nathan le Sage*, donne ses lettres de noblesse. De fait, le *Blankvers* va devenir l'un des mètres les plus courants de la dramaturgie classique allemande.

Ce choix a pu déconcerter ses proches, Lessing prenant le contrepied de l'image du poète ciselant ses vers et déclarant accorder plus de soin et de temps à polir sa prose. À son frère, il déclare sans ambages : "Depuis toujours, ma prose m'a coûté plus de temps que des vers. Oui, vas-tu dire, si ce sont des vers comme ceux-là ! – Pardon, mais je pensais qu'ils seraient bien plus mauvais, s'ils étaient bien meilleurs." Ce passage, avec la revendication d'une forme de négligence stylistique, s'accorde avec le souci d'efficacité dramatique dans le rendu du langage du cœur, qui vient d'être évoqué.

Le *Blankvers* a l'avantage d'être un vers non rimé, et la rime est exclue du poème dramatique, comme Lessing l'indique d'une boutade : "Pour aller vite, je le fais en vers. Mais des vers qui ne sont pas rimés, sinon, cela ne rimerait vraiment à rien." (16 décembre 1778, à Elise Reimarus).

L'option du *Blankvers* se comprend en effet par le refus de l'alexandrin, qui se caractérise par la régularité de la mesure, l'exacte correspondance entre la phrase et le vers, et qui est aux antipodes de l'effet recherché – incompatible, de fait, avec la vivacité et l'efficacité du dialogue dramatique. L'alexandrin, implanté et acclimaté dans la littérature allemande à une certaine période, a surtout conditionné l'enflure (*Schwulst*) et le manque de naturel. Pour la poésie allemande, dont la langue s'est formée autour de mètres courts (vers de 4 accents), le pentamètre représente d'ailleurs déjà un mètre long, dont le rythme fluide peut porter la langue dramatique.

C'est Johann Gottfried Herder qui s'est fait le champion du pentamètre iambique pour la tragédie. Dans la deuxième édition révisée de ses *Fragmente über die neuere Deutsche Literatur* (*Fragments sur la littérature allemande moderne*) [1768], il consacre un chapitre entier au *Blankvers*. Après avoir développé des considérations sur l'affinité élective entre un mètre poétique et une langue donnée, et avoir recommandé la langue de Klopstock, qui se caractérise par sa plus grande liberté, il s'arrête au pentamètre iambique, propre, selon lui, à détrôner l'alexandrin qui règne sur la création dramatique allemande :

> On le nomme d'ordinaire le mètre *anglais*, *britannique*, *miltonien* ; mais j'entends en lui si hautement la force propre à notre langue que dans mon enthousiasme, j'ai souhaité l'appeler le mètre *allemand*. [...] Il présente de si grands avantages, pour ce qui est du contenu, de la souplesse et de la diction, que je souhaiterais le

voir supplanter dans les tragédies héroïques l'alexandrin artificiel, que nous n'avons d'autre raison de tenir en si haute estime que parce que c'est un héritage de ces chers Français, et qu'il facilite le travail des acteurs et des auteurs mêmes. Il le facilite, mais en les desservant tous deux : les auteurs, parce qu'il les fait aller, souvent à leur corps défendant, vers une déclamation monotone, que l'on peut appeler une demi-scansion ; et les acteurs, parce qu'il impose au véritable langage des passions, à la vivacité de la narration et du dialogue, la contrainte extrême de nombre de passages monotones, mesurés, débités.

Herder émet l'hypothèse que l'alexandrin est responsable de la sclérose de l'art dramatique allemand, parce qu'il impose un style contraire aux exigences propres du théâtre, et notamment du dialogue : celui-ci est rempli de maximes, de sentences et de grands sentiments, qui gâchent les meilleurs auteurs.

> [...] – n'abandonnerons-nous pas enfin le préjugé qui veut que l'alexandrin soit le vers naturel de notre langue ? Et ne choisirons-nous pas de préférence les iambes que l'on nous présente, qui renferment bien plus de force, de plénitude et de variété, s'adaptent à diverses façons d'écrire et de parler et peuvent devenir le but élevé que s'assigne l'art dramatique ?

Herder loue la souplesse de ce vers, qui peut s'autoriser toutes sortes de libertés et de variations :

> Si le sujet donne à l'ensemble vie et mouvement, si ce mètre sait bavarder et interroger, prendre les devants, intervenir, s'il sait assigner au style relevé de l'éloquence le nombre de ses accents et de ses pauses : alors il sera pratiquement l'équivalent du mètre de Klopstock mentionné auparavant, pour ce qui est de la liberté et des avantages qu'il présente, à ceci près que le vers, d'une liberté débridée chez Klopstock, est contenu ici dans certaines bornes. Il deviendra le mètre naturel et propre de notre langue, parce qu'il réunit la force et la liberté.

Le *Blankvers* est le mètre qui correspond le mieux à l'idéal de Lessing en matière de langage dramatique, et le dramaturge exploite la liberté que lui donne ce vers non rimé, totalement affranchi de la tyrannie de l'alexandrin en raison de sa souplesse. L'emploi du vers ne doit pas nuire à la spontanéité de l'échange improvisé, pris sur le vif, et le discours des personnages doit se rapprocher le plus possible d'un parler naturel, du sentiment pris dans l'instant, de la réflexion qui peut, à l'occasion, chercher ses mots, hésiter, peser une tournure. Les interjections et exclamations, en très grand nombre, ne correspondent pas à des paroxysmes de passion, mais à des réactions communes, dans des situations de dialogue caractérisées par leur vivacité et leur animation.

Pour atteindre ce degré d'efficacité dramatique, Lessing a affranchi encore le pentamètre iambique de toutes les contraintes qui auraient conféré au dialogue un caractère artificiel et empesé, ou bien fermé sur lui-même. L'un des traits les plus remarquables du *Blankvers* lessingien est la fréquence des enjambements, souvent les plus hardis, qui disloquent la structure du vers. Très fréquemment, la phrase ne coïncide pas avec les limites du vers, elle tend à le déborder systématiquement pour se précipiter dans le suivant. Il arrive souvent qu'une phrase commence au milieu du premier vers pour se terminer au milieu du second, ce qui crée un conflit entre le sens et le rythme, la phrase et le vers.

On en donnera un exemple dans le passage où Sittah montre à Saladin le portrait de son frère, qu'elle vient de retrouver dans ses affaires.

> SALADIN. [...] Ha! mein Bruder!
> Das ist er, ist er! — War er! war er! ah! —
> Ah wackrer lieber Junge, dass ich dich
> So früh verlor! Was hätt ich erst mit dir,
> An deiner Seit' erst unternommen! — Sittah,
> Lass mir das Bild. Auch kenn ich's schon: er gab
> Es deiner ältern Schwester, seiner Lilla,
> Die eines Morgens ihn so ganz und gar
> Nicht aus den Armen lassen wollt. Es war
> Der letzte, den er ausritt. — Ah, ich ließ
> Ihn reiten, und allein! — Ah, Lilla starb
> Vor Gram, und hat mir's nie vergeben, dass
> Ich so allein ihn reiten lassen. — Er
> Blieb weg! (IV, 3)

Par un jeu d'interjections, d'exclamations et de répétitions, s'exprime, dans le langage le plus banal, la vivacité des mouvements spontanés de l'âme, les tirets marquant le passage d'une réaction à une autre avec une fixation précise de la nuance : pour Saladin, la surprise et l'émotion de “le voir” ; puis la conscience de l'absence et le sentiment de la perte, avec le passage du présent (l'effet de présence classiquement lié au portrait) au passé, la répétition du verbe accentuant l'effet. L'objet, ensuite (le portrait miniature), déclenche l'évocation de souvenirs qui lui sont liés. Les interjections jouent un rôle de scansion important, en modulant et accentuant les nuances : du "Ha", on passe aux deux "Ah" (hélas), différents dans leur fonction, comme l'indique le tiret, puisque le premier détruit l'illusion de la présence, et le second ravive la douleur de la perte. Les deux "Ah" de la fin viennent fermer le cadre de l'évocation de la scène des adieux et scander deux moments pathétiques : la faute d'avoir laissé partir son frère sans escorte, sa sœur morte de chagrin sans lui avoir pardonné.

Tout le pouvoir expressif vient des effets obtenus par le mouvement que Lessing a imprimé à cette tirade. On notera la fréquence des enjambements, souvent audacieux. Ainsi trouve-t-on à la fin du premier vers, en pierre d'attente pour compléter la phrase ou le syntagme au vers suivant :

- l'objet direct en attente de son verbe (dich / So früh verlor)
- le sujet (Er / Blieb weg)
- le verbe, en attente de son objet direct (er gab / Es), ou de son complément (starb / Vor Gram ; ließ / Ihn reiten), ou de son prédicat (es war / Der letzte)
- les subordonnants (daß/ Ich so allein)
- l'adresse à un personnage (Sittah, / Lass mir das Bild)
- l'adverbe (ganz und gar / Nicht)

On relèvera encore, à côté des exclamations et interjections, les redoublements de l'expression qui renforcent l'impression sensible : "mit dir, / An deiner Seit'" (celle de la présence du frère) ; "deiner ältern Schwester, seiner Lilla" (l'intensité de la tendresse fraternelle entre Assad et Lilla). Les répétitions de termes, avec variation de la structure ou du rythme, traduisent encore le flux et le reflux de l'émotion de manière souple et mobile. On s'intéressera, par exemple, aux modulations de l'émotion de Saladin au souvenir du départ de son frère : "Es war / Der letzte, den er ausritt", "ich ließ/ Ihn reiten, und allein!", "Ich so allein ihn reiten lassen" : trois variations sur le même thème, trois combinaisons des mêmes éléments, placés différemment dans la phrase, et colorés différemment (le point d'exclamation, le "so").

On notera, en conclusion de cette tirade, la reprise en écho du verbe "wegbleiben". "Er/ Blieb weg!", l'évocation douloureuse de la disparition du frère du sultan devient, après la réplique de Sittah, la préfiguration du destin de l'homme mortel : "Einmal bleiben wir doch alle weg! —", où le caractère généralisant de la phrase en forme de sentence (mais dans un langage familier : *wegbleiben*) amplifie l'écho individuel de l'évocation sensible du destin d'un proche, qui vient à son tour corriger et colorer le tour trop abstrait de la sentence en la faisant vibrer d'une note personnelle.

La scène d'exposition (I, 1) présente un cas semblable de peinture de l'émotion. On voit l'effet dramatique que tire Lessing de l'annonce par Daja du danger encouru par Recha, pour représenter l'étendue de l'amour paternel. Dans ce passage, Lessing a encore recours aux enjambements (moins fréquents que dans la scène qui précède), mais l'effet dominant est ici obtenu par l'accumulation de phrases brèves (parfois un mot), le discours entrecoupé, et la manière dont il a répété et varié le terme "verbrannt" – on pourra ici comparer la souplesse avec laquelle Lessing varie ici les tournures, avec la rigidité monolithique de la répétition mécanique de "Tut nicht. Der Jude wird verbrannt" dans la scène avec le Patriarche :

> (DAJA) Doch Recha wär bei einem Haare mit
> Verbrannt.
> NATHAN. Verbrannt? Wer? meine Recha? sie? —
> Das hab ich nicht gehört. — Nun dann! So hätte
> Ich keines Hauses mehr bedurft. — Verbrannt
> Bei einem Haare! — Ha! sie ist es wohl!
> Ist wirklich wohl verbrannt! — Sag nur heraus!
> Heraus nur! — Töte mich: und martre mich
> Nicht länger. — Ja, sie ist verbrannt.

En l'espace de quelques lignes, Nathan passe par des réactions diverses, soigneusement distinguées et précisées dans leur nuance singulière. Les nombreux tirets marquent la séparation entre les différents états psychologiques par lesquels passe Nathan, qui se traduisent dans une grande variété d'intonations et d'inflexions : d'abord, Nathan est étourdi par la nouvelle et réagit au choc par la stupeur incrédule, en essayant de maîtriser l'effet de surprise qui le laisse balbutiant ; vient ensuite la tentative d'accommoder la conscience de manière détournée à une réalité insoutenable, dans une sorte de constat dérisoire. À cette première phase, correspondant à un mouvement de défense contre les émotions, succède une seconde étape, où, avec retard, la réalité de ce qu'il vient d'entendre commence à s'imposer à sa conscience et où il lui devient impossible de contenir ses sentiments. Nathan revient sur les termes mêmes dans lesquels il a appris la nouvelle, et l'angoisse l'amène sans transition à imaginer le pire comme sûr et à penser que l'expression de Daja est destinée à édulcorer la réalité de la catastrophe. Nathan "le sage" devient, sous l'effet de la tendresse paternelle, soumis à l'empire de la passion, qui est d'abord celle de l'imagination. De l'angoisse, qui se traduit par la manière dont il presse Daja de parler (répétition et variation), sans lui laisser le temps de répondre, il passe à l'accablement du désespoir.

Dans la scène entre Nathan et le frère lai (IV, 7), et plus précisément le passage où Nathan confie au frère lai les conditions dramatiques dans lesquelles il a adopté Recha, on trouvera un exemple remarquable de la manière dont Lessing a travaillé à varier les rythmes et les intonations, pour traduire l'alternance entre l'affect et la réflexion, l'émotion poignante et l'élévation de la conscience morale et religieuse. Si l'on examine ce passage du point de vue des vers et du rythme du pentamètre iambique, on remarquera l'alternance entre le mouvement vif de l'affect, sa violence contenue, et le mouvement ample de la réflexion où le sens ne court plus après le rythme, où la phrase, souvent, s'assagit et vient coïncider avec la mesure du vers.

> NATHAN. Als
> Ihr kamt, hatt ich drei Tag' und Nächt' in Asch'
> Und Staub vor Gott gelegen, und geweint. —
> Geweint? Beiher mit Gott auch wohl gerechtet,
> Gezürnt, getobt, mich und die Welt verwünscht;
> Der Christenheit den unversöhnlichsten
> Hass zugeschworen —
> KLOSTERBRUDER. Ach! Ich glaub's Euch wohl!
> NATHAN. Doch nun kam die Vernunft allmählig wieder.
> Sie sprach mit sanfter Stimm': „Und doch ist Gott!
> Doch war auch Gottes Rathschluß das! Wohlan!
> Komm! übe, was du längst begriffen hast;
> Was sicherlich zu üben schwerer nicht,
> Als zu begreifen ist, wenn du nur willst.
> Steh auf!„ — Ich stand! und rief zu Gott: ich will!
> Willst du nur, dass ich will! — Indem stiegt Ihr
> Vom Pferd', und überreichtet mir das Kind,

In Euern Mantel eingehüllt. — Was Ihr
Mir damals sagtet; was ich Euch: hab ich
Vergessen. So viel weiß ich nur; ich nahm
Das Kind, trug's auf mein Lager, küsst es, warf
Mich auf die Knie' und schluchzte: Gott! auf Sieben
Doch nun schon Eines wieder!
KLOSTERBRUDER. Nathan! Nathan!
Ihr seid ein Christ! — Bei Gott, Ihr seid ein Christ!

Sans surprise, le début est accidenté, les premiers vers disloqués par l'enjambement, qui coupe systématiquement le subordonnant de la subordonnée (Als / Ihr kamt) et les deux termes de l'expression (in Asch' / und Staub), jusqu'au tiret qui marque la fin d'un premier mouvement – l'anéantissement devant la catastrophe et le moment du deuil. Suit le grondement de la révolte, dans des vers stabilisés. La répétition de "weinen" sur un mode interrogatif annonce une gradation puissante. De la déploration, on passe à l'accusation du juste, qui traduit Dieu devant son tribunal (c'est le motif de la théodicée), puis à une réaction dont la violence s'amplifie, de la colère, à la rage, à la malédiction sur lui et le monde, puis, au paroxysme de cette phase, l'imprécation et la haine vouée à toute la chrétienté. La radicalisation s'exprime par la particule "ver-" et l'emploi du superlatif, la violence émotionnelle par l'enjambement ("den unversönlichsten / Hass"). Tous ces motifs, qui se succèdent à un rythme rapide, sont juxtaposés, et non corrélés, comme si toutes ces réactions déclenchaient autant de secousses brutales. À la marge, la haine fait ressurgir le spectre de la guerre de religion.

Le tiret marque un changement d'intonation et un tournant, qui introduit un passage apaisé, contrastant fortement avec l'agitation du précédent, une nouvelle phase qui s'ouvre avec le retour progressif de la raison. Les limites de la phrase coïncident avec celles du vers, qui apparaît dès lors articulé, structuré et charpenté par le discours de la raison, dont la dignité et l'élévation sont soulignées par l'emploi du verbe "sprach". L'affirmation de l'existence de Dieu, qui comporte aussi son décret insondable, commence avec un effet de sourdine (la "douceur" de la voix, la coordination "und" qui raccorde l'affirmation du Dieu qui est au spectacle de la ruine actuelle, au-dessus d'un abîme de sens infranchissable, celui du "doch", qui porte l'accent dans le schéma métrique du pentamètre iambique), puis s'impose avec une force croissante dans le passage de l'affirmation exclamative à l'injonction. L'interjection "wohlan", qui introduit les deux impératifs d'action ("Komm! Übe!") exprime tout ensemble l'encouragement et l'exhortation à l'action (la mise en pratique de ce qu'il a "compris"), sans que cet appel déstabilise ou déstructure le vers, qui prend une allure sentencieuse, avec la complexification de la structure : les deux éléments simples, "begreifen" et "üben", sont repris dans une structure grammaticale plus complexe, d'un niveau de style relevé, avec antéposition du complément ("zu üben schwerer nicht"), ce qui permet le parallélisme de construction "zu üben […] zu begreifen", le "wenn du nur willst" venant caler la phrase et l'asseoir. Le "Ich stand" (qui forme la conclusion de la séquence qui s'est ouverte par l'image de Nathan prostré et anéanti, "gelegen", en passant par les deux impératifs "Komm! Steh auf!") est intensifié par l'exclamation.

Après ce passage élevé, le retour à la situation prosaïque, et à la scène majeure de l'adoption de Recha, est de nouveau traité sur le mode de l'agitation, traduisant le langage des sentiments. Sous la poussée des émotions, le vers est déstabilisé, on retrouve à cet endroit le conflit entre la phrase et le vers, le rythme et le sens, avec de nouveaux enjambements où :

– le verbe est séparé de son complément (stiegt Ihr / Vom Pferd)

– le sujet séparé de son verbe, (Was Ihr / Mir damals sagtet) et l'auxiliaire de temps séparé de son participe (hab ich / Vergessen), pour faire se correspondre les deux sujets (Ihr / ich) ;

– le verbe est séparé de son objet direct (ich nahm / Das Kind ; warf / Mich), dans une séquence trahissant et traduisant le bouleversement intime de Nathan et une agitation irrépressible, avec pour effet de faire se répondre "das Kind/Mich". Ici aussi, l'absence de coordination, l'accumulation de cinq verbes, traduisent la précipitation et l'agitation extrême :

> […] ich nahm
> Das Kind, trug's auf mein Lager, küsst es, warf
> Mich auf die Knie' und schluchzte (IV, 7)

À l'inverse de l'adjuration de la raison, puis de l'affirmation solennelle de Nathan ("Ich will"), le dernier enjambement est bien le cri du cœur : "Gott ! auf Sieben / Doch nun schon Eines wieder!" (IV, 7).

“PRÊCHER DU HAUT DE SON ANCIENNE CHAIRE”

Dans son projet de préface à *Nathan le Sage*, Lessing expose avec prudence la visée de son poème dramatique : représenter des hommes qui ne se définissent pas en priorité par leur appartenance religieuse, mais n'en sont pas moins des hommes bons, et les peindre sous un jour favorable, et non pas sous les couleurs les plus noires, ainsi qu'ils apparaissent dans le discours du christianisme ; et ce, ajoute-t-il, sans que cette entreprise de réhabilitation des hommes bons implique le rejet absolu des religions révélées. Contre ceux qui lui reprochent de ne trouver ces représentants de l'humanité que chez les musulmans et les juifs, il fait observer que le judaïsme et l'islam sont les seules cultures lettrées de l'époque et que les croisades ont amplement montré, aux yeux de tout homme raisonnable, le préjudice considérable causé à l'humanité par les religions révélées. Il invoque enfin le témoignage des historiens sur la raison éclairée de Saladin.

Lessing conçoit donc son retour au théâtre, “son ancienne chaire”, comme il le dit dans une lettre du 6 septembre 1778 à Elise Reimarus [LESSING, 1994] (v. Repères/La genèse de *Nathan*), comme l'occasion de dispenser un enseignement où l'éthique occupe une place centrale, sans effacer la présence des religions révélées à l'horizon de la réflexion. La parenté est évidente avec le projet de *L'Éducation du genre humain*, qui construit la progression de l'humanité à partir d'un plan d'éducation divine, avec la contribution essentielle de la religion judéo-chrétienne à l'édification de la moralité aux différents stades de développement de la raison humaine (v. Problématiques/La pensée de l'éducation). Dans *Nathan le Sage*, la représentation d'hommes qui ne sont pas attachés servilement à leur confession d'origine et intrinsèquement bons est conçue pour combattre le préjugé chrétien persistant à leur encontre. Le choix de l'époque des croisades permet de mettre en évidence les ravages causés par les guerres menées au nom des religions révélées – les frères ennemis de la parabole – et de le faire du point de vue du rationalisme éclairé, qui s'appuie ici essentiellement sur les représentants du judaïsme et de l'islam. La pièce met ainsi en scène et oppose les représentants de l'esprit de parti – qui cherchent à assurer la domination exclusive d'une confession sur les autres, surtout dans le christianisme – et les personnages qui, à des titres divers, appellent au dépassement des religions positives dans un idéal d'humanité plus large, qui devient celui de la fraternité universelle symbolisée par le grand tableau final réunissant la famille humaine réconciliée. Cette perspective dominante relativise la question dogmatique de la vérité – celle que l'on revendique comme une possession exclusive de sa religion –, inséparable de la volonté d'établir des hiérarchies entre confessions, au profit de la représentation d'hommes et de femmes qui, dans la pratique, incarnent des attitudes religieuses exemplaires, révélatrices de leur humanité.

LA RENCONTRE DES TROIS MONOTHÉISMES : RELIGIONS ET VÉRITÉ

Le lieu et le temps de l'action du poème dramatique – Jérusalem au temps de la Troisième Croisade – sont faits pour mettre en relation les trois monothéismes. Cette rencontre entre les trois religions est présentée d'abord sous l'aspect d'une confrontation sanglante entre la chrétienté et l'islam, l'Occident et l'Orient, de la guerre qui ne veut pas s'éteindre, du conflit armé entre puissances et partis, sous le signe de la rivalité et de la méfiance entre les représentants des trois confessions.

Le christianisme est la religion la plus critiquée. Dans les scènes d'exposition, en particulier dans la scène entre le Templier et le frère lai, émissaire du Patriarche (I, 5), le spectateur est instruit des plans des croisés, qui cherchent à reprendre Jérusalem et à abattre Saladin par traîtrise : le Templier doit renseigner le camp chrétien sur les installations de défense de la citadelle et le Patriarche doit envoyer le plan des préparatifs de la campagne à venir au roi français Philippe Auguste, qui décidera, en fonction du rapport de force, s'il a intérêt à renégocier la trêve rompue par le coup de main des Templiers sur Tebnin; par ailleurs, Philippe Auguste doit prêter main-forte à une troupe de mercenaires volontaires pour assassiner Saladin lorsque celui-ci se rendra au fort libanais où son père garde les fonds destinés au financement de l'armée. La perfidie des chrétiens, hommes sans respect pour la parole donnée et les traités signés, prêts à tout instant à violer les accords conclus, est un des traits constants relevés dans les sources utilisées par Lessing. Toutes les forfaitures sont légitimes, dès lors qu'elles sont le fait des "champions de Dieu" ("Streiter Gottes"), et tous les crimes commis au service de la chrétienté sont absous par le Patriarche – ce qui est faute devant les hommes ne l'est pas devant Dieu. Dans la seconde partie de l'exposition (acte II), Saladin apparaît comme le souverain attaqué, mais prêt à faire front. Désireux de reconduire la trêve, il est l'artisan d'une politique de paix qui devait être scellée par une alliance entre sa maison et celle du roi anglais, qui aurait fondé une dynastie de valeureux chevaliers. Sittah dénonce ce rêve idéaliste, ruiné par l'intransigeance des chrétiens. Mais pour Saladin, ce sont spécifiquement les Templiers, et non les chrétiens en général, qui sont les vrais coupables: jouant de leur double statut de moines-soldats, ils refusent de rendre les positions qu'ils tiennent et sont responsables de la reprise des hostilités, dans l'espoir de hasards de la guerre qui tourneraient à leur avantage. L'exécution de tous les Templiers à laquelle a présidé le sultan apparaît dans ce contexte comme le châtiment légitime d'ennemis mortels qui constituent une menace directe pour la paix. Lessing a repris ici l'épisode de l'exécution en masse des Templiers et des Hospitaliers à l'issue de la bataille de Hattin, décisive pour la prise de Jérusalem (v. Problématiques/Le poème dramatique).

Saladin sous-estime au début la nature des chrétiens et le danger qu'ils peuvent représenter, contrairement à sa sœur, plus avertie et plus clairvoyante que lui: c'est dans la bouche de Sittah que l'on trouve la dénonciation des chrétiens et de leur intolérance érigée en système. Les chrétiens, selon elle, ne sont attachés qu'au nom de "chrétien" ("Ihr Stolz ist: Christen sein; nicht Menschen.", II, 1). Animés d'un prosélytisme borné et fanatique, ils revendiquent pour eux "l'humanité", ou plutôt, sacrifient la simple humanité à leur christianisme. Tout ce passage introduit le motif, repris et développé ensuite dans la grande scène entre Nathan et le Templier (II, 5), de l'opposition entre l'homme d'un peuple et le *bloßer Mensch*, celui à qui il suffit d'être homme. Certes, le christianisme porte l'empreinte de la vertu de son fondateur, le Christ, et c'est cet enseignement que les chrétiens recueillent "auf Treu und Glauben" ("dans la fidélité à la foi transmise") – la formule se retrouve dans la parabole des trois anneaux, appliquée à l'histoire de la tradition (v. Problématiques/L'idée de tolérance). Mais s'ils y sont attachés, ce n'est pas en raison de sa vertu intrinsèque, c'est au nom du Christ dont ils font un étendard et un symbole d'exclusion. En dehors du christianisme, il n'est point de vérité, point d'humanité et point de salut. Le chrétien ne s'attache pas à répandre l'enseignement de la vertu dispensé par son maître, mais à propager le christianisme – Sittah reconnaîtra, dans la description que donne Recha de Daja (V, 6) le prosélytisme même et l'intolérance du christianisme, qu'elle dénonce. L'appartenance confessionnelle, pour les chrétiens, remplace et efface l'humanité. Sittah va plus loin en reprochant aux chrétiens de "profaner" ("schänden", le terme s'applique à une personne ou un objet revêtant un caractère sacré, ici celui de l'humanité et de la vertu) et d'"engloutir" ("verschlingen"), de faire disparaître les noms des hommes bons. Ces deux verbes peuvent évoquer pour le lecteur du XVIIIe siècle les persécutions engagées contre tous ceux qui sont jugés et condamnés pour hérésie, d'une part, et d'autre part les violences qui ont plus tard accompagné la conquête du Nouveau Monde, les conversions forcées, qui ont fait disparaître des civilisations entières – deux motifs au premier plan dans le *Candide* de Voltaire. L'obligation de se convertir au christianisme comme un préalable obligé à toute union avec un chrétien (édictée par les évêques comme première condition au mariage du frère de Saladin, Melek, avec la sœur de Richard Cœur de Lion) est une manière de nier l'amour naturel qui existe entre les créatures de Dieu que sont l'homme et la femme ("Mann und Männin" ; "Männin" est le terme qui figure dans le passage de la Genèse sur la création de la femme, dans la traduction de Luther : "[…] man wird sie Männin heißen, darum daß sie vom Manne genommen ist.", Gn 2, 23). On ne s'arrêtera pas ici à l'anachronisme manifeste de l'argumentaire développé contre le christianisme, attribué à une princesse musulmane de l'époque des croisades, sachant que Lessing n'a pas cherché la fidélité absolue à la donnée historique, mais a fait entendre aussi la résonance des débats de son temps – comme dans bien d'autres passages de la pièce. La critique du christianisme par Sittah permet par ailleurs d'adopter un point de vue extérieur et de faire du Christ le fondateur ("Stifter") d'une religion, ce qui revient à passer sous silence le débat sur sa nature divine et humaine, essentiel dans la théologie chrétienne – alors que pour Daja, qui représente le point de vue interne au christianisme, le Christ est “le Ressuscité” (“der Auferstandene”), et “le Sauveur” (“der Heiland”). La position de Sittah correspond entièrement au point de vue adopté par Lessing dans la seconde section de *L’Éducation du genre humain*, consacrée à la présentation de l’enseignement évangélique (v. Problématiques/ La pensée de l’éducation).

Le débat entre Nathan et le Templier (II, 5) s’appuie sur la même disjonction, ou distinction fondamentale, entre l’appartenance religieuse et la simple humanité. C’est le Templier lui-même qui met en accusation l’orgueil du peuple juif, selon lui le premier à avoir revendiqué pour lui l’exclusivité de l’élection, proclamé sa religion comme celle du vrai Dieu et la meilleure, ouvrant ainsi la brèche dans laquelle se sont engouffrées à sa suite les deux autres confessions : le christianisme puis l’islam ont réclamé pour eux la supériorité de leur Dieu sur les autres et montré la même volonté de l’imposer comme le meilleur à tout l’univers (“die fromme Rasere, / Den bessern Gott zu haben, diesen bessern, / Der ganzen Welt als besten aufzudringen”). Voltaire parlait dans son histoire des croisades de la “fureur d’annoncer la religion les armes à la main”, et les croisades, précisément, montrent bien comment les conflits entre confessions désormais rivales ont dégénéré en déchaînement d’une violence aveugle – motif parallèle à celui des trois frères ennemis de la parabole. Le mépris (sentiment qui implique une position de surplomb et un jugement moral) qu’affiche le Templier pour “l’orgueil” du peuple juif n’est peut-être que le masque de sa propre frustration, et la face présentable d’une passion moins avouable, celle de la haine jalouse conçue pour son rival, ici dominée ou refoulée au prix d’un grand effort. De fait, dans ce passage remarquable, le Templier se montre profondément affecté par le désastre que représentent les croisades pour l’humanité tout entière, et c’est à Jérusalem, la ville sainte, que s’est opérée cette prise de conscience décisive pour son évolution et son “éducation”. Par là, il se montre déjà digne d’accéder à l’humanité, et c’est à cet instant que Nathan lui offre son amitié.

La première tâche est donc de frayer la voie de la coexistence pacifique entre religions concurrentes, et c’est celle qui revient à Saladin après la conquête de Jérusalem. Pas plus que sa sœur, le sultan n’est engagé dans un combat pour imposer sa confession comme la seule vraie et sa préoccupation principale est de composer avec la diversité des hommes et des croyances. On discerne chez lui les traits d’un souverain éclairé, qui ne se mêle pas d'homogénéiser les opinions, mais les laisse proliférer, y compris les plus déraisonnables. Il ne semble guère affecté par l'obligation de conversion au christianisme, posée par les évêques comme condition préalable à toute alliance avec un chrétien, que Sittah dénonce comme superstition (*Aberglauben*) révélatrice d'un manque d'humanité. Pour lui, ces usages absurdes sont des broutilles, qu'il considère avec commisération, sans s'en émouvoir autrement : "Die Christen glauben mehr Armseligkeiten, / Als dass sie die nicht auch noch glauben könnten! —" (II, 1). Il n'envisage à aucun moment d'intervenir pour réprimer ou éclairer les chrétiens englués dans la superstition, redresser les croyances boiteuses et définir une orthodoxie. Sa position, que l'on pourrait rapprocher de la conception voltairienne de la tolérance, consiste à ne pas persécuter l'erreur, qui n'est, somme toute, que le signe de la misère de l'homme et de la faiblesse de son entendement. En tant que telle, elle n'est pas un crime punissable, étant indifférente à la sûreté de l'État. En revanche, Saladin est sans pitié pour les Templiers, qu'il poursuit avec acharnement et auxquels il réserve un châtiment exemplaire, non pas en raison de leur appartenance religieuse, comme il le précise à l'adresse de sa sœur, mais parce que leurs entreprises belliqueuses constituent une menace pour la paix du royaume. De fait, les clauses de la trêve accordée par Saladin au roi Richard Cœur de Lion prévoient de garantir le libre passage des pèlerins chrétiens au tombeau du Christ et le sultan est soucieux de ne pas les laisser repartir les mains vides – un exemple parmi bien d'autres de sa magnanimité, que Lessing a pu trouver dans sa source historique. Par ailleurs, Saladin accepte libéralement la diversité des origines et des appartenances religieuses chez les hommes qui entrent à son service, comme il le dit au Templier (IV, 4). Dans la même scène, il intervient une seule fois avec énergie pour engager le jeune homme à la modération en matière de religion. En effet, aiguillonné par les révélations de Daja, qui semblent induire chez Nathan la volonté de soustraire délibérément Recha à l'influence du christianisme, irrité contre le père qui hésite, pense-t-il, à lui accorder sa fille, le Templier est repris par la méfiance. Il prétend avoir démasqué l'hypocrisie de Nathan qui, sous couleur de tolérance, serait en réalité dominé par l'esprit de parti et chercherait à assurer le triomphe de sa propre religion en endormant la vigilance de son rival et en le persuadant de renoncer à son identité religieuse pour mieux le berner. À cet instant, pris d'un accès de rage, il ne pense plus qu'à livrer à la persécution l'homme d'une autre confession, son rival, en qui il voit l'un de ces faux prophètes dépeints dans l'évangile de Matthieu comme les loups prédateurs qui s'introduisent dans la bergerie, déguisés en brebis pour tromper et séduire (Mt 7, 15) – et de surcroît le juif, appartenant à un peuple contre lequel il est depuis longtemps prévenu et nourrit un préjugé qui plonge en lui des racines profondes :

> Der tolerante Schwäzer ist entdeckt!
> Ich werde hinter diesen jüd'schen Wolf
> Im philosoph'schen Schafpelz, Hunde schon
> Zu bringen wissen, die ihn zausen sollen! (IV, 4)

C'est un retournement complet. Le Templier, qui n'avait consulté que sa conscience et l'humanité pour repousser les offres de service du Patriarche (I, 5), et qui avait montré à Nathan qu'il était sensible à la "fureur religieuse" qui engendre les guerres de religion (II, 5), s'avise que la religion est un parti et se reconnaît solidaire de son Église. Dans son désarroi, il préfère se démettre de sa capacité de jugement pour se rallier aveuglément à la doctrine officielle de l'Église ("lieber schlecht, / Nach andrer Willen, machen; als allein. Nach meinem, gut", IV, 1), sans bien savoir s'il cherche le conseil paternel du chrétien – de l'homme simple ou de l'érudit – ou la sentence du représentant de l'autorité. Prêt à se dépouiller des attributs de son peuple et de son appartenance religieuse pour n'être plus qu'un homme, dans la première rencontre avec Nathan (II, 5), il se remobilise et reprend la cuirasse du croisé militant, pour ne pas être en reste avec ses adversaires, lesquels, selon lui, revendiquent de même leur appartenance religieuse : tous rivaux dans la compétition – et ennemis.

À défaut d'éradiquer la violence, le sultan cherche à la canaliser. Il exhorte le jeune homme à la prudence dans ses démarches, de manière à ne pas exposer le contrevenant aux poursuites de l'autorité religieuse, qui ne manquerait pas de solliciter l'intervention du bras séculier – comme le pasteur Goeze n'a pas hésité à faire appel au prince pour prendre des sanctions contre Lessing dans la "querelle des Fragments" (v. Repères/La genèse de *Nathan*). Saladin engage par ailleurs le Templier à ne pas se revendiquer chrétien par réaction, et seulement pour braver le juif et le musulman.

> [...] Gieb ihn nicht
> Sofort den Schwärmern deines Pöbels Preis!
> Verschweig, was deine Geistlichkeit, an ihm
> Zu rächen, mir so nahe legen würde!

Sei keinem Juden, keinem Muselmanne
Zum Trotz ein Christ! (IV, 4)

La question de la vérité, posée par Saladin, et à laquelle Nathan répond par la parabole des trois anneaux, qui déplace le centre de gravité de la réflexion en changeant les termes du problème, ne reçoit pas de réponse dogmatique, pas plus qu'elle n'est à proprement parler du ressort du souverain. Celui-ci a abandonné, à la fin de la scène de la parabole, la prétention au titre de "réformateur du monde et de la loi" ("Verbesserer der Welt und des Gesetzes") ; de même, il renonce à occuper le siège du juge "plus sage" chargé de trancher en dernière instance la question de la vérité (v. Problématiques/L'idée de tolérance). Mais instruit par la leçon de la parabole, il aura développé un sens plus averti des devoirs de sa charge et une conscience plus grande du danger de l'intolérance en matière de religion. Il indique ici les principes qui guident son gouvernement, celui des hommes comme celui du royaume : la tolérance vis-à-vis de toutes les confessions et appartenances religieuses ; la souplesse dans la conduite des hommes, encouragés à développer leur vertu à son service et au service de l'État, même si cette vertu s'enracine dans des pulsions mal maîtrisées ; et la vigilance constante face à toutes les menaces de dérèglement des passions individuelles comme du fanatisme religieux des croisés. Vis-à-vis du Patriarche, sa stratégie est d'éviter d'être requis officiellement pour intervenir. L'agitation des Templiers le contraint, à la fin de la pièce (V, 2), à rester sous les armes, pour garantir la sûreté du royaume.

LES ATTITUDES RELIGIEUSES DANS LA PRATIQUE

Si la question de la vérité en matière religieuse ne reçoit pas de réponse dogmatique, le poème dramatique de Lessing déploie un éventail de réponses pratiques apportées par les personnages dans les situations où ils se trouvent placés, qui les amènent à définir des attitudes religieuses fondamentales.

Au préalable, on fera observer que le poème dramatique présente les trois religions du Livre... sans le Livre. On appelle couramment (bien que l'expression donne lieu à des débats dans lesquels nous n'entrerons pas) les trois monothéismes judaïsme, christianisme et islam les "religions du Livre", entendant par là qu'elles se sont construites et structurées dans la référence à un livre reconnu comme d'inspiration divine, objet d'une révélation de Dieu à l'homme et fondement d'une tradition qui se développe dans le cours de leur histoire.

Or, dans la pièce de Lessing, centrée sur la rencontre et la confrontation des trois confessions monothéistes, le Livre, paradoxalement, est le grand absent. Ni la Bible hébraïque ou judéo-chrétienne ni le Coran ne sont même mentionnés. Le seul livre présent matériellement, et qui joue un rôle non négligeable, est le bréviaire du frère de Saladin converti au christianisme et devenu Templier, que son écuyer, le frère lai, a recueilli et conservé après son décès. Le bréviaire, selon la définition qu'en donne le *Dictionnaire de l'Académie française*, (8e édition, 1932, pratiquement identique aux précédentes) est le "Livre contenant les offices que ceux qui sont dans les ordres sacrés sont obligés de dire tous les jours. Il désigne par extension les Offices mêmes que disent chaque jour ceux qui y sont obligés. *Dire, réciter son bréviaire.*" Il ne s'agit donc pas du texte sacré en tant que tel, mais d'un *breviarum* ou "abrégé", d'où son nom, d'un livre officiel de l'Église à destination de ses prêtres et religieux, contenant les textes liturgiques récités aux heures des différents offices divins, soit une compilation de passages de la Bible (dont les psaumes), de litanies, prières, hymnes… Obligation canonique pour les clercs, la lecture du bréviaire peut devenir une pratique de dévotion chez les laïcs. Le frère de Saladin portait ce petit livre (*Büchelchen*) sur lui au moment de sa mort à Askalon. Le frère lai l'a conservé comme un objet pouvant servir à un chrétien, même si lui-même n'en a pas l'usage, puisqu'il ne sait pas lire: "Es sind Gebete drinn. Wir nennen's ein / Brevier. — Das, dacht ich, kann ein Christenmensch / Ja wohl noch brauchen. — Ich nun freilich nicht — / Ich kann nicht lesen —" (IV, 7)

Il en fait don à Nathan sans rien accepter en échange, comme du seul objet qui reste à Recha de son père et qui constitue donc son seul héritage. Le legs que la jeune fille reçoit ainsi symboliquement du père qu'elle n'a pas connu n'est pas le Livre qui renfermerait la vérité d'une doctrine, mais un livre de prières, qui appartient au genre de la littérature de dévotion, indice d'une certaine forme de religiosité et témoignage de foi – or, la dévotion pratique est bien moins sensible aux différences et aux querelles confessionnelles. On rapprochera cette situation de la

Ringparabel, dans laquelle elle se reflète : en effet, l'anneau légué par le père à chacun de ses trois fils illustre pareillement la transmission de la tradition religieuse et de la foi par les pères, "auf Treu und Glauben". Ce bréviaire est encore chargé d'une autre signification rattachée à l'intrigue. C'est en effet un instrument de la reconnaissance (*anagnorisis*) finale, puisque c'est dans ce petit livre que le frère de Saladin a consigné la généalogie de sa famille, qui donne à Nathan la clef de l'ensemble de l'histoire. L'objet passe de mains en mains, du frère lai à Nathan, qui doit le remettre à Recha. De fait, à la fin de la pièce, ce n'est pas à sa fille, mais à Saladin que Nathan le donne, pour confirmer la vérité de l'histoire, que le sultan a pressentie.

Ni l'instruction ni la pratique religieuse ne passent donc par le Livre, ni d'ailleurs par les livres. C'est bien plutôt le contraire qui se produit. Dans la scène entre Recha et Sittah (V, 6), la sœur du sultan s'émerveille de la sagesse de Recha, qu'elle attribue à l'étendue de ses lectures : "Was du nicht alles weißt! nicht alles musst / Gelesen haben!" Recha la détrompe aussitôt et l'assure qu'elle sait "à peine lire". Par ailleurs, ce qu'elle lit, ce sont les caractères tracés par la main de son père ("Ein wenig meines Vaters Hand! —"), explicitement distingués des livres proprement dits, qui, selon les propos de Nathan, rapportés par Recha, aliènent l'homme à lui-même et corrompent son naturel par l'artifice. Le livre ne joue aucun rôle dans son instruction religieuse, laquelle repose entièrement sur un enseignement oral, et non sur une érudition desséchée : "Mein Vater liebt / Die kalte Buchgelehrsamkeit, die sich / Mit toten Zeichen ins Gehirn nur drückt, / Zu wenig." (V, 6) On reconnaît ici peut-être un lointain héritage du *Phèdre* de Platon affirmant la supériorité de la parole sur l'écriture ; mais on discerne surtout l'influence du modèle d'éducation rousseauiste, qui retarde l'âge de la lecture et l'accès aux livres. On trouve ainsi dans le Livre II de l'*Émile :* "En ôtant ainsi tous les devoirs des enfants, j'ôte les instruments de leur plus grande misère, savoir les livres. La lecture est le fléau de l'enfance et presque la seule occupation qu'on lui sait donner. À peine à douze ans Émile saura-t-il ce que c'est qu'un livre." [ROUSSEAU, *Émile*, 1969]. Les contenus de l'enseignement, de préférence oral, ne sont jamais dissociés des circonstances et des raisons, ce qui les imprime plus fortement dans l'esprit de l'enfant. La justification donnée par Nathan – avec les livres, c'est la lettre morte qui se grave dans le cerveau – évoque aussi l'une des thèses principales défendues par Lessing dans la "querelle des Fragments" : même si l'autorité du texte biblique était définitivement ébranlée par la critique, la religion ne serait pas pour autant anéantie, car elle peut subsister sans le Livre. L'Église impose de croire sur le fondement de témoignages historiques, alors que le croyant, lui, adhère à des contenus de foi qu'il reconnaît en accord avec la volonté de Dieu. Ce faisant, l'Église transforme un texte vivant en lettre morte, ce qui renvoie à la distinction paulinienne entre *Buchstabe* et *Geist* (les chrétiens doivent être "ministres d'une nouvelle alliance, non de la lettre, mais de l'esprit; car la lettre tue, mais l'esprit vivifie", 2Co 3, 6, trad. Segond), les tables de pierre et les tables de chair, c'est-à-dire le cœur. La conception lessingienne s'écarte ici sensiblement de l'orthodoxie luthérienne (avec l'importance du principe *sola scriptura*, "par l'Écriture seule", et le statut de la Bible).

L'instruction dans les vérités de la religion s'opère donc essentiellement par la parole. L'éducation de Recha est le résultat de l'action conjointe de Daja et de Nathan ("was du mit ihm zugleich / Gebauet?", III, 1). Leurs apports pourtant, celui d'une religion positive, celui des principes de la raison, ne se confondent pas et s'accordent difficilement. La même scène nous apprend que Daja a fait souvent à Recha le récit de la vie des saints, de leurs tribulations et de leurs combats pour témoigner de leur foi. Cette forme de narration peut correspondre à la pédagogie du premier manuel de l'éducation du genre humain, qui s'adresse à la sensibilité de l'enfant au premier stade de son développement. Recha est touchée par ces histoires édifiantes, prête à compatir au sort des martyrs et des champions de la foi, sans pour autant être gagnée à leur cause. Instruite par Nathan dans les principes de la religion naturelle, fondée sur la pure raison, elle n'a pas fait l'expérience des religions positives. L'héroïsme de ces figures de légende comme le christianisme militant des croisades lui demeurent totalement étrangers. Daja au contraire, elle-même veuve d'un croisé qui a péri avec l'empereur, est l'incarnation de l'esprit partisan du christianisme, qui réquisitionne Dieu comme un bien qu'il possède en propre. Elle est corrigée sur ce point par Recha, qui critique l'idée d'un Dieu qui appartient à l'homme et qui fait combattre pour lui ("Wem eignet Gott?", III, 1).

L'enseignement de Daja – si l'on peut parler d'enseignement – entre en conflit avec le plan d'éducation de Nathan. Celui-ci a déposé dans l'âme de sa fille, qui est celle d'une créature naturelle et innocente, la semence "pure" de la raison (c'est-à-dire qui n'est pas contaminée par l'influence des religions positives). Or, Daja tente d'y introduire des éléments étrangers, qui se sont développés dans un autre pays que celui de Recha. Celle-ci ressent cette tentative de greffer des contenus de foi chrétiens comme une violence faite à sa nature.

> [...] den Samen der Vernunft,
> Den er so rein in meine Seele streute,
> Mit deines Landes Unkraut oder Blumen
> So gern zu mischen? (III, 1)

Ces images varient celles de la parabole du bon grain et de l'ivraie (Mt 13, 24-30), qui illustre les modes de réception de la parole divine, mais s'applique ici au discours de la raison naturelle. Nathan a semé "le bon grain" de la raison dans l'âme de sa fille pour qu'elle croisse et se développe selon sa nature (comparée ici à un sol); or, cette semence menace d'être étouffée par le christianisme de Daja – l'ivraie, les mauvaises herbes, ou les fleurs étrangères à la terre où elle a grandi. Le Templier, sensible à la perfection que représente l'éducation de Nathan, le "créateur" de Recha, reprend d'ailleurs l'image de la parabole du bon grain lorsqu'il dit à Nathan redouter pour Recha la contamination par le christianisme, lorsqu'elle aura retrouvé sa famille d'origine: "Wird den lautern Weizen, / Den Ihr gesät, das Unkraut endlich nicht / Ersticken? —" (V, 5). L'image des fleurs étrangères, quant à elle, évoque le pouvoir séducteur et corrupteur du discours chrétien de Daja, plus propre à étourdir la raison et à la subjuguer qu'à favoriser son développement naturel.

La religion de Daja, en effet, est fondamentalement irrationnelle, et revendiquée comme telle. Sa foi représente une variante vulgarisée du "Credo, quia absurdum" ("Je crois parce que c'est absurde", attribué à Tertullien). Les vérités de la religion sont déclarées par principe inaccessibles à la raison humaine ("Als ob der Verstand / Nur hier zu Hause wäre!", III, 1), ce qui la prive de tout rôle régulateur et laisse le champ libre à tous les débordements de l'imagination et des passions. Daja fait partie des personnes crédules, incapables de discernement et d'application de l'esprit à la compréhension du réel par le modèle de l'enchaînement des causes, prêtes à voir dans tout ce qui arrive l'intervention directe et visible de Dieu pour combler leur désir, à s'ébahir ("gaffen") devant tout événement sensationnel, même et surtout le plus invraisemblable, le bouleversement apparent de l'ordre de la nature étant le signe sûr de l'opération du miracle. Nathan adopte l'attitude exactement inverse, c'est-à-dire qu'il voit le miracle dans l'ordre même de la nature, dont on ne peut assez s'émerveiller lorsque l'on reconstitue l'enchaînement des événements selon la logique de la vraisemblance et que l'on peut soupçonner l'étendue de la puissance et de la sagesse divine. Dans la scène avec Recha, il épingle la croyance irraisonnée de Daja aux miracles, qui n'existent pour elle que sous la forme de prodiges – l'apparition d'une créature surnaturelle –, et qu'elle décrète incroyables lorsqu'ils se ramènent à des faits réels, produits par un concours de circonstances plausible – le Templier gracié par Saladin. Son lapsus intentionnel est là pour souligner le vice du raisonnement :

Ei freilich, weise Daja, wär's für dich
Kein Wunder mehr; und deine Wunder nur
Bedürf… verdienen, will ich sagen, Glauben. (I, 2)

La confrontation du discours de Daja avec celui de Nathan, de Recha, du Templier, fait apparaître le fossé qui les sépare, en dépit, parfois, de contiguïtés occasionnelles. Ainsi Daja prépare-t-elle le Templier à la révélation des origines de Recha en ces termes :

[…] — Doch
Zuweilen ist des Sinns in einer Sache
Auch mehr, als wir vermuten; und es wäre
So unerhört doch nicht, dass uns der Heiland
Auf Wegen zu sich zöge, die der Kluge
Von selbst nicht leicht betreten würde. (III, 10)

La rencontre providentielle avec le Templier, qui doit, dans l'esprit de Daja, combler ses désirs en ramenant Recha au christianisme, est comprise par elle comme l'intervention directe du Sauveur (le Christ) pour attirer à lui les hommes par des voies mystérieuses, destinées à demeurer illisibles et inintelligibles à notre entendement (le topos usuel de la vérité cachée à l'intelligence humaine). Le Templier rectifie la lecture de Daja et remplace le terme de "Heiland" par celui de "Vorsicht" – l'homme reconnaît que les événements sont gouvernés et conduits par une sage providence et acquiesce à un ordre qu'il déchiffre, à défaut de le pénétrer entièrement. Quelques lignes plus loin, Daja, toujours dans la même logique, exalte la Terre sainte comme "la terre des miracles" ("O! das ist das Land / Der Wunder!"); le Templier corrige en aparté :

Nun! — des Wunderbaren. Kann
Es auch wohl anders sein? Die ganze Welt
Drängt sich ja hier zusammen. (III, 10)

– pensant à la vertu du lieu, Jérusalem, la ville où sont destinés à se rencontrer les hommes de tous horizons confessionnels, comme son père avant lui en a fait l'expérience.

Chez Daja, les attitudes fondamentales de la foi et de la piété sont stéréotypées et mécaniques (voir l'effet de répétition de l'invocation de sa conscience "Mein Gewissen…", I, 1), son discours tautologique ("Des Himmels Wege sind des Himmels Wege", III, 1). De surcroît, c'est une religion qui inspire la peur, sinon la terreur du châtiment. Comme Daja est souvent la cible du comique, le spectateur n'est pas immédiatement attentif à la dimension sombre du personnage, qui ressort à la fin dans le discours de Recha (V, 6). L'impression qui est donnée de la religion de Daja est mortifère, à l'image d'une existence dominée par l'angoisse et la hantise des peines éternelles auxquelles sont voués les incroyants, lorsqu'ils résistent à la conversion ("Ihr Seufzen, / Ihr Warnen, ihr Gebet, ihr Drohen") (V, 6). On songe au frontispice de la Bible de Luther illustré par l'atelier de Cranach, qui oppose l'arbre de vie et l'arbre mort comme symboles de deux conceptions du christianisme, dont l'une figurée par les affres de la mort et de l'enfer.

C'est le Patriarche qui incarne le plus puissamment le caractère inhumain et le pouvoir d'oppression du christianisme, lors de son unique apparition dans la scène qui l'oppose au Templier : l'étalage d'un faste indécent, en contradiction flagrante avec l'esprit de pauvreté évangélique ; l'affirmation d'une autorité religieuse qui exige la plus complète obéissance et l'abdication totale de la raison ; l'enseignement d'une doctrine réduite à la sécheresse et à l'abstraction du dogme, sans tenir aucun compte des situations et des émotions humaines en jeu ; la cruauté sanguinaire dans les persécutions envisagées contre ceux qui selon lui s'opposent à la propagation du christianisme. La scène entre le Templier et le frère lai avait déjà donné un aperçu de tous les crimes autorisés, pour lui et pour les autres, et absous au nom du christianisme, dont le récit faisait ressortir la duplicité, la bassesse et la corruption morale du Patriarche, de surcroît veule et lâche.

Par comparaison, la foi de Daja, toute bornée qu'elle soit par l'influence de la superstition et du préjugé, n'en est pas moins authentique et les personnages peuvent reconnaître chez elle un écho lointain de leur propre piété, sous une forme moins éclairée. Sa croyance en la vie éternelle lui fait redouter d'être séparée à jamais des êtres auxquels elle est attachée et qui, faute d'être croyants à sa façon, sont voués à la damnation – pense-t-elle – et exclus à tout jamais de la réunion des chrétiens après la mort.

[…] Und wem schmeichelt's doch
Im Grunde nicht, sich gar so wert und teuer,
Von wem's auch sei, gehalten fühlen, dass
Er den Gedanken nicht ertragen kann,
Er müss' einmal auf ewig uns entbehren! (V, 6)

Cette explication psychologique, qui naturalise le prosélytisme de Daja et le ramène à des motivations humaines estimables, est l'interprétation la plus favorable que l'on puisse donner de l'ardeur de Daja à convertir la jeune fille dont elle a assuré une partie de l'éducation. Aussi Recha respecte-t-elle jusqu'à un certain point le christianisme de Daja, qui lui offre l'occasion de réflexions utiles sur la religion :

Es brachte mich doch immer auf Gedanken,
Die gut und nützlich. (V, 6)

Au-delà des contenus particuliers des religions positives, et indépendamment des représentations de Dieu qui sont le propre de chacune, toutes peuvent se ramener à un fondement commun de la piété, la dévotion à Dieu : "Ergebenheit in Gott". Par cette expression, il faut entendre que la vie du fidèle est orientée vers Dieu et placée sous son regard, attachée à le servir, dans l'abandon confiant à sa volonté, non pas au sens d'une soumission passive, mais en un sens actif ("'dem willen gottes ergeben, gott zugewandt, fromm' in durchaus aktiv-positivem sinne" Grimm, art. "Gottergebenheit"). La religion n'est pas affaire de connaissance ou de spéculation abstraite, mais une disposition à s'insérer dans un ordre de sens divin accessible par la raison et à y conformer son existence. Recha est la première à employer ce terme, dont la seconde occurrence intervient dans la parabole – le juge exhorte les frères à seconder la vertu de la pierre par la douceur, la tolérance, la pratique du bien, et une fervente dévotion à Dieu ("mit innigster Ergebenheit in Gott"). La troisième et dernière occurrence se trouve dans la scène entre Nathan et le frère lai à l'instant où Nathan va faire confidence des circonstances de l'adoption de Recha au seul homme capable de l'entendre, le représentant de la "pieuse simplicité" ("fromme Einfalt"), car lui seul peut comprendre comment la dévotion peut inspirer à l'homme des actions qui représentent une victoire remportée sur lui-même ("[…] Weil die allein/ Versteht, was sich der gottergebne Mensch / Für Taten abgewinnen kann.", IV, 7). La dévotion à Dieu est reconquise après l'épreuve qui a ruiné sa vie et l'a amené à l'instant critique où, injustement frappé – toute sa famille massacrée par les chrétiens –, il est un temps abîmé dans le désespoir, comme privé de raison, tenté de s'en prendre à Dieu et de s'insurger contre l'ordre de la Providence. C'est le problème de la théodicée, qui s'incarne dans la figure biblique de Job, familière aux contemporains de Lessing – Frédéric II désignait Candide, dans une lettre à Voltaire, comme "Job habillé à la moderne" (Landeshut, 28 avril 1759), et l'on sait que Mendelssohn a lu *Nathan le Sage* comme un anti-Candide. Le retour de la raison signifie la réaffirmation de l'existence de Dieu et la reconnaissance de son décret. L'instant de la dévotion à Dieu est ici marqué lorsque Nathan, qui s'est relevé pour répondre à l'injonction de la raison d'exercer ce qu'il a compris, adresse à Dieu pour finir cette invocation: "Ich stand! und rief zu Gott: ich will! / Willst du nur, dass ich will!" (IV, 7), qui montre qu'il s'en remet entièrement à Dieu du soin de conduire son action, une fois restaurée en lui la volonté d'agir. C'est cette même disposition humble que l'on retrouve chez lui lorsque, en possession du bréviaire de son ami, il exprime son soulagement de voir le nœud se dénouer de lui-même et rend grâce à Dieu, qui (à l'inverse d'hommes comme le Patriarche) ne juge pas les hommes en fonction de leurs actes, qui sont si rarement les leurs (V, 4). L'action de l'homme est l'instrument de la Providence divine.

La "Gottergebenheit", terme que Nathan et Recha sont seuls à employer, avec le juge de la parabole, définit le degré le plus élevé de la religiosité et de l'humanité, qui unit le père et la fille dans la même piété et les place d'emblée au-delà et en avant de tous les autres. Chez Recha, cette dévotion va de pair avec la croyance enfantine en un ange céleste commis à sa garde et descendu sous l'habit du Templier pour la protéger.

> RECHA. [...] Habt Ihr,
> Ihr selbst die Möglichkeit, dass Engel sind,
> Dass Gott zum Besten derer, die ihn lieben,
> Auch Wunder könne tun, mich nicht gelehrt?
> Ich lieb ihn ja.
> NATHAN. Und er liebt dich; und tut
> Für dich, und deinesgleichen, stündlich Wunder;
> Ja, hat sie schon von aller Ewigkeit
> Für euch getan. (I, 2)

Il peut sembler étonnant que Nathan n'ait pas dissuadé sa fille de continuer à cultiver cette croyance ingénue en la Providence divine "spéciale", attachée de toute éternité au soin de conserver l'existence individuelle, et même qu'il ait pu l'y encourager. Il n'intervient que pour rectifier la conception du miracle véhiculée par Daja, en lui apprenant à voir le miracle dans le monde des hommes et dans l'ordre des choses, à s'en émerveiller, sans pour autant se targuer de révélations divines propres à encourager l'illusion d'une intimité avec Dieu. Dans sa "cure" de l'accès de *Schwärmerei* de sa fille, il dénonce les dommages causés par le dérèglement de l'imagination et de la sensibilité, qui détourne de la vie active et de la bonne action à accomplir. Pour le reste, on s'avisera que l'éducation de Nathan a engagé Recha naturellement dans le chemin de la raison et de la vertu sans passer par les étapes de "l'éducation du genre humain". En instruisant sa fille dans les vérités de la religion naturelle, il ne l'a pas confrontée avec les tragédies et l'injustice du monde, qui sont au centre des réflexions sur la théodicée, mais il a mis en elle une confiance inébranlable dans la Providence, sur le modèle de la tendresse qu'il lui porte. Jamais Recha n'a douté un instant que le Dieu de bonté auquel va son amour ne prenne un soin paternel de ses créatures, jusqu'à faire pour elles des merveilles à toute heure, voire susciter des anges. Lorsque, pour la guérir de son accès de *Schwärmerei*, il lui dépeint la situation misérable de son sauveur malade et isolé en terre étrangère, il calme instantanément ses alarmes en l'assurant que la bonne action trouve sa récompense dans l'ici-bas ("Gott lohnt Gutes, hier/ Getan, auch hier noch.", I, 2). Recha n'a pas besoin de croire en une vie éternelle où les actions trouveraient leur récompense ou leur châtiment dans l'au-delà (v. Problématiques/ La pensée de l'éducation), puisqu'elle est toute nature et innocence, et naturellement tournée vers le bien. Dans ses esquisses préparatoires, Lessing la caractérise comme "une jeune fille innocente, en dehors de toute religion révélée, dont elle connaît à peine les noms, mais remplie du sentiment du bien et de la crainte de Dieu" ("ein unschuldiges Mädchen, ohne alle geoffenbarte Religion, wovon sie kaum die Namen kennt, aber voll Gefühl des Guten u. Furcht vor Gott"). La crainte de Dieu, souvent employée comme synonyme de la piété, n'est pas la peur, celle qui fait de l'homme un être servile et rampant, mais le respect et la vénération pour le Dieu que l'on craint d'offenser, et devant qui l'homme place son existence.

Les convictions de Saladin, le représentant de l'islam, se formulent dans des termes un peu différents, mais non pas incompatibles avec l'idéal de la *Gottergebenheit* de Nathan. Lessing consigne dans une note préparatoire l'expression "Überlassung seiner in die Hände Gottes" dans la définition que donne Marin de l'islam : "Islam est un mot arabe qui signifie l'action de s'abandonner entre les mains de Dieu, & *Muslemin* signifie ceux qui s'y abandonnent. De ce dernier mot nous avons fait celui de 'Musulmans'." [MARIN, 1784] La traduction allemande, sur laquelle travaille Lessing, ajoute : "Muselman heißt also ein Mensch, der sich den Führungen Gottes ergiebt." [MARIN, 1784] (On appelle donc "musulman" un homme qui s'en remet aux conduites/à la conduite de Dieu).

La définition de l'islam comme abandon entre les mains de Dieu est très proche de l'attitude de la *Gottergebenheit*. Dans les deux cas, l'homme s'en remet à Dieu pour ce qui est du sens ultime de son existence – ce qui ne s'entend pas au sens de la résignation fataliste ou de l'abdication de la raison ou de la volonté. Nathan et Saladin ne renoncent pas à dégager le sens de ce qui arrive, ils y appliquent au contraire les forces de leur esprit, et ni l'un ni l'autre ne sont des contemplatifs, même si Nathan est en relation avec des personnages qui incarnent le retrait du monde (le derviche, le frère lai). L'abandon à Dieu désigne une forme de piété éclairée qui inspire l'action, en prenant la mesure des limites de la condition humaine.

L'abandon entre les mains de Dieu se traduit chez Saladin, en particulier, par la frugalité de son mode d'existence, dont Lessing a voulu garder les traits principaux, relevés dans ses sources, et par l'indifférence profonde aux richesses, qu'il ne convoite pas pour elles-mêmes. À Al-Hafi, qui lui prédit la ruine, il répond :

> Ein Kleid, Ein Schwert, Ein Pferd, — und Einen Gott!
> Was brauch ich mehr? Wenn kann's an dem mir fehlen? (II, 2)

Ce dépouillement, qui contraste avec la pompe et le faste dont s'environne le Patriarche, est aussi la marque du culte rendu à son Dieu, qui ne se manifeste pas par des dons ou des offrandes, mais se renferme dans le secret du cœur :

> Ein Pferd, Ein Kleid, Ein Schwert, muss ich doch haben.
> Und meinem Gott ist auch nichts abzudingen.
> Ihm g'nügt schon so mit wenigem genug;
> Mit meinem Herzen. — (II, 2)

La religion se trouve donc chez Saladin ramenée à l'essentiel, à sa plus simple expression, celle de la relation intime et personnelle du croyant à son Dieu – cette piété du cœur, qui n'est pas davantage représentée ni décrite, à la différence des invocations de Nathan (IV, 7 et V, 3), a pu être inspirée par le piétisme, et l'accent nouveau mis sur la composante sensible de la religion (v. Repères/L'Aufklärung/Les courants spirituels et religieux). Saladin par ailleurs ne s'embarrasse guère d'orthodoxie (il s'impatiente d'être condamné au jeu d'échecs dont les pièces sont des figures abstraites) et traite avec la même désinvolture les superstitions du christianisme ("Armseligkeiten") ou les rites du judaïsme : le crime pour lequel le Patriarche est prêt à traîner le juif au bûcher et qui suscite l'indignation du Templier se traduit pour lui dans l'exclamation railleuse : "Nathan va voir ce qu'il lui en coûte d'avoir élevé une enfant chrétienne sans viande de porc", ce qui est aussi une manière de ridiculiser le Templier, qui sentira dans cette moquerie l'aiguillon du reproche.

> SALADIN. Auch soll es Nathan schon empfinden, dass
> Er ohne Schweinefleisch ein Christenkind
> Erziehen dürfen! — Geh! (IV, 4)

Mais il protège les pèlerins et garantit le droit d'accès aux Lieux saints, dont il est le gardien, ce qui veut dire que le souverain garantit à chacun le libre exercice de sa religion.

Saladin ne semble pas connaître l'idée d'une Providence spéciale attachée à la conservation de chaque créature, mais il est sensible à la qualité morale des bonnes actions, qui, même inspirées par la simple passion, peuvent devenir source de nouveaux bienfaits, comme il le dit à la fin de la scène de la parabole, lorsque Nathan lui apprend par quel concours de circonstances sa fille a été sauvée. La grâce qu'il a accordée au Templier en épargnant sa vie a permis que celui-ci à son tour se porte au secours de Recha. Le sultan admire l'action, mais tout autant le hasard ou la fortune ("Glück"), qui a si heureusement agencé les circonstances que le sultan y discerne une forme de sagesse, car la bonne action en définitive, a tourné à l'avantage de l'homme de bien – alors que les coups du sort peuvent atteindre indifféremment le bon et le méchant. La reconnaissance de la sagesse et de la bonté qui gouvernent le cours des choses et les actions des hommes est une manière de s'insérer dans l'ordre transcendant du monde moral et de discerner un sens supérieur de l'existence. C'est aussi pourquoi Saladin s'étonne de trouver chez le

Templier tant d'insensibilité à la bonne action accomplie, alors qu'il devrait être ému de penser qu'il a été un instrument de Dieu pour l'accomplissement du bien :

> SALADIN. So kalt? — Nein, junger Mann! wenn Gott
> Was Gutes durch uns tut, muss man so kalt
> Nicht sein! — selbst aus Bescheidenheit so kalt
> Nicht scheinen wollen! (IV, 4)

Le Templier, pris dans la complexité d'un réel ambigu, qui comporte bien des facettes contradictoires – l'impératif de fidélité à sa religion et l'appel à l'humanité de Nathan, l'amour d'un chrétien pour une juive, sa double origine chrétienne et musulmane –, peine à s'orienter et à discerner la part du bien et du mal. Le sultan lui recommande, dans le doute, de retenir l'interprétation la plus bienveillante et de s'en tenir pour le reste à la piété de l'humble croyant : louer Dieu et s'en remettre à lui du soin de dégager le sens ultime des choses, lui qui sait comment se résolvent les contradictions et qui est garant de l'ordre du monde comme de la société humaine. La maxime sentencieuse de Saladin renferme une morale pour l'action, qui tient compte des bornes assignées à la raison humaine, des principes à fixer pour œuvrer dans le sens du bien et de la conscience de la place qu'occupe l'homme dans le monde. Le Templier, qui, dans un premier temps, se dérobe farouchement à la reconnaissance de celle qu'il a sauvée, s'exclut par là même de l'enchaînement des bonnes actions, et donc de l'humanité. Ce déni de reconnaissance, qui équivaut à la dénégation de la valeur morale universelle de son acte, est caricaturé par Recha (III, 2), qui renvoie ironiquement au Templier, comme dans un miroir déformant, l'image de sa bonne action telle qu'il l'a dénaturée, comme si celle-ci n'impliquait à aucun moment l'intervention de l'homme et de sa volonté, mais était le produit d'un hasard aveugle : accumulation de circonstances fortuites, série d'automatismes accomplis par un objet inerte, l'homme semblable à un animal dressé, sans volonté et sans pensée, accomplissant mécaniquement des suites d'actions sans qu'aucune intention consciente n'y préside. Bref, la caricature d'un monde régi par la fatalité et devenu illisible – on pourra voir ici une attaque contre le matérialisme de La Mettrie. Nathan, puis le sultan, chacun à sa manière propre, le rappellent à l'humanité en lui inspirant une appréciation plus juste de son acte.

Le frère lai, l'un des interlocuteurs du Templier, et non le moindre, contribue d'une manière décisive au tracé des contours de ce personnage et à la mise en relief de son dilemme. Si Nathan et Saladin sont les "pères" du jeune Templier (et le Patriarche, qui devrait être un père spirituel, la caricature de la puissance paternelle), le frère lai, lui, se présente comme un "frère" (I, 5), récuse l'appellation de "père" (et donc l'autorité correspondante) et se dérobe au moment où le Templier veut s'adresser à lui plutôt qu'au Patriarche pour solliciter son conseil (IV, 1). Lessing a travaillé la mise en perspective des deux caractères et leur opposition. Tous deux chrétiens, ils ont à définir leur attitude lorsqu'ils apprennent qu'une enfant chrétienne a été adoptée par un juif, sans être informée de ses origines ni instruite dans la religion de ses pères. Dans un premier temps, le Templier, circonvenu par Daja, épouse l'esprit de parti qui est celui de son christianisme et s'indigne en accusant Nathan d'avoir étouffé en Recha la "voix de la nature", trahissant ainsi la force du préjugé en faveur de sa religion, la seule naturelle et la seule légitime. Face au frère lai, il est tenté d'abdiquer sa raison comme sa conscience, ce à quoi d'ailleurs l'invite le Patriarche, blâmant à mots couverts le refus qu'il lui a opposé au nom de sa raison et d'un point d'honneur ridicule, si on le mesure à l'aune de la gloire céleste à récolter en servant les intérêts de l'Église. Seuls la cruauté et le fanatisme sanguinaire du Patriarche lui font faire retour sur lui-même et mobiliser ses réflexes d'humanité dans la discussion du *Problema*, en lui faisant mesurer l'ignominie qu'il y aurait à livrer Nathan au bûcher. Le frère lai, tout illettré qu'il soit, trouve quant à lui les raisons d'agir dans son fonds d'humanité, sans recourir à une direction de conscience pour s'éclairer sur la doctrine. Alors que le Templier est tenté de se réfugier derrière l'argument d'autorité et d'"agir mal selon la volonté d'autrui plutôt que bien selon la [s]ienne", le frère lai se révèle d'emblée capable de se soustraire à l'autorité qui subjugue les esprits et de se déterminer selon "ce qu'il pense". Il incarne, dans sa "pieuse simplicité" ("fromme Einfalt" : c'est le terme de "Einfalt" qui le caractérise aux yeux des autres personnages), la droiture de la conscience religieuse inspirée et dirigée par des considérations de simple humanité. Il ne suit pas le Patriarche dans ses anathèmes contre le péché le plus grave, à jamais inexpiable, le "péché contre l'Esprit", dénonçant l'obscurité de la notion – dans l'évangile de Matthieu, les chefs religieux accusent le Christ de chasser les démons au nom de Belzébuth, prince de l'enfer, et non de Dieu, attribuant à Satan l'exercice d'une puissance qui est celle de Dieu, ce qui constitue un blasphème contre l'Esprit ("C'est pourquoi je vous dis : Tout péché et tout blasphème sera pardonné aux hommes, mais le blasphème contre l'Esprit ne sera point pardonné", Mt 12, 31, trad. Segond). Cette description ne correspond guère à l'action de Nathan, ici diabolisé pour avoir soustrait l'enfant baptisée à l'emprise de l'Église. On peut penser, d'ailleurs, que des passages bibliques soulevant de telles difficultés d'interprétation et évoquant l'éternité de la damnation ne figurent plus dans les contenus de prédication des Lumières, comme impropres pour l'édification morale du fidèle. Au lieu d'instruire un procès en apostasie (Nathan aurait contraint sa fille à renier sa religion), le frère lai énonce la logique de la bonne action de Nathan, en faisant ressortir sa valeur humaine et morale (la fidélité à son ami, la tendresse paternelle pour l'enfant abandonnée). Pour lui, le devoir d'humanité est dicté par la nature (les petits ont besoin d'abord d'amour et de soins), et c'est lui qui prime sur les devoirs de la religion positive (l'instruction dans le christianisme). À l'attitude du Templier tenté de se réfugier dans l'obéissance passive et d'agir mal en reniant la voix de sa raison, le frère lai oppose la certitude de la conscience éclairée par la lumière naturelle, qui l'empêche de faire le mal, car, à défaut de toujours discerner le bien, l'homme sait où se trouve le mal :

> [...] Wenn an das Gute,
> Das ich zu tun vermeine, gar zu nah
> Was gar zu Schlimmes grenzt: so tu ich lieber
> Das Gute nicht; weil wir das Schlimme zwar
> So ziemlich zuverlässig kennen, aber
> Bei weiten nicht das Gute. (IV, 7)

Ainsi le frère lai incarne-t-il l'intégrité de la conscience morale dans le monde corrompu du christianisme. En bien des occasions, il est observateur attentif de son environnement, notamment du Patriarche dont il se désolidarise clairement, tant pour ce qui est de sa politique, que de son mode de vie et de son fanatisme religieux ; il est témoin lucide des épreuves du Templier et capable d'avertissements qui, pour être discrets et circonspects, n'en sont pas moins sans équivoque pour qui sait entendre – ainsi lorsqu'il exprime ses réserves sur la démarche du Templier auprès du Patriarche, pensant d'abord qu'elle est due à un revirement à mettre sur le compte de l'appât des richesses et des honneurs, puis s'étonnant que le Templier choisisse pour conseiller le Patriarche. Contrairement aux autres personnages chrétiens (Daja, le Patriarche, et pour une part le Templier), il ne voit pas le christianisme et le judaïsme comme deux confessions rivales et ennemies, et c'est lui qui rappelle, de manière touchante, la force du lien qui joint les deux monothéismes, et que les chrétiens refusent de reconnaître – le christianisme s'est édifié sur le judaïsme, et le Christ lui-même était juif :

> Und ist denn nicht das ganze Christentum
> Aufs Judentum gebaut? Es hat mich oft
> Geärgert, hat mir Tränen gnug gekostet,
> Wenn Christen gar so sehr vergessen konnten,
> Dass unser Herr ja selbst ein Jude war. (IV, 7)

Le passage du monastère du mont de la Tentation (mont de la Quarantaine) à l'ermitage du mont Thabor peut symboliser la conscience de l'alliance de l'Ancien et du Nouveau Testament.

Il est impossible d'abolir le fossé qui sépare les confessions – et Nathan ne se fait pas faute de rappeler au frère lai que chacun des deux voit le monde du point de vue qui est celui de sa tradition religieuse propre et que la reconnaissance de la valeur de l'autre ne doit pas déboucher sur la volonté de le réduire à l'idéal de sa propre confession. La différence est irréductible, mais la rencontre des deux hommes et leur accord sur les valeurs fondamentales d'humanité ouvrent un horizon transconfessionnel, celui de l'humanité et de la fraternité.

L'IDÉE DE TOLÉRANCE : DU *COMPELLE INTRARE* D'AUGUSTIN AU *INTROITE, NAM ET HEIC DII SUNT* DE LESSING

Nous fixerons d'abord quelques jalons dans la perspective de l'étude de *Nathan le Sage*, en tenant compte de la distinction fondamentale à établir entre la question de la tolérance en matière doctrinale et religieuse et la tolérance en matière civile ou politique. Le *Dictionnaire de l'Académie française* (5e édition, 1798) marque la distinction suivante :

> *La Tolérance Ecclésiastique* ou *Religieuse* consiste à ne point traiter d'erreur nuisible au salut certaines opinions ou certains points de pratique. *La Tolérance Religieuse ne s'étend que sur ce qui n'est pas déclaré article de Foi.*
>
> La *Tolérance Civile* est la permission que le Prince ou l'État donne de professer telle opinion, d'exercer tel culte, de n'en professer aucun, sans aucune contrainte à cet égard.

La première porte sur la question de savoir si, et dans quelle mesure, les autorités religieuses et ecclésiales doivent accepter les idées dissidentes ou les doctrines hérétiques, et comment elles doivent se comporter vis-à-vis de ceux qui les professent et les diffusent. Une seconde question, liée à la première, mais distincte, est celle de l'attitude des autorités civiles et de la politique pratiquée par le souverain en matière de religion. Doit-il "tolérer" dans ses États que l'on enseigne ou répande des doctrines qui ne sont pas celles de la religion officielle, ou celles de la majorité, mais celles de minorités "dissidentes"? Est-il fondé à intervenir, et dans quelles limites?

La citation en exergue de *Nathan le Sage*, "Introite, nam et heic dii sunt" ("Entrez, car ici aussi il y a des dieux") peut être interprétée comme une allusion et une réponse à la célèbre formule tirée de la Vulgate: "Compelle intrare" ("contrains-les d'entrer"). Cette formule, dans laquelle se résume la politique de coercition exercée par l'Église et les autorités civiles sur les dissidents ou hérétiques, reste associée au nom de l'un des Pères de l'Église, Augustin, évêque d'Hippone, en Afrique du Nord (IVe siècle de notre ère), qui, dans une lettre à un évêque schismatique, développe son argumentaire en citant cette phrase du Christ. Un an après la révocation de l'édit de Nantes (1685), le calviniste français Pierre Bayle (1647-1706) revient sur cette formule emblématique, dans son *Commentaire philosophique sur ces paroles de Jésus-Christ "Contrains-les d'entrer"* (1686). Il s'agit d'un texte essentiel, qui réfute les arguments invoqués en faveur de la persécution, d'une part, et qui pose le fondement d'une pensée positive de la tolérance en exhortant à l'authenticité en matière de morale et de religion, d'autre part. Nous rappellerons encore la situation des territoires allemands au sortir de la guerre de Trente Ans, avec les traités de Westphalie (1648) qui organisent la coexistence de plusieurs confessions, puis en particulier la politique religieuse du royaume de Prusse, depuis l'accueil des huguenots fuyant la France de Louis XIV jusqu'à la situation des différentes confessions et sectes dans la Prusse de Frédéric II. Pour préciser l'horizon dans lequel se développent la pensée et l'exigence de la tolérance, il faut encore évoquer quelques textes fondateurs, la première lettre sur la tolérance de Locke, qui inspire la pensée des Lumières (1689), et notamment Voltaire, qui a marqué les idées religieuses de Frédéric II.

HÉRITAGES : “CONTRAINS-LES D’ENTRER” (AUGUSTIN) ET LE *COMMENTAIRE* DE BAYLE

Compelle intrare : la justification de la répression et de la contrainte en matière religieuse

Augustin a développé sa pensée sur la contrainte en matière de religion lorsqu’il a été confronté à l’hérésie donatiste (du nom de l’évêque Donat), qui a entraîné un schisme dans l’Église africaine. Ce schisme est une suite de la grande vague de persécutions des chrétiens sous l’empereur romain Dioclétien (IVe siècle de notre ère). Le premier édit de persécution demande que soient remis tous les objets du culte et l’ensemble des livres saints. Les attitudes des évêques vont de l’obéissance totale – qui revient à abjurer la foi chrétienne et fait d’eux des *traditores* (au double sens de ceux qui ont remis les livres saints, mais aussi de traîtres), ou *lapsi* (ceux qui sont tombés, ou renégats) – au refus, qui entraîne la condamnation, voire le martyre. Certains encore prônent la prudence, au risque de se faire accuser de pusillanimité. Une fois la paix religieuse revenue et le christianisme reconnu officiellement par l’empereur, les *traditores* sont réintégrés dans l’Église, mais une fraction de “purs”, entraînés par l’évêque Donat, refuse de reconnaître la validité des sacrements administrés par les *lapsi*, récusent l’élection d’évêques coupables ou suspectés de compromissions, pour en élire d’autres et fonder ainsi une église séparée. La question dogmatique est tranchée : la validité intrinsèque du sacrement est reconnue, quelle que soit l’indignité du ministre qui le dispense, et cette décision prend force de loi avec l’intervention de l’empereur Constantin, qui ordonne la dissolution des communautés donatistes et la confiscation de leurs biens. Au début du Ve siècle, à la conférence de Carthage, a lieu la confrontation décisive entre les deux épiscopats : le donatisme, mis en échec, est condamné officiellement et mis hors-la-loi par le pouvoir impérial.

Augustin, devenu évêque d’Hippone au plus fort du schisme et des troubles politiques qui l’accompagnent, se saisit du dossier donatiste et, en engageant le dialogue avec les évêques schismatiques, joue un rôle de premier plan dans l’apaisement relatif du conflit. Cherchant au début à convaincre par les seules armes de la Parole, il se ravise ensuite et admet le recours à la contrainte, sinon à la violence. Il s'en explique dans une lettre adressée à un évêque schismatique (Lettre XCIII, année 408), et introduit la référence à la parabole de l'évangile de Luc (Lc 14, 16-24) pour justifier le recours à la coercition. Dans cette parabole, un homme donne un grand souper et invite largement à cette occasion. Tous les invités s'étant récusés sous divers prétextes, le maître de maison envoie son serviteur chercher les pauvres et les infirmes, et comme il reste encore de la place, il renchérit : "Va dans les chemins et le long des haies, et ceux que tu trouveras, *contrains-les d'entrer* afin que ma maison soit remplie." ("compelle intrare" dans la Vulgate latine ; "nötige sie hereinzukommen", dans la traduction de Luther). Cette lettre a permis de voir en Augustin le "prince et patriarche des persécuteurs" [DUFAL, 2008], lequel y justifie en effet une politique de répression, de fait contraire à l'enseignement évangélique recommandant la mansuétude vis-à-vis des dissidents, qui sont des égarés qu'il s'agit d'instruire en douceur et de ramener dans le droit chemin de la vérité au sein de l'Église.

Longtemps, Augustin n'a pas été favorable à la contrainte et s'est opposé à la répression des hérétiques par les puissances séculières. Il redoutait, de fait, que cette politique n'encourage l'hypocrisie et ne suscite des adhésions formelles, dues à la seule crainte. Finalement, il se laisse convaincre par l'expérience, ayant été directement témoin du retour sincère d'un grand nombre de donatistes, sous l'effet de la menace. Sa ligne d'argumentation est la suivante : il est permis, dans certaines limites, de forcer les consciences, le tout est de savoir à quoi on les contraint. Le recours à la violence peut se justifier par la gravité du péril dans lequel se trouvent les hérétiques, puisqu'ils sont en danger de perdre le salut éternel. Ennemis de la "vraie religion", ils sont comparés à des déments en délire, que, pour secourir, il faut ligoter, c'est précisément le rôle des lois de répression :

> Supposez quelqu'un qui verrait son ennemi, devenu frénétique dans un accès d'horrible fièvre, courir à la mort : si, au lieu de le saisir et de le lier, il lui permettait de courir jusqu'au bout, ne lui rendrait-il pas le mal pour le mal ? Il lui [à l'hérétique] paraîtrait cependant bien désagréable et bien dur, pendant qu'en réalité il lui serait très-utile par sa compatissance ; mais revenu à la santé, celui-ci rendrait à son libérateur des grâces d'autant plus abondantes qu'il sentirait qu'il a été moins ménagé. (Lettre XCIII, année 408) [AUGUSTIN, 1864]

À côté des frénétiques, qu'il faut lier pour les contenir, il existe une seconde sorte de dissidents, celle des léthargiques, qu'il faut, à l'inverse, secouer pour les faire sortir de leur torpeur. De manière générale, le cœur humain a besoin d'être poussé, sinon bousculé, pour aller au bien. Ceux qui ont été tirés d'erreur reconnaissent après coup le bienfait de la contrainte, qui les a arrachés à leur indolence :

> Combien en est-il parmi eux qui se réjouissent maintenant avec nous, se reprochent l'ancien poids de leurs mauvaises œuvres, et avouent que nous avons bien fait de les molester, parce qu'ils auraient péri dans le mal d'une coutume assoupissante comme dans un sommeil de mort.

Si l'on se bornait à user de violence, il y aurait là une forme de tyrannie inacceptable. Mais la contrainte, dans l'esprit d'Augustin, est inséparable de l'instruction dispensée à celui qui est aveuglé par l'erreur :

> Mais quand le bon enseignement et la crainte utile marchent ensemble, quand la lumière de la vérité chasse les ténèbres de l'erreur, et que la force de la crainte brise les liens de la mauvaise coutume, nous avons alors à nous réjouir du salut de plusieurs, comme je l'ai dit; ils bénissent Dieu avec nous et lui rendent grâce d'avoir ainsi guéri les malades et ranimé les faibles, au moyen des rois de la terre qui, selon les divines promesses, devaient servir le Christ.

En définitive, le recours à la coercition est justifié par l'amour divin qui l'inspire :

> Celui qui lie un frénétique et qui secoue un léthargique, les tourmente tous les deux, mais il les aime tous les deux. Qui peut plus nous aimer que Dieu ? Et cependant il ne cesse de mêler à la douceur de ses instructions la terreur de ses menaces.

C'est à cet endroit qu'Augustin, balayant l'objection que nul ne doit être contraint à la justice, se réfère à l'évangile de Luc et à la conversion de Paul, terrassé par Dieu sur le chemin de Damas, et aveuglé un temps, pour illustrer son propos :

> Et vous croyez qu'il ne faut user d'aucune violence envers l'homme pour le tirer du mal de l'erreur, quand vous voyez Dieu même, qui nous aime plus utilement que personne, autoriser cette violence par des exemples certains, et que vous entendez le Christ nous dire : "Personne ne vient à moi si le Père ne l'attire !" Cela se

> fait dans le cœur de tous ceux qui se convertissent à Dieu par la crainte de la divine colère.

L'Église, attaquée par les méchants, ses ennemis, est donc fondée à les persécuter, non pas avec cruauté, mais par charité, à des fins de correction et d'amélioration :

> Tout ce que fait donc la vraie et légitime mère [l'Église], quelque âpreté, quelque amertume qu'on y trouve, ce n'est pas le mal rendu pour le mal ; c'est le bien de la règle appliqué contre le mal de l'iniquité, non avec de nuisibles sentiments de haine, mais avec les salutaires inspirations de l'amour.

Ce qu'il faut donc considérer en premier lieu pour trancher la question de la légitimité du recours à la répression, c'est le but que l'on poursuit. L'accent principal ne doit pas porter sur la coercition, mais sur le but dans lequel elle s'exerce, le bien, ou le mal.

Dans cette argumentation, la contrainte exercée extérieurement par l'autorité civile, avec la sévérité des lois (les édits impériaux), réussit à changer le *cœur* de l'homme et à le rendre attentif à la vérité ; elle est l'occasion pour lui d'un retour sur lui-même, qu'il était trop faible pour mettre en œuvre par ses seules forces. La crainte agit comme un aiguillon salutaire, et pousse l'homme à "chercher dans l'inquiétude" ce qu'il n'aurait "jamais désiré connaître dans la sécurité".

> Ce n'est pas que personne puisse devenir bon malgré soi, mais la crainte de ce qu'on ne veut pas souffrir met fin à l'opiniâtreté qui faisait obstacle et pousse à étudier la vérité ignorée ; elle fait rejeter le faux qu'on soutenait, chercher le vrai qu'on ne connaissait pas, et l'on arrive ainsi à posséder de bon cœur ce qu'on ne voulait point.

Cette lettre d'Augustin a fourni la matrice de l'argumentation en faveur de la politique de répression religieuse et politique des hérésies, comme elle a pu aussi inspirer à l'époque moderne la politique d'évangélisation des populations indigènes dans les territoires nouvellement conquis. Tout écart vis-à-vis de la vérité de la doctrine, c'est-à-dire de l'orthodoxie, est potentiellement une menace pour l'unité de l'Église catholique et, de ce fait – les deux aspects sont solidaires –, constitue une menace aussi pour la stabilité de l'Empire romain. Les hérétiques ou dissidents religieux apparaissent d'emblée comme rebelles et séditieux, et c'est en tant que tels qu'ils sont poursuivis et persécutés, la puissance publique se faisant ici le rempart de la religion et l'alliée de l'Église.

L'hérésie est poursuivie comme un crime de lèse-majesté, et c'est ainsi que le tribunal de l'Inquisition, à partir du XIIIe siècle, fera appel à l'autorité civile contre les hérétiques.

Concernant la contrainte qui s'exerce sur les individus, l'hérétique, comme l'hérésie, sont traités comme une maladie mettant en péril la santé de l'homme, tout autant que celle du corps social, et l'intervention des autorités, religieuses comme civiles, se légitime à l'égal de celle du chirurgien qui a pour mission d'éradiquer "le mal", au besoin par le fer et le feu : "Celui qui tue ne regarde pas comment il déchire ; mais celui qui s'occupe de guérir, regarde comment il coupe ; l'un persécute la vie, l'autre la pourriture." La sainteté des fins que l'on se propose (le salut éternel de l'individu, le triomphe de la vérité dans l'État), l'inspiration de l'amour divin qui anime les agents de la répression (Dieu lui-même a châtié ceux qu'il aime) et la combinaison de l'instruction et du châtiment justifient, jusqu'à un certain point, le recours à la contrainte ou à la violence.

Dans ce modèle de pensée, il est légitime d'agir par contrainte et de forcer la conscience, sans lui laisser la liberté de se déterminer et de choisir, puisque l'homme, dans sa faiblesse, agit comme un frénétique en délire ou un homme languissant, incapable d'embrasser fermement le parti de la vérité. On présuppose que le malade, une fois guéri de son erreur, ratifiera la violence qu'il a dû subir pour son bien et le salut de son âme.

L'hérésie est donc traitée comme un crime, même si Augustin concède, avec difficulté, une place réduite à l'erreur. Il ne peut tout à fait écarter le cas de l'homme séduit, mais sincère, qui se trompe de bonne foi. Celui-ci est alors invité à considérer les mesures qui le frappent (exil, confiscation de ses biens) comme un avertissement et l'occasion d'une salutaire réflexion, et non absolument comme sanction d'un crime. Les égarés de bonne foi sont assimilés aux juifs, dont le statut est ambigu, puisqu'ils ont, du point de vue de l'Église, l'ardeur de servir Dieu, mais sans la connaissance de la vérité, et donc ne sont pas considérés comme hérétiques au sens propre du terme : "Je leur rends ce témoignage qu'ils ont du zèle pour Dieu, mais non pas selon la science. Car ne connaissant pas la justice de Dieu et voulant établir leur propre justice, ils ne se sont point soumis à celle de Dieu."

On comprendra néanmoins que la frontière entre l'erreur et le crime n'est pas fermement tracée, et que celui qui pense ou croit autrement se trouve livré sans défense à l'arbitraire et à la tyrannie.

Pierre Bayle : *Commentaire philosophique*

La signature de l'édit de Fontainebleau, révoquant l'édit de Nantes, par Louis XIV (1685), marque l'apogée d'une politique systématique d'éradication du protestantisme par la violence (dragonnades, abjurations forcées...). L'édit de Fontainebleau interdit tout exercice de la religion protestante (dite RPR : Religion prétendue réformée) en France : les temples sont démolis, les écoles protestantes interdites, les pasteurs refusant la conversion sont bannis, obligation est faite de baptiser et d'instruire ses enfants dans la foi catholique, l'émigration est proscrite... C'est dans cette situation de violence que Pierre Bayle, calviniste français exilé aux Pays-Bas, publie, sous un pseudonyme, le texte *Commentaire philosophique sur ces paroles de Jésus-Christ "Contrains-les d'entrer"* (1686-1688), qu'il fait passer pour une traduction de l'anglais. Ce volume contient les deux premières parties de son exposé – la troisième, publiée plus tard séparément, consiste en une réfutation directe de lettres de saint Augustin. La préface de l'ouvrage contient une protestation véhémente contre les persécutions religieuses dans la France de Louis XIV, et les "sophismes des Convertisseurs à contrainte". Bayle commence par s'attaquer au terme de "convertisseur", invoqué pour légitimer la persécution :

> [le terme de convertisseur] devait originairement signifier une âme véritablement zélée pour la vérité et pour détromper les errants, mais il ne signifiera plus qu'un Charlatan, qu'un fourbe, qu'un voleur, qu'un saccageur de maisons, qu'une âme sans pitié, sans humanité, sans équité [...] un monstre moitié Prêtre et moitié Dragon [...] qui confond en un seul suppôt les personnages différents de Missionnaire qui dispute, et de Soldat qui bourrèle [< bourreau] un pauvre corps, et qui pille une maison. [Bayle, 2006]

Selon l'auteur, dans un siècle civilisé, sorti de la barbarie, seuls les "Papistes" (catholiques) ont conservé la férocité des bêtes sauvages : "[...] il y a autant de barbarie à Draguonner, encachoter, encloîtrer, etc. les gens de contraire Religion dans un siècle poli, éclairé, honnête comme le nôtre, qu'il y en avait à les supplicier par la main des bourreaux dans des Siècles d'ignorance grossiers, sauvages [...]" [Bayle, 2006]. Il s'en prend ensuite à la prétention des papistes à incarner à eux seuls l'Église véritable et à réclamer pour eux le droit exclusif de persécuter leurs adversaires, au motif que ces derniers sont sortis de l'Église par la Réforme. Bayle invoque la prétention égale et tout aussi légitime, des protestants à persécuter en retour l'Église romaine, en dénonçant la décadence de l'Église, devenue l'infâme prostituée qui s'est installée dans la demeure et en a chassé la famille légitime: "[…] ces enfants qui ne peuvent plus vivre dans la honte de faire semblant de reconnaître pour leur mère une putain qui a chassé leur mère, et qui a tué une partie de leurs frères, ce sont les Protestants" [Bayle, 2006].

Pour construire droitement le raisonnement, Bayle récuse d'avance les chicanes des controversistes, prompts à dénoncer les vices de forme de l'argumentation pour détourner l'attention du fond du débat. Il récuse tout autant la passion. Reprenant l'argument d'Augustin, il écarte délibérément le contexte historique qui permettrait de recadrer, voire d'excuser l'intransigeance d'Augustin par la pression des circonstances pour aller à l'examen de l'argumentaire – les "paralogismes et petites moralités de ce grand Évêque d'Hippone". Il observe qu'Augustin, ici, s'est laissé entraîner par l'ardeur des passions, propre à vicier le raisonnement:

> Il avoit beaucoup d'esprit, mais il avait encore plus de zèle, & autant qu'il donnoit à ce zèle (or il lui donnoit beaucoup) autant ôtoit-il au solide raisonnement & aux pures lumières de la véritable Philosophie. […] c'est un grand avantage que d'avoir l'âme bonne & zélée, mais il en coûte bon à l'esprit & à la raison, on devient crédule, on se paie de plus méchants sophismes pourvu qu'ils soient commodes à sa cause, on se fait des monstres épouvantables des moindres erreurs de son adversaire, & si l'on est avec cela d'un naturel véhément, où ne se porte-t-on pas, quels efforts ne fait-on pas pour donner la gêne à l'Écriture, à la tradition, & à toutes sortes de principes? [Bayle, 2006]

Son ambition est de traiter la question de manière "philosophique", en mobilisant les armes du raisonnement logique pour réfuter l'interprétation littérale du "compelle intrare" et poser les principes de la tolérance: "[…] comme j'agis en philosophe, je suis contraint de remonter jusques à la règle matrice, & originale qui est la lumière naturelle". L'Évangile lui-même n'est pas contraire à la raison humaine, il est une extension de la religion naturelle, avec des développements propres sur la morale, mais il est fondé sur les mêmes principes, "les plus pures idées de la droite raison, qui sont la règle primitive & originale de toute vérité & droiture, […] la révélation intérieure et muette, par laquelle Dieu apprend à tous les hommes les premiers principes [...]". De manière générale, Dieu "s'accommode" à l'ordre de la raison humaine, et parle "comme ferait un précepteur qui instruirait des disciples. Un précepteur parle, et se sert de termes usités dans le pays, ou connus à ses auditeurs."

Bayle développe d'abord une série de "réfutations" de l'interprétation littérale de la parabole de Luc. La coercition en matière religieuse est contraire aux lumières naturelles de la raison ("au bon sens, à la lumière naturelle, aux principes généraux de la raison, en un mot à la règle primitive et originale du discernement du vrai & du faux, du bon & du mauvais"), comme à l'esprit de l'Évangile, empreint de douceur et d'humilité. Elle renverse les lois divines et humaines, en déclarant justes des iniquités, au motif qu'elles sont commises au nom de la vraie religion et dans l'intérêt de l'Église. Bayle entreprend ainsi de saper le monopole de la persécution légitime invoqué par l'Église romaine, en montrant que tous les peuples, païens, ou d'autres religions, pourraient se réclamer du même droit à défendre leurs cultes contre ceux qui ne les reconnaissent pas ou les attaquent, de manière préventive (en chassant les missionnaires, par exemple) ou en représailles (pour se venger des persécutions subies). On serait pris alors dans un engrenage infernal qui plongerait le monde dans le chaos.

À côté de la condamnation sans appel de la politique religieuse de la France, Bayle construit une pensée positive de la tolérance qui repose sur les fondements suivants.

On ne convertit pas le cœur par contrainte, on n'extorque, au mieux, que les signes extérieurs et les apparences de la religion, et non pas les "jugements et mouvements dans l'âme", qui sont le propre de la religion, affaire intérieure et intime :

> La nature de la Religion est d'être une certaine persuasion de l'âme par rapport à Dieu, laquelle produise dans la volonté l'amour, le respect et la crainte que mérite cet être suprême, & dans les membres du corps les signes convenables à cette persuasion & à cette disposition de la volonté, de sorte que si les signes externes sont sans un état intérieur de l'âme qui y réponde, ou avec un état intérieur de l'âme qui leur soit contraire, ils sont des actes d'hypocrisie, & de mauvaise foi, où d'infidélité, & de révolte contre la conscience.

Les princes n'ont pas le pouvoir de forcer leurs sujets à professer une religion contre leur conscience. On rappellera ici que, dans l'un de ses grands écrits réformateurs sur l'étendue et les limites de l'autorité civile, *Von weltlicher Obrigkeit* (1523), Luther soutient que le pouvoir du prince ne s'étend que sur "l'homme extérieur", seul à être soumis à son pouvoir temporel ; en revanche, il n'a aucune influence sur "l'homme intérieur", le croyant en relation avec son Dieu. Si donc les princes prétendent "faire changer de conscience aux gens par les menaces et par les peines temporelles", ce n'est pas en vertu de la parabole évangélique, mais pour des raisons politiques, qui ont trait au maintien de l'ordre public : ils peuvent en effet redouter que l'hérésie religieuse soit un ferment de rébellion. L'hérésie religieuse irait de pair avec la sédition ou l'esprit factieux. Tout l'effort de Bayle tend à dissocier les deux, et à faire admettre que celui qui est d'une autre religion que celle du prince peut être dans le même temps un bon patriote et un loyal sujet.

Ni le théologien ni le prince ne sauraient être indifférents à "l'hérésie", c'est-à-dire, de fait, aux doctrines dissidentes et à ceux qui les professent, au sein de l'Église, comme au sein de l'État. Il n'est pas sans conséquence, en effet, tant du point de vue doctrinal que du point de vue politique, que les fidèles ou les sujets soient dans la vérité ou l'erreur, propagent des doctrines fausses, et il n'est pas question de transiger sur "la vérité" et la pureté de la doctrine. Bayle n'envisage pas ici de "tolérance" au sens de l'indifférence à ce qui serait la droite doctrine, voire d'un scepticisme généralisé, où toutes les "vérités" ou doctrines se vaudraient, même s'il relativise "la vérité" des croyances. Les réformateurs, Luther comme Calvin, représentent une position intransigeante en matière de foi, même s'ils se sont engagés pour la tolérance. Luther – l'introducteur du terme de *Toleranz*, à partir du terme latin – défend la liberté de l'acte de croire, mais la foi doit rester intolérante en matière doctrinale, et Marc Lienhard [2017] a montré comment les positions de Luther se sont durcies. Pour Calvin, il ne peut y avoir aucune indulgence à l'égard de l'idolâtrie, ni lorsqu'il s'agit de dogmes centraux comme celui de la Trinité (ce qui explique son attitude dans le procès intenté à Michel Servet, médecin et théologien d'origine espagnole, qui réfute le dogme de la Trinité et finit sur le bûcher à Genève). Cela dit, on voit comment le terme d'hérésie perd progressivement de sa virulence. Les hérétiques – "j'appelle ainsi [...] tous ceux que les souverains qualifient de ce nom, les voyant différer de la religion de l'État" [Bayle, 2006] –, ce sont désormais, dans le raisonnement de la politique de tolérance civile, ceux qui s'écartent de la religion officielle ou majoritaire, et non plus les sacrilèges, les impies voués au tribunal de l'Inquisition.

Maintenant, qu'en est-il lorsque le prince est confronté concrètement à l'existence de confessions, ou de sectes dissidentes dans ses États, dont les représentants vont chercher à enseigner et répandre leurs doctrines ? Pour Bayle, le prince peut mobiliser contre "l'hérésie", l'erreur de ceux qui pensent autrement, les ressources de l'enseignement et de la prédication, donc agir exclusivement par l'instruction. Si ses efforts échouent à convaincre et convertir, il doit reconnaître ces limites et se borner à exiger de ses sujets l'obéissance aux lois de la république. Cela revient, pour le prince et l'autorité civile, à reconnaître la liberté et la souveraineté absolue de la conscience individuelle et ses droits imprescriptibles : "Ce n'est pas une fonction de sa royauté que de plier l'âme de ses sujets à telle ou telle opinion. À cet égard les hommes ne dépendent pas les uns des autres, et n'ont ni roi, ni reine, ni maître, ni seigneur sur la terre [...]." [Bayle, 2006]

La reconnaissance de la liberté de conscience (nul ne peut contraindre un homme à aller contre sa conscience) est la reconnaissance du droit de chacun de croire et d'agir selon le *dictamen* (ce que lui dicte) de sa conscience, quitte à "se tromper" – du point de vue de ceux qui ne partagent pas ses convictions et échouent à le convertir à leur vérité. Le droit de la "conscience errante", celle qui est dans l'erreur, est strictement équivalent à celui de la conscience orthodoxe. Chez un homme animé d'une ardeur sincère pour sa religion, l'erreur ne peut être imputée à crime, et les autorités ne doivent pas entraver, par le recours à la répression ou à la séduction, la liberté de se déterminer :

> [...] l'on doit bien travailler de toutes ses forces à instruire par de vives et bonnes raisons ceux qui errent ; mais leur laisser la liberté de déclarer qu'ils persévèrent dans les sentiments, et de servir Dieu selon leur conscience, si l'on n'a pas le bonheur de les détromper ; et quant au reste, ne proposer à leur conscience aucune tentation de mal temporel, ou de récompense capable de les séduire. [Bayle, 2006]

La conscience, fondée sur la lumière naturelle, est le principe du sujet religieux et moral :

> Quand on connaît que nous ne sommes pas maîtres de nos idées, et qu'une loi éternelle nous défend de trahir notre conscience,

on ne peut qu'avoir de l'horreur pour ceux qui déchirent le corps d'un homme, parce qu'il a plutôt ces idées-ci que celles-là, et qu'il veut suivre les lumières de sa conscience." [Bayle, 2006]

Non pas que la politique de tolérance se fonde sur des lumières supérieures : elle doit tenir compte de la faiblesse de l'humanité commune, déterminée par les bornes de son entendement et le dérèglement des passions, tous deux générateurs de désordre. C'est ce désordre qu'il importe de contenir, à défaut de pouvoir le supprimer. La politique de tolérance du souverain est celle qui permet d'assurer la cohésion du corps social en dépit des différences confessionnelles et qui permet à chacun de vivre avec celui qui est d'une autre religion "dans l'union qui doit être entre les honnêtes gens, et entre de bons compatriotes" [BAYLE, 2006].

Le seul critère pour tolérer, ou non, une religion n'est donc pas celui de la vérité de la doctrine, mais bien celui de l'ordre public : "Ce n'est pas à la fausseté des opinions qu'il faut prendre garde, quand on veut savoir si elles doivent être tolérées dans un État, mais à l'opposition qu'elles ont à la tranquillité et à la sûreté publique." [BAYLE, 2006] Les autorités civiles peuvent juger opportun de restreindre les manifestations publiques de cultes autres que celui qui est pratiqué majoritairement dans l'État, mais cela ne contredit pas le principe général de tolérance religieuse envers ces autres cultes :

> Je ne regarde pas comme essentiel à la liberté de religion d'avoir des temples publics, de pouvoir marcher dans les rues processionnellement. Cela n'est que pour la pompe [...]. Il suffit d'avoir permission de s'assembler, de célébrer l'office divin, et de raisonner modestement en faveur de sa créance, et contre la doctrine opposée, selon l'occasion.

Dans ces limites, on peut tolérer dans les États les juifs, les mahométans, les sociniens, de fait toutes les sectes qui demandent la liberté de pratiquer leur religion en paix et n'occasionnent pas de troubles à l'ordre public.

Le catholicisme romain représente un cas à part, en raison de sa perfidie et de sa rare intolérance. Les papistes se signalent en effet par leur mauvaise foi, la violation systématique des engagements et des promesses, ainsi que la violence des persécutions auxquelles les princes sont poussés par l'Église. Cette religion doit être combattue en raison de son prosélytisme agressif et de la menace qu'elle représente pour la tranquillité de l'État : "Je trouve fort à propos que tous les États qui sont délivrés du papisme, fassent des lois très sévères contre son introduction, et que ceux où il y a des papistes, les tiennent enchaînés comme des lions et des léopards." [Bayle, 2006] Mais s'il faut se défendre contre les intrigues et les machinations des papistes, il faut toutefois leur permettre l'exercice privé de leur religion, et ne pas aller jusqu'à les persécuter. La contrainte exercée, le cas échéant, ne doit pas toucher aux droits de la conscience, mais simplement assurer la sécurité de l'État.

L'objection que la tolérance serait l'aveu d'une faiblesse et plongerait l'État dans le chaos est rejetée comme nulle et non avenue : "C'est [...] la tolérance qui est la source de la paix, et l'intolérance qui est la source de la confusion et du grabuge [= tumulte, désordre, confusion]." [Bayle, 2006] Seule la tolérance est en mesure de préserver l'harmonie de l'État, décrite poétiquement dans les termes de l'harmonie universelle de la prophétie biblique d'Isaïe (ou Esaïe), et de manière plus concrète comme coexistence pacifique des différentes confessions au sein de l'État :

> Si chacun avait la tolérance que je soutiens, il y aurait la même concorde dans un État divisé en dix religions, que dans une ville où les diverses espèces d'artisans s'entresupportent mutuellement. Tout ce qu'il pourrait y avoir, ce serait une honnête émulation à qui plus se signalerait en piété, en bonnes mœurs, en science : chacun se piquerait de prouver qu'elle est la plus amie de Dieu, en témoignant un plus fort attachement à la pratique des bonnes œuvres [...]" [Bayle, 2006]

Le "conseil" du juge de la parabole des trois anneaux est très proche de la concurrence pacifique entre religions et sectes différentes, telle qu'elle est décrite par Bayle.

"La bigarrure des sectes est un moindre mal que le carnage que les catholiques ont fait des réformés" pour conserver l'unité du christianisme, sans y parvenir. On s'achemine ici vers la remise en cause précisément de l'unité, ne serait-ce qu'en se représentant la réalité de la diversité historique et culturelle des manières de croire : "[...] il est humainement inévitable que les hommes n'envisagent pas en différents siècles et pays les doctrines de religion de différentes manières" [Bayle, 2006].

LES COMBATS DES LUMIÈRES : L'EMBLÈME DE LA TOLÉRANCE

La Réforme du XVIe siècle a creusé une fracture irréparable dans l'unité de la chrétienté et consacré l'impossibilité de revenir à l'unité. Il faut désormais tenir compte de l'existence d'une pluralité de confessions et de sectes sur un même territoire, ce qui pose le problème de la défense de la vérité, sur le plan doctrinal, et celui de la coexistence pacifique des différentes communautés au sein d'une nation, du point de vue de l'autorité civile.

Après l'époque des guerres de religion, qui culmine et s'achève dans la guerre de Trente Ans, l'âge des Lumières fait de la tolérance l'étendard de son combat contre la superstition, le préjugé et le fanatisme. Le terme, appliqué d'abord à des affaires religieuses, étend son acception aux différences culturelles, ethniques...

L'horizon dans lequel s'inscrit ce combat est la révocation de l'édit de Nantes. Pour illustrer l'éventail des positions dans des contextes nationaux différents et préciser la place que tient l'œuvre de Lessing, on envisagera successivement, après le plaidoyer de Bayle, à la fin du XVIIe siècle, la position de Locke dans l'Angleterre de la *Glorious Revolution*, et les combats de Voltaire en France, ainsi que la situation dans les États de Frédéric II. Pour caractériser ces trois options, le critique britannique Hugh Barr Nisbet parle de "british pragmatism", "French secularism" et "german pluralism", en insistant sur la la spécificité de l'Allemagne, où le pluralisme est constitutif de la tradition culturelle ("inbuilt pluralism") [NISBET, 2010].

Locke : le "pragmatisme anglais" (*british pragmatism*)

Le philosophe anglais John Locke (1632-1704) écrit sa première *Lettre sur la tolérance* (rédigée en latin en 1685-1686, publiée anonymement en 1689 à Gouda; traduite en français par Jean Le Clerc en 1710). On a pu voir dans cet écrit (John J. Patrick) le fondement philosophique de la politique religieuse inscrite dans l'*Act of Toleration*, (1688), qui fait partie du train de mesures accompagnant la *Glorious Revolution* en Angleterre, révolution qui renversa le roi Jacques II et marqua la naissance d'une forme de monarchie parlementaire.

L'idée d'une Église d'Angleterre (Church of England) *comprehensive*, c'est-à-dire unifiée, qui rassemblerait tous les croyants au sein d'une même communauté ecclésiale, est abandonnée au profit de la tolérance de la division. On admet donc la coexistence de l'Église anglicane (Church of England), l'Église officielle, et des non-conformistes, protestants dissidents, auxquels est accordée la liberté de confession et de culte : ils peuvent avoir leurs propres lieux de culte, leurs propres pasteurs et prédicateurs, à condition de prêter des serments d'allégeance. Ils conservent des incapacités sociales et politiques, entre autres, ils n'ont pas le droit d'exercer de responsabilités politiques (tout comme les catholiques). Les grands exclus de cette tolérance sont les athées, qui nient l'existence de Dieu, et les catholiques, qui font allégeance à une puissance étrangère (celle de Rome) et peuvent trahir leur pays – au siècle précédent, certains catholiques, à l'instigation des papes, avaient tenté d'assassiner la reine Elisabeth, puis le roi Jacques Ier et de faire sauter le Parlement.

L'argumentaire de Locke est très proche de celui de Bayle, et le texte vibre de l'émotion suscitée par la révocation de l'édit de Nantes. Il élève la même véhémente protestation contre des persécutions cruelles et contraires à l'esprit de l'Évangile incarné par le Christ, "ce prince de paix qui, lorsqu'il envoya ses soldats pour subjuguer les nations et les faire entrer dans son Église, ne les arma ni d'épées ni d'aucun instrument de contrainte, mais leur donna pour tout appareil l'Évangile de paix, et la sainteté exemplaire de leurs mœurs" [LOCKE, 1992].

Pour Locke, le premier impératif est d'opérer une stricte séparation entre le gouvernement civil et l'autorité religieuse et de marquer la frontière entre les deux domaines. Le gouvernement civil travaille à la conservation et au bien de l'État, sa mission est de protéger les intérêts civils (la vie, la santé, la liberté, les possessions extérieures...), sa législation est donc bornée aux affaires temporelles et ne s'étend pas au salut des âmes et aux affaires spirituelles, qui sont le domaine réservé de l'Église.

Pas plus que le magistrat n'est autorisé à intervenir dans les affaires spirituelles, l'autorité religieuse n'est fondée à se mêler des affaires temporelles. La répression violente n'est pas de nature à entraîner la conversion. L'argumentation de Locke repose en effet sur la reconnaissance des droits imprescriptibles de la conscience individuelle, absolument souveraine pour tout ce qui touche au salut de l'âme, et qui ne peut être contrainte par aucune force extérieure: "Il n'y a que la lumière et l'évidence qui aient le pouvoir de changer les opinions des hommes ; et cette lumière ne peut jamais être produite par les souffrances corporelles, ni par aucune peine extérieure." [LOCKE, 1992] La simple adhésion formelle, si elle ne s'accompagne pas de l'intime conviction de l'esprit et du cœur, est impuissante à assurer le salut de l'âme. Les seules armes que l'on puisse employer pour agir sur les esprits sont donc l'enseignement et la persuasion, dans un esprit de bienveillance et de douceur.

Un second point décisif est l'équivalence des confessions au regard de la prétention à détenir la vérité, ce qui fait qu'aucune ne peut se réclamer d'une juridiction supérieure sur les autres: "Chaque Église est orthodoxe à son égard, quoiqu'elle soit hérétique à l'égard des autres; elle prend pour vérité tout ce qu'elle croit, et traite d'erreur l'opinion contraire à la sienne." [LOCKE, 1992]

Après avoir combattu l'idée de l'efficacité de la tyrannie exercée sur les consciences, Locke se penche sur les questions pratiques liées à la tolérance des Églises. Le magistrat n'est fondé à réprimer que les rites ou actes criminels condamnables aux yeux des lois qui régissent l'État (l'immolation d'êtres humains, par exemple); tout ce qui est licite au regard de la loi doit l'être aussi dans les cultes (il est permis de consommer du pain et du vin, l'Eucharistie doit en conséquence être autorisée). Quand l'État n'est pas une théocratie, comme l'État des Hébreux dans l'Ancien Testament, le souverain n'a aucune légitimité pour intervenir dans les affaires religieuses et il n'a pas été mandaté par Dieu pour convertir à sa doctrine par la force. Les lois n'ont pas à décider de la vérité des dogmes spéculatifs. Pour ce qui est des dogmes pratiques, qui se traduisent dans les mœurs, ils concernent l'État et les autorités civiles tout autant que la conscience. Les actions morales relèvent donc de la juridiction intérieure de la conscience comme de la juridiction extérieure de la société. "Il faut que chacun tourne ses premiers soins du côté de son âme, et ensuite qu'il évite, autant qu'il lui sera possible, de troubler la paix de l'État." [LOCKE, 1992]

La tolérance ainsi formulée ne s'appliquera pas au catholicisme: "[...] une Église dont tous les membres, du moment où ils y entrent, passent, *ipso facto*, au service et sous la domination d'un autre prince, n'a nul droit à être tolérée par le magistrat, puisque celui-ci permettrait alors qu'une juridiction étrangère s'établît dans son propre pays."

[Locke, 1992] Elle ne s'applique pas non plus aux athées, car aux yeux de Locke, comme de la majorité des penseurs de son temps, nier l'existence de Dieu est le plus grand crime, qui met en dehors de la société et signifie les plus grands désordres pour l'État : "[...] ceux qui nient l'existence d'un Dieu, ne doivent pas être tolérés, parce que les promesses, les contrats, les serments et la bonne foi, qui sont les principaux liens de la société civile, ne sauraient engager un athée à tenir sa parole" [Locke, 1992].

Pour le reste, Locke est partisan de la tolérance la plus large possible pour les Églises, quelles que soient les erreurs qu'elles professent, à condition qu'elles ne cherchent ni la domination sur les autres ni le renversement de l'État.

Locke examine enfin le cas des sectes et assemblées religieuses (conventicules) que l'on accuse – à tort – d'être de dangereux foyers de sédition. Si ces sectes dissidentes se voient accorder les mêmes droits que les autres, elles ne seront plus à craindre et ne constitueront plus un danger pour l'État : "[...] tout consiste à accorder les mêmes droits à tous les citoyens d'un État. Est-il permis aux uns de servir Dieu selon les rites de l'Église romaine, qu'il soit permis aux autres de l'adorer à la manière de celle de Genève." [Locke, 1992]

En résumé :

> Si l'on permet aux uns de célébrer des assemblées solennelles et certains jours de fête, de prêcher en public et d'observer d'autres cérémonies religieuses, on ne peut refuser la même liberté aux presbytériens, aux indépendants, aux arminiens, aux quakers, aux anabaptistes et autres ; et même, pour dire franchement la vérité, comme les hommes se la doivent les uns aux autres, l'on ne doit exclure des droits de la société civile ni les païens, ni les mahométans, ni les Juifs, à cause de la religion qu'ils professent.
> [...]
> Ce n'est pas la diversité des opinions, qu'on ne saurait éviter, mais le refus de la tolérance qu'on pourrait accorder, qui a été la source de toutes les guerres et de tous les démêlés qu'il y a eu parmi les chrétiens, sur le fait de la religion. Les chefs et les conducteurs de l'Église, remplis d'avarice et d'un désir insatiable de domination, se prévalant de l'ambition des souverains et de la superstition crédule des peuples inconstants, les ont animés et soulevés contre ceux qui n'adoptaient pas leurs opinions, en leur

> prêchant, contre les lois de l'Évangile et de la charité chrétienne, qu'il fallait priver de leurs biens les hérétiques et les schismatiques, et les exterminer entièrement ; et c'est ainsi qu'ils ont mêlé et confondu deux choses tout à fait différentes, l'Église et l'État. [LOCKE, 1992]

Ce texte est donc inspiré par une raison libérale. Mais par les restrictions qu'il apporte à la tolérance, sa portée s'en trouve restreinte. Les considérations politiques prennent le pas sur les considérations rationnelles, en assurant la suprématie de l'Église établie, tout en garantissant la liberté de confession pour les protestants non conformistes. C'est ce que Rainer Forst, le grand spécialiste allemand de la tolérance, appelle “Erlaubnis-Toleranz”, une tolérance condescendante, celle des représentants de l'Église établie (soit la majorité), qui octroie unilatéralement, à une minorité clairement identifiée, l'autorisation, dans un cadre qu'elle est seule à définir.

L'œuvre et l'action de Voltaire pour la tolérance

Aux yeux de la postérité, la vie et l'œuvre de Voltaire sont restées indissolublement liées au combat pour la tolérance. La 8e édition du *Dictionnaire de l'Académie française* [1932], à l'article “Tolérance”, le donne pour exemple : “Voltaire a été l'apôtre de la tolérance” ; et le dictionnaire Littré (1873), à l'article “tolérance”, reproduit la définition donnée dans l'article du *Dictionnaire philosophique* (1764), “Qu'est-ce que la tolérance ? c'est l'apanage de l'humanité ; nous sommes tous pétris de faiblesse et d'erreurs ; pardonnons-nous réciproquement nos sottises, c'est la première loi de nature”, et illustre la définition de la tolérance “au point de vue philosophique” (“admission du principe qui oblige à ne pas persécuter ceux qui ne pensent pas comme nous en matière de religion”) par de nombreuses citations de Voltaire. C'est dire l'influence de Voltaire sur la conception de la notion de tolérance dans la culture française.

Le combat de Voltaire pour la tolérance, mené au nom de la raison et de la nature, prend la forme d'une lutte acharnée contre l'institution cléricale (“la prêtraille”, le “prêtre noir”) qui incarne à ses yeux le fanatisme et les persécutions et qu'il désigne comme “l'infâme” (v. Repères/ L'Aufklärung). À l'article “Fanatisme” de son *Dictionnaire philosophique*, il écrit : “Il n'y a d'autre remède à cette maladie épidémique que l'esprit philosophique, qui, répandu de proche en proche, adoucit enfin les mœurs des hommes, et qui prévient les accès du mal ; car, dès que ce mal fait des progrès, il faut fuir, et attendre que l'air soit purifié. Les lois et la religion ne suffisent pas contre la peste des âmes ; la religion, loin d'être pour elles un aliment salutaire, se tourne en poison dans les cerveaux infectés." [VOLTAIRE, 1994] Voltaire met en regard l'image emblématique de la civilisation moderne, avec la circulation des biens et de l'argent dans le commerce entre les hommes à l'échelle mondiale, qui établit une tolérance de fait, et la religion, source de violences et de guerres. Ainsi l'article "Tolérance" du *Dictionnaire philosophique* :

> Qu'à la bourse d'Amsterdam, de Londres, ou de Surate ou de Bassora, le guèbre, le banian, le juif, le mahométan, le déicole chinois, le bramin, le chrétien grec, le chrétien romain, le chrétien protestant, le chrétien quaker, trafiquent ensemble : ils ne lèveront pas le poignard les uns sur les autres pour gagner des âmes à leur religion. Pourquoi donc nous sommes-nous égorgés presque sans interruption depuis le premier concile de Nicée ? [VOLTAIRE, 1994]

L'histoire garde la mémoire des interventions de Voltaire dans plusieurs affaires judiciaires intentées à des protestants, dont la plus célèbre est celle de la famille Calas. Accusé d'avoir assassiné son fils au moment où celui-ci projetait de se convertir au catholicisme et condamné au terme d'une parodie de procès, le négociant toulousain Jean Calas est torturé, sans que l'on réussisse à lui extorquer des aveux, puis condamné à être roué vif et brûlé. Il est supplicié à Toulouse en 1762. Convaincu de l'innocence de Calas, Voltaire mobilise l'opinion publique pour la révision du procès et rédige son *Traité sur la tolérance*, à l'occasion de la mort de Jean Calas, en 1763. On en retiendra les accents de la célèbre "Prière à Dieu", qui fonde la tolérance sur la reconnaissance de la fragilité humaine et l'impératif de la solidarité fraternelle (chap. XXIII) :

> Tu ne nous as point donné un cœur pour nous haïr, & des mains pour nous égorger ; fais que nous nous aidions mutuellement à supporter le fardeau d'une vie pénible & passagère ! que les petites différences entre les vêtements qui couvrent nos débiles corps, entre tous nos langages insuffisants, entre tous nos usages ridicules, entre toutes nos Lois imparfaites, entre toutes nos opinions insensées, entre toutes nos conditions si disproportionnées à nos yeux, & si égales devant toi ; que toutes ces petites

nuances qui distinguent les atomes appelés hommes, ne soient pas des signaux de haine & de persécution !

[...] Puissent tous les hommes se souvenir qu'ils sont frères ! qu'ils aient en horreur la tyrannie exercée sur les âmes, comme ils ont en exécration le brigandage, qui ravit par la force le fruit du travail et de l'industrie paisible ! [VOLTAIRE, 2000]

En 1764, le Conseil du roi casse le jugement rendu contre Calas sur la forme et renvoie l'affaire devant le tribunal des requêtes, qui rend, trois ans jour pour jour après l'exécution de la condamnation, un arrêt définitif innocentant et réhabilitant Jean Calas (9 mars 1765).

Outre la réflexion philosophique dans le *Traité de la tolérance* et le *Dictionnaire philosophique*, les œuvres littéraires de Voltaire plaident pour la tolérance, en illustrant la violence et la cruauté dues à l'intolérance (le tribunal de l'Inquisition dans *Candide*). On retiendra deux de ses pièces, pour leur proximité avec le poème dramatique de Lessing.

• La pièce *Zaïre* (1732) de Voltaire

L'action se situe à Jérusalem, au temps de la Septième Croisade engagée par Saint Louis, au milieu du XIIIe siècle (1249), donc soixante ans environ après la Troisième Croisade qui forme l'arrière-plan historique de *Nathan le Sage*.

Zaïre est une esclave d'origine chrétienne élevée dans la religion musulmane. Elle évoque sa croyance, mais sans référence aux contenus de la foi révélée. L'appartenance confessionnelle, pour elle, n'est pas déterminée par la force des vérités de raison, mais par le hasard des circonstances et de l'origine, elle est fonction du lieu où l'enfant a été élevé (ce qui reprend un argument de Bayle). On reliera ces phrases aux thèses défendues par Lessing dans la "querelle des Fragments" et à l'enseignement du récit de la parabole soulignant l'importance de la transmission par les pères :

La coutume, la loi plia mes premiers ans
À la religion des heureux musulmans.
Je le vois trop les soins qu'on prend de notre enfance
Forment nos sentiments, nos mœurs, notre croyance.
J'eusse été près du Gange esclave des faux dieux,
Chrétienne dans Paris, musulmane en ces lieux.
L'instruction fait tout ; et la main de nos pères

Grave en nos faibles cœurs ces premiers caractères
Que l'exemple et le temps nous viennent retracer,
Et que peut-être en nous Dieu seul peut effacer. (*Zaïre*, I, 1)

La religion se réduit en définitive à une affaire de vertu et de mœurs, et c'est au fond la morale qui seule donne sa réalité à la foi, relativisant considérablement l'importance de l'appartenance confessionnelle. Éprise du soudan Orosmane qui l'aime, elle est prête à l'épouser et à tourner le dos au christianisme. Louant les éminentes qualités morales de son amant, Zaïre s'écrie : "S'il était né chrétien, que serait-il de plus ?" (I, 1). Un chevalier chrétien revient de France (Nérestan) avec la rançon de ses coreligionnaires, mais Orosmane, souverain éclairé, libéral et généreux, refuse pourtant de libérer Zaïre, ainsi que le dernier roi de Jérusalem, Lusignan (celui-là même que Saladin a fait prisonnier à la prise de Jérusalem). Zaïre intercède pour lui et obtient sa libération de la faveur du sultan. Lusignan découvre alors que Zaïre et Nérestan sont ses enfants. Horrifié de retrouver sa fille musulmane, il lui impute à crime sa "trahison", lui impose de se déclarer chrétienne et lui arrache la promesse de recevoir le baptême.

Mon Dieu qui me la rends, me la rends-tu chrétienne ?
[...]
Tes frères, ces martyrs égorgés à mes yeux,
T'ouvrent leurs bras sanglants, tendus du haut des cieux ;
Ton Dieu que tu trahis, ton Dieu que tu blasphèmes,
Pour toi, pour l'univers, est mort en ces lieux mêmes ;
[...]
Tu ne saurais marcher dans cet auguste lieu,
Tu n'y peux faire un pas, sans y trouver ton Dieu ;
Et tu n'y peux rester, sans renier ton père.
Ton honneur qui te parle, et ton Dieu qui t'éclaire. (II, 3)

Tandis que Zaïre, déchirée entre son amour et sa loyauté envers sa famille, s'apprête à obéir, Orosmane, jaloux sur un faux soupçon, la poignarde, et se tue ensuite. Cette pièce pathétique "n'est que le revers de Polyeucte", le héros cornélien qui reçoit le baptême et court au temple renverser les idoles païennes, se condamnant lui-même au martyre qu'il souffre avec la grâce de Dieu. VOLTAIRE [2016] avait "l'intention de faire contraster 'les mœurs des Mahométans et celles des Chrétiens". Il présente l'image d'un islam éclairé et tolérant en la personne du sultan Orosmane, à qui il prête les vertus d'héroïsme, de magnanimité et de générosité de son ancêtre Saladin, sans recourir aux stéréotypes courants sur les despotes orientaux : fidèle et vertueux, il est ennemi de la luxure et de la mollesse et refuse la polygamie par amour pour Zaïre. Les représentants du christianisme des croisades, à l'inverse, sont figurés comme des tyrans barbares et cruels, dépourvus de toute humanité, selon l'image que le XVIIIe siècle a donnée des musulmans et des chrétiens du temps des croisades.

• ***Les Guèbres ou la Tolérance* (1768)**

"Ghebr" est le nom sous lequel les Persans désignent tous ceux de leurs compatriotes qui persévèrent dans l'ancienne religion du pays, la religion de Zoroastre, ou "la religion du feu". Ils figurent les protestants. Cette "tragédie plus que bourgeoise", située à l'époque de l'empereur Gallien (IIIe siècle de notre ère), met en scène l'intolérable ingérence des prêtres de Pluton dans tous les domaines de la vie civile et militaire, et leur persécution cruelle des Guèbres. Le sujet, "[…] la lutte impitoyable entre deux religions, l'une révélée et persécutrice, l'autre naturelle et tolérante, se situe dans la ligne de la grande campagne voltairienne contre l'infâme" [VOLTAIRE, 1999]. C'est une pièce militante, qui fait écho au *Traité sur la tolérance* et au *Dictionnaire philosophique*, dont elle reprend et transpose les arguments. Voltaire la commente ainsi, dans le "Discours historique et critique" qu'il a rédigé en guise d'introduction à la pièce : "[…] il ne s'agit ici que d'humanité. Deux simples officiers, pleins d'honneur et de générosité, veulent arracher une fille innocente à la fureur de quelques prêtres païens. Point de prodiges, point d'oracles, point d'ordre des dieux ; la seule nature parle dans la pièce." L'empereur à la fin intervient pour briser le pouvoir des prêtres :

> Je pense en citoyen, j'agis en empereur,
> Je hais le fanatique et le persécuteur.

C'est une leçon de sagesse humanitaire pour la France de Louis XV et une tentative de faire épouser au souverain la cause de la tolérance, en lui rappelant au passage "que les Provinces-Unies doivent leur opulence à cette tolérance humaine, l'Angleterre sa puissance, l'Allemagne sa paix intérieure, la Russie sa grandeur, sa nouvelle population, sa force". Voltaire précise encore que l'empereur dans *Les Guèbres* "n'entend point et ne peut entendre par le mot de tolérance la licence des opinions contraires aux mœurs, les assemblées de débauche, les confréries fanatiques ; il entend cette indulgence qu'on doit à tous les citoyens qui suivent en paix ce que leur conscience leur dicte, et qui adorent la Divinité sans troubler la société. Il ne veut pas qu'on punisse ceux qui se trompent comme on punirait des parricides." La conclusion du *Discours historique et critique*, placé en tête de la troisième édition des Guèbres, réaffirme la vertu souveraine de la raison pour humaniser l'homme, et en particulier le fanatique religieux : "Quand la raison est pervertie, l'homme devient un animal féroce, les bœufs et les singes se changent en tigres. Voulez-vous changer enfin ces bêtes en hommes ; commencez par souffrir qu'on leur prêche la raison."

La "tolérance" dans la Prusse de Frédéric II

On rappellera brièvement que l'électeur de Brandebourg Jean-Sigismond (auquel échoit en 1618 le duché de Prusse, ce qui établit "l'union personnelle" des deux territoires Brandebourg-Prusse, fondement du royaume de Prusse du XVIIIe siècle) accorde la liberté de croyance aux ressortissants polonais – catholiques – de la Prusse orientale. Sa conversion au calvinisme (1613) n'entraîne pas la conversion de ses sujets, ce qui constitue une exception au principe *cujus regio, ejus religio* arrêté à la paix d'Augsbourg (*Augsburger Reichs- und Religionsfrieden*, 1555), selon lequel la confession choisie par le prince (catholicisme ou luthéranisme d'après la confession d'Augsbourg, *Confessio augustana*, rédigée en 1530) devient la religion de son État et de ses sujets. Le prince s'engage à ne pas forcer les consciences et ceux qui ne veulent pas adopter la religion de leur souverain conservent le droit d'émigrer (*jus emigrandi*). Le *cujus regio, ejus religio* est confirmé par les traités de Westphalie à la fin de la guerre de Trente Ans (1648) et étendu au protestantisme calviniste comme troisième religion officielle du Saint-Empire. Les traités fixent une année de référence à laquelle est arrêtée définitivement la répartition géographique des confessions dans l'Empire : c'est l'année 1624 qui est retenue comme "année normative" (*Normaljahr*). Plusieurs villes immédiates d'Empire ont connu un régime de coexistence confessionnelle (le cas d'Augsburg a été étudié par l'historien Étienne François). Dans les territoires allemands, il y a donc une tradition longue du pluralisme religieux, qui constitue une réponse à la diversité politique et religieuse du Saint-Empire.

Frédéric-Guillaume de Brandebourg, dit le Grand Électeur (1620-1688), est le défenseur du calvinisme – confession dans laquelle il a été élevé – sur un territoire majoritairement luthérien : dans son *Testament*, il recommande à son successeur de s'entourer de ministres calvinistes "[...] s'il n'y en a pas dans la Marche électorale du Brandebourg, accueillez aussi des étrangers et préférez-les aux luthériens" [KNOPPER, 2005]. Il accueille largement les exilés de sa confession, persécutés dans leur pays d'origine, dont les huguenots français chassés par la révocation de l'édit de Nantes (il publie en octobre 1685 à Potsdam un "Édit de Sa Sérénité Électorale de Brandebourg, qui expose tous les droits, franchises et privilèges que sadite Sérénité... accordera aux Français de la Religion réformée qui viendront s'établir dans ses États"), qui apporteront une contribution majeure à l'économie du Brandebourg dévasté par la guerre de Trente Ans. Si l'on peut dire que les considérations politiques et commerciales ne sont pas absentes de cette politique affichée de tolérance, il ne faut pas négliger cependant la part de la conviction religieuse. À la mort du Grand Électeur en 1688, son fils Frédéric Ier devient prince-électeur et premier roi en Prusse de 1701 à 1713. Son successeur, Frédéric-Guillaume Ier de Prusse, dit le Roi-Sergent (r. 1713-1740), est marqué par l'influence du rationalisme de la *Frühaufklärung*, l'association de la piété et du rationalisme.

Dans le *Testament* du Roi-Sergent (1722) se fait jour la préoccupation du monarque absolutiste, qui est de ne pas laisser les querelles religieuses se développer et l'emporter, et de maintenir la coexistence pacifique entre les confessions. Il tente d'aligner les Églises luthériennes et calviniennes sur les mêmes règles, convaincu que, seules, les querelles des prédicateurs ont creusé le fossé entre calvinistes et luthériens. Il convient donc de tenir la balance égale entre les deux confessions, de construire des églises et des écoles pour répandre la Parole divine, et de ne pas tolérer les controverses.

> À tous les consistoires de vos provinces, il faut impérativement ordonner que les Réformés et les Luthériens ne se lancent pas dans la controverse en chaire, et en particulier ne touchent pas à la question de la prédestination, et se bornent à prêcher la seule Parole de Dieu, sans engager de querelle. [HOHENZOLLERN, 1911]

Il importe aussi de veiller à ce que les prédicateurs ne se mêlent pas des affaires temporelles, et ne se conduisent pas comme des papes.

Concernant le catholicisme, Frédéric-Guillaume Ier de Prusse est partisan d'appliquer les clauses du traité de Westphalie, mais de ne pas tolérer les Jésuites. Les avantages octroyés aux huguenots doivent être diminués, mais le roi loue leur industrie, qui a enrichi l'économie du pays par les manufactures.

On retrouve chez son successeur, Frédéric II (r. 1740-1786), des préoccupations analogues, et le croisement des considérations religieuses avec les considérations économiques. Le maintien de la concorde civile est l'une des conditions *sine qua non* de la prospérité du pays. Une brève section du *Testament politique de 1752*, "Des ecclésiastiques et de la religion" [1911], est centrée sur une idée unique, celle de ne favoriser aucune confession dans le royaume, de manière à préserver la paix civile.

> Les catholiques, les luthériens, les réformés, les juifs et nombre d'autres sectes chrétiennes habitent dans cet État et y vivent en paix : si le souverain animé d'un zèle déplacé s'avisait de se déclarer pour une de ces religions, on verrait d'abord se former des partis, les disputes s'échauffer, les persécutions commencer peu à peu et enfin la religion persécutée quitter sa patrie et des milliers de sujets enrichir nos voisins de leur nombre et de leur industrie… [HOHENZOLLERN, 1911]

Le souverain, qui pratique une politique de tolérance résolue à l'égard de toutes les sectes et de répression ferme de tout désordre religieux, s'impose de ne favoriser lui-même aucun parti (on connaît la formule célèbre "Je suis neutre entre Rome et Genève") et de travailler à forger l'union de ses peuples : "je tâche de les unir en leur remontrant qu'ils sont tous concitoyens" [HOHENZOLLERN, 1911]. L'attitude de Frédéric II correspond à la description donnée par Reinhart Koselleck des mécanismes de l'absolutisme, qui octroie à ses sujets la liberté de pratiquer leur religion en échange d'une soumission absolue de ses sujets à l'intérêt de l'État (v./Repères "L'Aufklärung").

On dira encore un mot de la politique de ces deux monarques prussiens concernant les juifs. Chez Frédéric-Guillaume, l'antijudaïsme viscéral, dont on reconnaît clairement la souche chrétienne, s'exprime sans détour : ceux qui n'ont pas de "Schutzbrief" doivent être chassés du pays et il dissuade son successeur d'en accorder encore. Les juifs sont comparés aux sauterelles qui envahissent un pays et qui apportent la ruine aux chrétiens ("Heuschrecken eines Landes ist und Ruinieren die Christen"). Frédéric-Guillaume conseille à son successeur de les pressurer, car ils ont trahi le Christ et même le juif le plus honnête n'est qu'un perfide et un scélérat ("Erzbetrüger und Schelm"). On discerne aisément les topos du "peuple déicide" et de la "perfidia judaica" évoquée dans la liturgie du Vendredi saint.

Dans le *Testament de 1752* de Frédéric II, le préjugé contre les juifs ne s'exprime plus dans des termes aussi grossiers, mais de manière plus insidieuse. Aucune mention n'est faite de la religion juive, sinon qu'elle est tolérée à l'égal des autres. En revanche, les juifs restent des ennemis économiques, des concurrents déloyaux dont l'activité doit être strictement encadrée par le pouvoir : "Il faut de plus veiller sur les juifs et les empêcher de se mêler du gros du commerce, empêcher que leur nombre n'augmente, et à chaque friponnerie qu'ils font, leur ôter leur privilège d'asile, à cause que rien n'est plus contraire au commerce des marchands que le négoce illicite que font les juifs." [HOHENZOLLERN, 1911] Ces lignes illustrent l'écart déjà relevé chez le souverain entre les principes éclairés du roi philosophe et la politique réellement mise en œuvre. Le journal hebdomadaire *Allgemeine Zeitung des Judentums*, rédigé par le rabbin Ludwig Philippsohn et édité à Leipzig, rassemble dans deux éditions du milieu du XIXe siècle (6 décembre 1847, 10 janvier 1848) des faits et des anecdotes à l'appui de ce constat décevant. La Constitution des juifs applicable en Prusse ("das revidierte Generalprivilegium und Reglement vor die Judenschaft im Königreiche Preußen", du 17 avril 1750), comme les règlements ultérieurs, maintient un statut d'exception pour les juifs. Ceux-ci sont dépendants de "privilèges de protection" (*Schutzprivileg*) de plusieurs types : le statut le plus favorable est celui de *Generalprivilegierter*, qui donne aux juifs le droit de circuler librement et de s'établir, et leur permet, à l'égal des chrétiens, de choisir des professions libérales, le grand commerce ou la banque. Les *Schutzjuden*, qui viennent ensuite, sont assignés à un lieu de résidence et à une activité précisés par une lettre royale, et un seul de leurs enfants, en principe, peut hériter de leurs privilèges. Les *außerordentliche Schutzjuden*, pour leur part, ne peuvent transmettre les privilèges qui leur sont concédés à titre personnel. Cette politique est inspirée par la volonté de limiter strictement le nombre des juifs, d'une part, et de subordonner la protection du prince à l'utilité des juifs pour l'économie, en particulier au soutien du mercantilisme, d'autre part. Les juifs sont exclus de toutes les fonctions publiques, seuls leur sont accessibles de petits métiers, ou les manufactures, liées au commerce et à la banque (une ordonnance d'octobre 1757 stipule que les juifs ne se verront octroyer de privilèges que s'ils construisent de nouvelles manufactures). Cela fera la fortune de quelques familles (Ephraim, Itzig, Gumpertz). Pour le reste, les juifs sont accablés d'impôts spéciaux, dont le *Schutzgeld* en reconnaissance de la protection accordée par l'État, le *Rekrutengeld*, en échange de leur exclusion du service dans l'armée, et le plus humiliant, la capitation (*Leibzoll*), perçue à l'entrée des villes ("elle ressemble à l'accise perçue sur le bétail" [BRUNSCHWIG, 1935]), que Frédéric II refuse d'abolir jusqu'à sa mort. On conclura ce point en citant l'exemple de Moses Mendelssohn dans la Prusse de Frédéric II. L'épisode est rapporté par son ami Nicolai, dans le premier fascicule de ses *Anekdoten von König Friedrich II. von Preussen* [NICOLAI, 1790]. Nicolai introduit Moses Mendelssohn auprès du marquis d'Argens vers 1760. Ils en viennent à parler d'intolérance, et le marquis s'étonne d'apprendre que les Anciens de la communauté juive soient obligés de signaler à la police tout juif qui ne bénéficie pas d'un privilège ou n'est pas employé par un juif qui en bénéficie lui-même, ce qui signifie expulsion immédiate de la ville dès que la police a connaissance du fait. Le sens de la loi qui s'applique ici est que le juif doit retourner dans son lieu de naissance, où il est protégé. Moses Mendelssohn n'est lui-même à l'abri que parce qu'il est au service d'un employeur (le riche négociant en soie Isaac Bernhard, puis sa veuve) protégé par privilège royal, mais il n'a aucune garantie pour lui-même. En effet, il peut se retrouver expulsé du jour au lendemain s'il perd son emploi et son patron, et s'il ne retrouve pas d'autre patron qui bénéficie d'un privilège. Il se résout, difficilement, à solliciter un privilège au lieu de se voir reconnaître un droit qui est celui de tout homme : "Es tut mir weh, daß ich um das Recht der Existenz erst bitten soll, welches das Recht eines jeden Menschen ist, der als ein ruhiger Bürger lebt." [NICOLAI, 1790] Il le fait sans grande conviction (au nom de quoi réclamer un traitement différent de celui de ses coreligionnaires ?) en considération de sa famille, et demande à Frédéric de prendre en considération sa contribution au progrès de la science, à défaut de l'apport de richesses matérielles ("in Betrachtung, daß ich den Abgang an Vermögen durch meine Bemühungen in den Wissenschaften ersetze"). Le privilège est accordé à Mendelssohn le 29 octobre 1763. En 1779, Mendelssohn fait une démarche pour que le privilège soit étendu à ses enfants, mais il essuie un refus. C'est finalement la veuve de Mendelssohn qui obtient le privilège du successeur de Frédéric II, après la mort du roi philosophe, dont on peut dire qu'il n'incarne pas, sur ce point, l'esprit de l'Aufklärung.

LA CONTRIBUTION DE LESSING À L'HISTOIRE DE LA TOLÉRANCE ; LA SCÈNE DE LA PARABOLE (*NATHAN LE SAGE*, III, 7)

L'histoire des trois anneaux

Lessing nous indique que la parabole des trois anneaux, telle qu'il en a recueilli le récit chez Boccace, sa source principale et la plus proche, constitue le noyau originel autour duquel s'est cristallisée la composition du poème dramatique. Mais la parabole elle-même a une longue histoire, et a traversé bien des cultures, en prenant des traits originaux en fonction des milieux dans lesquels elle s'implante [PARIS, 1885].

Le motif de la concurrence des religions monothéistes (le judaïsme, le christianisme, et plus tard l'islam) est ancien, et on le trouve sous différentes formes, notamment celle du débat public entre représentants savants des différentes confessions, à la recherche de la vérité. La comparaison et la controverse entre christianisme et judaïsme existent depuis les débuts, lorsque le christianisme lutte pour s'affirmer en se démarquant du judaïsme. Une fois que l'Empire romain est devenu chrétien, et que le christianisme est désormais religion d'État, les juifs sont rejetés et marginalisés. Le débat prend une intensité particulière au Moyen Âge, entre le XIIe et le XIVe siècle, et il apparaît sous des formes diverses – lettres, entretiens, traités philosophiques –, entre dialogue et confrontation violente.

Il semble que le motif de l'histoire des anneaux représentant les religions ait été d'abord élaboré en milieu juif, comme une stratégie de défense dans un environnement chrétien hostile. On cite l'anecdote tirée du livre rédigé par le médecin hispano-portugais Salomo ibn Verga (XVIe siècle), *Schevet Jehuda*, un document unique sur les persécutions subies par les juifs de la Diaspora (1551). Le roi Pierre d' Aragon (fin du XIe - XIIe siècle) cherche à piéger un juif en lui demandant quelle est la meilleure religion. Celui-ci commence par éluder la question en disant au roi que le judaïsme est la meilleure pour lui-même, et que le christianisme est la meilleure pour le roi. Celui-ci l'accule dans ses derniers retranchements, et le juif finit par raconter l'histoire des deux fils d'un joaillier, ayant reçu chacun de leur père une pierre précieuse, dont ils demandent au juif d'estimer les qualités. Celui-ci les renvoie à leur père, mais les fils, mécontents, l'insultent et le frappent. Appelé à se prononcer, le roi leur donne tort… et le juif de souligner le parallèle avec la situation présente : que le roi demande la réponse au père céleste et non au juif, qui ne désire que pratiquer sa religion en paix. Le roi le renvoie, émerveillé de sa sagacité. Nul n'est assuré de posséder la vérité absolue, et personne ne doit chercher à prouver la vérité de sa religion en persécutant les croyants d'une autre confession. Le ressort de l'histoire est simple : tel est pris, qui croyait prendre.

Les chrétiens ont repris le canevas de cette histoire ingénieuse, forgée par un juif sage pour écarter la menace des persécutions et demander de manière oblique le droit pour les juifs de vivre en paix, avec la liberté de pratiquer leur religion, sans être opprimés par un maître chrétien intolérant. Mais ils l'utilisent désormais pour établir la vérité du christianisme. L'histoire en milieu juif ne tranchait pas entre les deux anneaux, mais se contentait de souligner la relativité des cultures ; l'histoire acclimatée en pays chrétien, à l'inverse, impose la conviction que l'anneau qui représente le christianisme est le seul vrai, et tourne à la glorification de la foi chrétienne.

Ainsi, Étienne de Bourbon, membre de l'ordre des Dominicains (à qui le pape Grégoire IX a confié l'Inquisition), actif au XIIIe siècle, auteur de la plus importante collection d'*exempla*, rééditée au XIXe siècle [BOURBON, 1877], en présente une variante significative, intitulée : "Pour faire l'épreuve de la vraie foi" (*ad fidei vere probationem*). Un homme engendre une fille légitime, mais sa femme lui fait endosser la paternité d'autres filles adultérines. Au moment de sa mort, il fait don à sa fille légitime d'un anneau possédant une vertu curative. Ce que voyant, les filles bâtardes se font confectionner elles aussi un anneau. C'est le juge qui reconnaît l'anneau authentique à la vertu qu'il manifeste. L'histoire, dans cette version, enseigne que la foi chrétienne se distingue des autres croyances – leur nombre n'est pas limité ici –, qui toutes sont considérées comme des filles bâtardes, marquées du sceau de la corruption et de l'inconduite, ce qui leur ôte toute légitimité.

Li dis dou vrai aniel (*Le dit de l'anneau véritable*), poème du XIIIe siècle, raconte qu'un père, détenteur d'un anneau guérisseur, a trois fils, dont deux vicieux, et un vertueux. Il lègue l'anneau véritable à son fils vertueux, mais fait réaliser de faux anneaux pour les deux autres, en leur demandant de ne les produire qu'après sa mort. Lorsque le subterfuge est dévoilé et la vertu de l'anneau véritable démontrée, les deux frères bernés et furieux s'en prennent au jeune homme vertueux et endommagent l'anneau précieux. La leçon qui se dégage ici est une exhortation aux princes chrétiens à se mobiliser pour défendre la chrétienté menacée et venger l'injure subie par la vraie foi (l'anneau abîmé).

Un autre récit est consigné dans les *Gesta Romanorum*, recueil de contes moralisés composés à la fin du XIIIe siècle. Un chevalier a trois fils : près de mourir, il lègue au premier sa terre, au second son trésor, au troisième, un anneau qui vaut plus par ses vertus que l'héritage des deux autres, qui ont reçu eux aussi un anneau semblable en apparence, mais privé de vertu. Le chevalier est le Christ. Il a donné aux juifs la Terre promise, aux Sarrazins les trésors, aux chrétiens la foi qui guérit. Il faudrait rendre aux juifs la Terre promise, et les chrétiens devraient renoncer à la puissance et à la richesse au profit des Sarrazins.

Les versions italiennes naissent dans un espace de temps restreint. La situation qui sert de cadre à l'apologue est celle d'un juif qui échappe au piège que lui tend le prince, maintenant un musulman. Cette nouvelle phase de l'histoire des anneaux correspond à un scepticisme grandissant, né de l'insuccès des croisades, et de l'expérience des relations entre chrétiens et musulmans, ces derniers se montrant, eux aussi, doués de culture, de vertu et de puissance. Il est certain que ni les Sarrazins ni les juifs ne possèdent la vérité. Cela suffit-il à établir la vérité de la religion chrétienne ? La figure emblématique de ce scepticisme est celle de l'empereur Frédéric II de Hohenstaufen (1194-1250), d'origine italienne et allemande, réunissant les traditions de l'Occident et de l'Orient (XIIIe siècle), accusé par le pape Grégoire IX d'être l'Antéchrist : "Ce roi de pestilence a déclaré que le monde avait été trompé par trois imposteurs, Jésus, Moïse, Mahomet." On reconnaît là le motif célèbre des "trois imposteurs", l'un des motifs principaux de la critique des religions, largement exploité à l'âge classique par la littérature clandestine.

On retiendra la version donnée par le *Novellino*, recueil de contes en prose, écrit en Toscane vers la fin du XIIIe siècle, fondateur du genre littéraire de la nouvelle. La figure centrale est celle de l'empereur Frédéric II de Hohenstaufen, les histoires traitent de sujets antiques, bibliques et médiévaux. La 73e nouvelle s'intitule *Come il Soldano, avendo mestiere di moneta, volle cogliere cagione a un giudeo* : c'est la première figuration littéraire de la parabole des anneaux, telle qu'elle est reprise par Boccace. La trame narrative est sommaire et fixe l'ossature de la parabole: Saladin, en grand besoin d'argent, s'adresse à un juif qu'il pense piéger en lui demandant quelle est la meilleure religion – quelle que soit sa réponse, il sera confondu. Mais le juif (qui n'a pas de nom), raconte l'apologue suivant: un homme détenteur d'un anneau orné d'une superbe pierre précieuse (*un suo anello con una pietra preziosa, la migliore del mondo*) cède aux instances de ses trois fils, tous désireux de le recevoir en héritage, fait confectionner deux anneaux identiques au premier et donne un anneau à chacun de ses fils avant de mourir. Lui seul pouvait distinguer l'original et il emporte son secret dans la tombe. La conclusion établit le parallèle avec la vraie foi: "Chacun croyait avoir le meilleur, et nul ne connaissait la vérité, sinon leur père. Ainsi en est-il des fois, Messire: les fois sont au nombre de trois. Le père, qui les a données, sait quelle est la meilleure, et les fils (c'est nous) croient chacun avoir la bonne." ("catuno si credette avere il fine: e niuno ne sapea il vero, altri che 'l padre loro. E così è delle fedi, messere: le fedi sono tre: il Padre che·lle diede sa la migliore, e li figliuoli (ciò siamo noi), ciascuno la si crede avere buona."). La connaissance de la vérité est réservée au Père/Dieu, qui a donné les trois religions, et demeure cachée aux fidèles des trois monothéismes, qui ne peuvent que "croire", sans en avoir la certitude absolue, que la leur renferme la vérité. Ce constat sec réduit le monarque au silence, et il est contraint de reconnaître que le juif a su se tirer d'affaire et que sa tentative a échoué. Rien n'est dit sur les conséquences de la découverte du subterfuge.

La parabole des deux pierres est devenue celle des trois anneaux. Boccace (1313-1375, le *Décaméron* est de 1350), dans la 3e nouvelle de la première journée du *Décaméron*, associe les motifs des anneaux et de l'héritage. Les fils sont également vertueux, et la balance est égale entre les trois. Boccace salue la grandeur de Saladin et développe le motif économique: le trésor du sultan est vide, en raison des nombreuses guerres qu'il a menées contre les Sarrazins et les chrétiens, et des largesses qu'il prodigue ("in diverse guerre e in grandissime sue magnificenze"). Saladin s'avise alors d'un juif usurier d'Alexandrie, si avare qu'il ne donne pas spontanément. Le motif de la ruse est tempéré par la décision de ne pas recourir à la violence, comme il le pourrait ("una forza da qualc'une ragione colorata"), mais d'opérer par la flatterie et l'éloge de la sagesse de son interlocuteur, qu'il prétend interroger sur la religion qui lui a semblé le plus vraie. Le marchand juif, homme sage et d'une intelligence aiguisée ("aguzzato l'ingenio", "savio"), soupçonne le piège et sent qu'il doit déguiser sa pensée et éviter à tout prix de prendre parti pour l'une des trois religions. La conclusion de la nouvelle de Boccace est harmonieuse : le juif donne librement ce que Saladin voulait lui soutirer par ruse, et Saladin le traite dorénavant avec égard, et à l'égal d'un ami.

La parabole de Lessing

Avec Lessing, la parabole qui occupe le centre du poème dramatique devient le vecteur des idées de tolérance et de respect, ainsi que de réserve et de modestie dogmatique. Le schéma de Boccace a été repris et modifié. Le changement principal consiste dans la suite qu'il donne au récit : chez Boccace, il s'achevait sur le constat de l'impossibilité de répondre à la question posée, puisque, aux yeux des fils, les anneaux sont indiscernables. Lessing ajoute l'épisode de la comparution des trois frères devant le juge qui, en lieu d'une sentence, leur dispense un "conseil" et se démet de son rôle de juge.

Par ailleurs, Lessing a inséré la parabole dans un contexte non seulement narratif, mais aussi dramatique : Saladin, d'abord auditeur passif, est progressivement captivé par la situation, ce qui se marque dans la progression de ses réactions – interruptions, interjections, commentaires –, révélatrices de l'impatience avec laquelle il suit le récit et le relance. Amateur de récits et de contes, il s'attendait à un divertissement, et se trouve insensiblement engagé dans une réflexion sérieuse sur les fondements de sa religion, et de la politique religieuse convenable pour un souverain.

Dans les deux cas, la question de la vraie religion est le piège où doit se prendre le juif, auquel Saladin, dédaignant la force brutale, pense soutirer son argent de manière plus subtile. Lessing a prêté à Saladin une assez longue tirade pour présenter et justifier sa demande. Il commence par sonder la réputation de sagesse de son interlocuteur, puis écarte avec dédain toute idée de marchandage (digne de sa sœur) pour interroger l'homme "sage". Ses paroles en disent long sur ses attentes. Il demande en effet à Nathan quelle religion (sous les deux aspects de la foi et de la loi) s'est imposée à lui. Le verbe "einleuchten" renvoie à la clarté de l'évidence, à ce qui tombe sous le sens (Grimm indique pour équivalent latin *perspicuus,* et donne la définition suivante "in die augen fallend, leuchtend", qu'il illustre par l'exemple de la lumière et de la Parole divine : "gott sucht uns innerlich mit seim einleuchtenden liecht und wort"). Nathan, en guise de réponse, invoque l'évidence de l'origine et de la tradition à laquelle il est rattaché. Le sultan insiste, en écartant le hasard de la naissance et en précisant ses attentes, en posant au principe qu'il ne peut y avoir qu'une vérité en matière de religion, qu'une seule religion qui soit la vraie. Chez l'homme sage, ce n'est pas la naissance qui a déterminé le choix de son appartenance religieuse, mais un processus de réflexion et de délibération rationnelle, qui fonde un choix éclairé : l'intelligence et le discernement (*Einsicht*, dont les équivalents latins sont *intelligentia, judicium*), l'argumentation par les raisons (*Gründe*), et le choix éclairé du meilleur (*Wahl des Besseren*). C'est ce raisonnement de "sage" que Nathan est censé exposer au sultan, en lui communiquant les résultats de sa réflexion, pour que celui-ci, qui n'a guère de temps à consacrer à l'étude, puisse les faire siens. Cette consultation est censée rehausser la figure de Saladin du prestige du souverain éclairé.

La scène de la parabole va s'orienter précisément vers la remise en cause de cette conception de la vérité en matière de religion, contestable sur plusieurs points essentiels : le principe de la vérité unique ; le recours à la délibération rationnelle pour trancher la question ; l'absence de référence à l'expérience vécue du croyant.

De fait, Nathan, dans le monologue qui précède immédiatement la scène de la parabole (III, 6), s'interroge déjà sur la conception de la vérité sous-jacente au discours du sultan : cette vérité n'a en effet aucun substrat empirique, mais relève du simple arbitraire, comme l'indique la métaphore de la monnaie : la vérité ne s'évalue pas au poids de la monnaie, comme dans les temps anciens, mais à la valeur fixée par le monarque qui la met en circulation, et dont l'effigie est gravée sur la pièce.

La réponse que Nathan peut apporter, dans un premier temps, à la question de la vérité ainsi posée, par le biais de la parabole, ne sera pas entièrement satisfaisante et frustrera nécessairement les attentes de Saladin, même si le conte ne se compare pas aux paroles creuses avec lesquelles on éconduit poliment les demandes importunes : "Nicht die Kinder blos, speist man / Mit Mährchen ab."

On rapprochera enfin la question de la vraie religion de l'échange épistolaire fameux entre Lavater et Mendelssohn. Johann Kaspar Lavater (1741-1801), pasteur luthérien et théologien, fait imprimer, en 1769, en tête de sa traduction d'un ouvrage du Suisse Charles Bonnet (celui-ci veut prouver l'immortalité de l'âme par la Révélation, appuyée sur sa philosophie), une dédicace à Mendelssohn. Il le presse de lire l'ouvrage avec impartialité et le met en demeure de réfuter ses thèses, s'il les trouve fausses, et dans le cas contraire, de faire ce que "la sagesse, l'amour de la vérité et la probité" ("Klugheit, Warheitsliebe und Redlichkeit") exigent de lui, à savoir se convertir au christianisme.

Mendelssohn a rédigé une réponse circonstanciée, qui a eu un grand retentissement dans les milieux savants. Nous en reproduirons quelques points fondamentaux, qui méritent d'être comparés avec les attitudes religieuses fondamentales telles qu'elles s'incarnent dans les personnages de Nathan et se reflètent dans le récit de la parabole :

- la relativisation, ou le refus des polémiques. Mendelssohn regrette la publicité donnée à un débat qui n'aurait jamais dû sortir de la sphère privée. Il affirme avoir pour sa part mûrement réfléchi et pesé tous les arguments.

- le refus du prosélytisme. Mendelssohn décrit le judaïsme comme une religion dénuée de toute ardeur à convertir (*Bekehrungssucht*). Le juif est capable de penser que l'homme qui ne croit pas comme lui n'est pas exclu du salut, s'il se conduit en juste (Solon, Confucius, bienfaiteurs de l'humanité, ne peuvent être damnés).

- le refus de chercher à éradiquer l'erreur sans distinction. Même si tout croyant est désireux de répandre sa vérité, il ne doit pas chercher à éradiquer l'erreur sans distinction, mais tenir compte de son degré de nocivité : s'il faut combattre résolument le fanatisme, l'esprit de haine et de persécution, qui troublent la paix, et d'autre part l'immoralité, on peut tolérer des préjugés nationaux et des opinions religieuses erronées, sur lesquels s'érigent des systèmes religieux qui permettent aux humains de vivre et de donner un sens à leur vie, et ne heurtent pas la religion et la loi naturelle.

L'ouverture

La localisation de l'histoire n'est pas précisée chez Boccace, l'époque est aussi indéterminée : "Se io non erro, io mi ricordo aver molte volte udito dire que un grande uomo e ricco fu già" ("Si je ne me trompe, je me rappelle avoir entendu dire bien des fois que vivait autrefois un homme grand et riche"). Le marchand juif de Boccace, Melchisedek, raconte une petite histoire qui circule et qu'il connaît par ouï-dire ("noveletta", Lessing reprend le diminutif "ein Geschichtchen", III, 7, après avoir parlé de "Märchen", dans la scène précédente). Nous ne sommes donc pas dans la dimension épique du simple récit dont le narrateur atteste la véracité, mais dans une forme de fiction qui fait jouer l'imaginaire. Lessing renvoie à la nuit des temps ("graue Jahre"), donc à l'époque immémoriale des origines de la religion d'un Dieu unique, et situe l'histoire en Orient "in Osten". Un commentateur précise que la forme sans article est archaïsante [DÜFFEL, 1998], ce qui peut faire penser à la formule rituelle qui installe d'emblée dans la temporalité du conte "Il était une fois". L'Orient a ici toute sa valeur symbolique, comme point où le soleil se lève, lieu d'origine de la sagesse et de la religion, symbole de l'illumination originelle et de la divinité. Le fameux "ex oriente lux" ("C'est de l'Orient que vient la lumière") est le topos qui l'exprime.

L'anneau est une opale chatoyant de mille feux ("ein Opal, der hundert schöne Farben spielte"). Le choix de la pierre est l'invention de Lessing. Lessing a puisé à toutes les sources de sa culture : sources antiques (l'*Histoire naturelle* de Pline), sources archéologiques (les *Briefe, antiquarischen Inhalts* sont un résultat de ses recherches sur l'Antiquité), et *last, but not least*, toute la tradition véhiculée par la littérature alchimique et symbolique qui attribue des vertus aux pierres, une tradition qui était encore vivace à l'époque de Lessing – et qui refleurit de nos jours. L'opale est décrite comme une pierre qui, par ses reflets changeants, attire d'abord et réjouit l'œil de celui qui la porte ou la contemple, et dont la vertu pénètre jusqu'à son cœur et le ravit. C'est ce trajet de l'organe de la vue jusqu'à celui du sentiment intime que décrivent les vers suivants du grand poème didactique de Barthold Brockes (1680-1747) célébrant la nature comme création de Dieu : "An den glänzenden Opalen / Wird das Auge doch zuletzt / Und an ihren bunten Strahlen / Das Gemüthe selbst ergetzet." [BROCKES, 1748]. Dans la tradition ésotérique, que Lessing connaissait parfaitement par l'étendue de ses lectures, l'opale conjugue les couleurs de l'escarboucle, symbole de l'amour exclusif de Dieu, de l'améthyste, symbole de la sobriété, et de l'émeraude, qui exprime l'amour du prochain. Elle représente ainsi la plénitude de la grâce divine ("Dei para plena gratia").

Lessing a ajouté ici au motif de la vertu de l'anneau et de la pierre, celui de la volonté consciente et de l'intention bonne de celui qui le porte. De surcroît, l'anneau est le don d'une main aimante, et l'homme qui l'a mis à son doigt ne s'en sépare jamais ("nie vom Finger ließ"). Chez Boccace, l'anneau, d'une éminente beauté et d'un grand prix, faisait partie des possessions matérielles et des richesses : l'homme en sa possession porte un grand respect à ce trésor en raison de sa valeur, et lui "fait honneur" en assurant la transmission de ce dépôt intact à ses descendants. L'anneau de Lessing est bien le sceau d'une alliance étroite et personnelle, et l'accent principal est mis sur l'intériorisation de la vertu de l'anneau. Celui qui le possède n'est pas porté à l'ostentation de ses richesses, mais guidé par sa disposition intérieure. L'anneau a la vertu de rendre agréable à Dieu et aux hommes celui qui le porte dans cet esprit. D'emblée, la religion cesse d'être un dépôt passif, pour être mis en relation avec la qualité humaine, la vertu de celui qui le porte et en reçoit l'héritage.

Dans la nouvelle de Boccace, la transmission se faisait par le don arbitraire, celui qui était désigné par le legs de l'anneau devenait le *maggiore*. Chez Lessing, l'anneau revient en héritage à celui qui est "le plus aimé", sans égard à l'ordre de la naissance, et il tire son autorité de la vertu de l'anneau ("Er ließ den Ring / Von seinen Söhnen dem Geliebtesten; […] stets der liebste, / Ohn Ansehn der Geburt, in Kraft allein / Des Rings, das Haupt, der Fürst des Hauses werde. –"). Ce point est si important que Nathan s'interrompt à cet endroit pour s'adresser à Saladin et renforce le poids de ses paroles : "Versteh mich, Sultan." La critique a remarqué que la différence à cet endroit entre "Ererben" et "erwerben", entre ce qui est acquis passivement en héritage, et ce que l'on s'approprie par son propre mérite et son action rapproche la parabole de la fable du paysan qui a légué à ses fils un trésor caché dans un champ, lequel n'est autre que la vertu du labeur quotidien.

L'auditeur n'apprend pas quand l'acte fondateur de la religion a été accompli, quand Dieu a scellé avec l'homme l'alliance symbolisée par le don de l'anneau. L'instant premier de la religion, comme Révélation de Dieu à l'homme, reste dans l'obscurité des origines, situé dans une temporalité qui n'est pas celle de l'histoire – cette évocation contraste avec l'accumulation des "preuves" historiques de la Révélation, telle qu'on la trouve dans les débats et controverses théologiques de l'époque. Dans cette transposition poétique du commencement, l'accent est mis sur le geste du don, soit l'amour paternel – motif dominant dans la parabole qui est un concentré de la pièce, dont c'est aussi le motif dominant. L'origine de la religion n'est donc pas un événement historique avéré, mais le monothéisme est présenté comme une religion qui doit être comprise comme religion de l'amour.

C'est pour mettre en relief cet aspect central de la religion que Lessing a modifié la donnée de Boccace en mettant l'accent non pas sur l'ambition des fils et leur insistance à réclamer l'anneau, mais sur l'effusion de l'amour paternel et la relation personnelle privilégiée que le père entretient avec chacun de ses trois fils, individuellement, sans les confondre dans la totalité indifférenciée de la famille : chacun est reconnu et aimé pour lui-même, dans son identité propre, avec le même amour exclusif, qui rend le père indécis, incapable de privilégier l'un au détriment des autres, incapable de départager les trois sans ressentir la préférence donnée à l'un comme une injustice. C'est ce qu'indique à cet endroit l'évocation du dilemme dans lequel le père se trouve pris.

> Die alle drei ihm gleich gehorsam waren,
> Die alle drei er folglich gleich zu lieben
> Sich nicht entbrechen konnte. Nur von Zeit
> Zu Zeit schien ihm bald der, bald dieser, bald
> Der dritte, — sowie jeder sich mit ihm
> Allein befand, und sein ergießend Herz
> Die andern zwei nicht teilten, — würdiger
> Des Ringes;

Trop aimant, submergé par la force irrépressible de ses sentiments, la tromperie qu'il s'apprête à commettre en faisant confectionner deux anneaux supplémentaires est devenue inévitable, et humainement excusable. Le motif psychologique noble transfigure la faiblesse humaine en forme de piété.

La multiplication des anneaux signifie l'abandon de l'unicité du legs, de l'héritage, c'est-à-dire l'unité de la foi. Chez Boccace, le père parvenait encore à discerner l'anneau véritable. Chez Lessing, le père insiste auprès du joaillier sur la nécessité de parfaire l'imitation, au point qu'il n'est plus lui-même en mesure, une fois la tâche terminée, de distinguer l'original de ses copies. La figure de l'artiste anonyme est aussi une figure importante de la parabole, médiatrice entre l'ancien et le nouveau, emblème de la dynamique créatrice et des échanges entre l'ancienne piété et l'innovation religieuse.

Heinz Politzer définit cette situation de transition ainsi : “Lessings Vater ist noch ein Nachkomme jener Generationenreihe, die, der Satzung folgsam, den einen Ring von Sohn zu Sohn vererbt hat, und schon der

Vorfahr aller jener Geschlechter, deren Glaube sich lediglich auf vernünftige Überlieferung gründet." [Politzer *in* BOHNEN, 1984]. La situation est de fait entièrement nouvelle, même si les conséquences en sont encore inaperçues. Les trois monothéismes, comme les trois frères, sont maintenant sur un pied d'égalité. Le père ne semble pas déplorer le renoncement à l'anneau unique, qui lui permet de tenir l'engagement pris envers chacun de ses fils. La joie qu'il en éprouve l'emporte, à l'instant de la mort, sur toute autre considération :

[...] Froh und freudig ruft
Er seine Söhne, jeden insbesondre;
Giebt jedem insbesondre seinen Segen, —
Und seinen Ring, — und stirbt. —

Le caractère de la Révélation s'est transformé, et celle-ci est désormais vue du point de vue de l'homme. Pour chacun des représentants d'une confession monothéiste, elle prend la forme d'une relation particulière à un Dieu qui est d'abord un père.

L'âge d'or de l'idée monothéiste de Dieu, solidaire de l'unité et de l'unicité de la vérité, est irrémédiablement perdu au seuil de l'époque moderne (et pour l'époque de Lessing), avec la nécessité de prendre en compte désormais la diversité et la variété des croyances. Dans les trois anneaux s'exprime le paradoxe des trois monothéismes (judaïsme, christianisme, islam), marqués tous trois par l'allégeance à un même Dieu, et irréconciliablement divisés par leur prétention égale à la vérité et à la supériorité de leur religion, qui les jette en ennemis les uns contre les autres. Cette fracture fait apparaître le caractère du monde moderne, pluraliste, dans lequel l'unité n'est plus réalisable, comme en témoigne la division de l'Église catholique universelle en trois confessions rivales et ennemies. Par ailleurs, la théologie historique et critique met au jour la détermination de toute croyance par la naissance, l'éducation et l'appartenance à un peuple. Les raisons que l'on peut avancer en faveur de la vérité de sa propre religion n'excluent pas d'autres alternatives. Que deviennent la certitude religieuse, la piété et la fidélité à une tradition, dès lors que les contenus de la foi se sont à ce point diversifiés ? Qu'est devenue l'évidence première de sa propre croyance, confrontée à d'autres systèmes religieux ?

"Au début de la parabole, Lessing touche à l'acte mystique de la Révélation religieuse, mais ici, il est arrivé à la croisée des chemins. La Révélation va être relayée par l'éducation, la préhistoire par l'histoire.

Le divin est à la limite de l'humain, le surnaturel à la limite du naturel" (traduction AL), écrit Politzer [*in* BOHNEN, 1984]. Il faut dès lors reconstituer le passage de la perspective de l'au-delà à la perspective de l'ici-bas. La transition vers la seconde partie de la parabole n'est donc pas réalisée dans la continuité, mais après une interruption qui marque un retour à la situation dramatique.

La deuxième partie de la parabole

Jusqu'à la fin de la première partie, qui correspond à la reprise du modèle de Boccace, Nathan ne s'est interrompu que deux fois pour s'adresser au sultan, et chaque fois pour rappeler à son attention un passage décisif – la première fois, pour insister sur le motif de l'amour, la seconde fois pour insister sur le don particulier à chacun de ses fils. Chaque fois, il doit compter avec l'impatience croissante du sultan, qui a peine à contenir son agitation ("der sich betroffen von ihm gewandt") et lui rappelle la réponse qu'il attend à la question de la vérité, témoignant par son attitude qu'il est peu attentif au raisonnement de Nathan, et encore loin de comprendre en quoi il le concerne. C'est donc Nathan qui doit tirer lui-même la conclusion de la parabole, après avoir attendu vainement que Saladin le fasse lui-même. La réponse inattendue laisse le sultan déçu, près de se mettre en colère. Ses réactions impulsives passent ici au premier plan, soulignant le caractère rebutant de cette solution contre-intuitive, et la difficulté réelle de la question : l'anneau authentique est impossible à reconnaître – presque autant que la vraie religion. L'homme qui fait l'épreuve quotidienne de la différence des religions et qui est convaincu de la vérité, sinon de la supériorité de la sienne – Saladin connaît l'intolérance du christianisme dénoncée par Sittah, et le préjugé anti-juif est aussi présent dans l'hypothèse de l'avarice ou la cupidité de Nathan, qui serait alors, conformément au stéréotype, "un homme de son peuple" –, ne se résout pas aisément à les mettre sur le même plan et à admettre qu'elles ne se distinguent pas les unes des autres sur le fond. La parabole appelle ici une explicitation et un commentaire.

À cet endroit, Nathan semble finir la phrase commencée par Saladin, mais en réalité, il coupe court à ses considérations sur les différences, pour orienter le débat vers ce qui est commun, le fondement de toutes les religions sur les témoignages historiques. Semblant toujours éluder la réponse, il suspend la narration de la parabole, pour l'appliquer à la situation concrète du croyant. Le ton change : de narrateur distancié qu'il était, Nathan devient un protagoniste de la scène dramatique. Il attire l'attention de Saladin sur la forme historiquement déterminée de la Révélation, comme fondement commun des trois monothéismes, au-delà des différences que soulignait le sultan en renvoyant à la diversité des cultes et des coutumes : "Denn gründen alle sich nicht auf Geschichte? / Geschrieben oder überliefert!" Or, les différences font planer la menace des rivalités et des conflits. Dans ce contexte, on renverra à un passage central de *Ernst et Falk. Dialogues maçonniques* (1778-1780) qui forment, avec *L'Éducation du genre humain* et *Nathan le Sage*, une trilogie où s'exprime le dernier état de la pensée de Lessing : il y développe la différence entre le "solcher Mensch", et le "bloßer Mensch". Dans le second dialogue, Ernst et Falk abordent le thème de la société civile et arrivent au constat que la réalité de toute société humaine ne peut se saisir que dans la dialectique de la séparation et de l'union. Ce qui unit les hommes (les États, les religions) est aussi en même temps ce qui les sépare irrémédiablement. Car l'homme intégré dans une communauté étatique, nationale ou religieuse représente les intérêts et les préjugés de cette communauté particulière : il est un homme de parti, qui se tourne contre les hommes qui sont les représentants d'autres communautés religieuses ou étatiques, et qui défendent des intérêts contraires. Il en résulte que les hommes ne peuvent jamais se rencontrer comme représentants de la pure humanité (*bloße Menschen*), et qu'ils sont toujours incarnés dans une forme particulière, déterminée par leurs appartenances : ils sont des *solche Menschen*. L'homme ne peut faire abstraction de ces déterminations concrètes, et voit d'abord dans l'autre le représentant de la communauté à laquelle il appartient, avant de voir en lui "un homme", son semblable, avec lequel il peut conclure amitié. Le chrétien est d'abord un chrétien, qui voit dans le juif ou le musulman le représentant d'une confession rivale, et parfois haïe, avant de voir en lui un homme.

> […] wenn itzt ein Deutscher einem Franzosen, ein Franzose einem Engländer, oder umgekehrt, begegnet, so begegnet nicht mehr ein *bloßer* Mensch einem *bloßen* Menschen, die vermöge ihrer gleichen Natur gegen einander angezogen werden, sondern ein *solcher* Mensch begegnet einem *solchen* Menschen, die ihrer verschiednen Tendenz sich bewußt sind, welches sie gegen einander kalt, zurückhaltend, mißtrauisch macht, noch ehe sie für ihre einzelne Person das geringste mit einander zu schaffen und zu teilen haben. [LESSING, *Ernst und Falk*, 2001]

C'est cette situation qui est représentée dramatiquement dans la première rencontre entre Nathan et le Templier (II, 5) : la tension se résout lorsque le Templier, secondé par Nathan, finit par voir en lui l'homme, et non le "Jud" qu'il a rudoyé au début, aveuglé par le préjugé anti-juif. Mettre l'accent sur les différences amène irrésistiblement à poser la question de la hiérarchie des religions, et ravive les blessures causées par les rivalités confessionnelles ; mettre l'accent sur le fonds commun à tous les hommes, comme le fait Nathan, c'est mettre à distance les déterminations qui ne sont pas essentielles à l'humanité, et abandonner la prétention hégémonique de sa confession. C'est le sens de la réponse que fait Nathan au Templier, lorsque celui-ci éclate en reproches amers, et déclare mépriser le peuple juif pour son orgueil – n'est-ce pas lui, en effet, qui a été le premier à réclamer pour lui le privilège de l'élection, avant que les autres monothéismes, chrétien et musulman, ne lui emboîtent le pas ?

> [...] Wir haben beide
> Uns unser Volk nicht auserlesen. Sind
> Wir unser Volk? Was heißt denn Volk?
> Sind Christ und Jude eher Christ und Jude,
> Als Mensch?

Pour autant, la seule forme de religion accessible à l'homme est une religion qui s'inscrit et qui est vécue dans le cadre d'une culture et d'une tradition historiques qui sont celles d'un peuple. C'est ainsi que l'homme reçoit ces témoignages historiques dans le cadre de son histoire personnelle. Politzer [*in* BOHNEN, 1984] parle dans ce contexte de "domestication de ce concept de croyance" ("Domestizierung dieses Glaubensbegriffes"). La vérité de toute religion est conditionnée par le hasard de la naissance et la tradition familiale, et donc circonscrite dans ces bornes. La croyance, qui va de pair avec l'obligation de fidélité et qui s'enracine dans les relations de la famille, ne peut plus être la croyance originelle en une vérité unique. Désormais, la fidélité aux siens est première, elle vient avant la foi ("Treu und Glauben"). L'horizon de la pure transcendance et de l'absolu de la vérité est devenu impensable dans l'horizon de l'existence concrète de l'homme. L'évolution religieuse de l'individu est inextricablement liée à son histoire personnelle, qui le rattache à une communauté familiale et nationale ou ethnique. C'est ce qu'exprime l'héroïne de Voltaire, Zaïre, dans la pièce éponyme :

La coutume, la loi plia mes premiers ans
À la religion des heureux musulmans.
Je le vois trop les soins qu'on prend de notre enfance
Forment nos sentiments, nos mœurs, notre croyance.
J'eusse été près du Gange esclave des faux dieux,
Chrétienne dans Paris, musulmane en ces lieux.
L'instruction fait tout; et la main de nos pères
Grave en nos faibles cœurs ces premiers caractères
Que l'exemple et le temps nous viennent retracer,
Et que peut-être en nous Dieu seul peut effacer. [Voltaire, 2016]

Le choix du meilleur ("Wahl des Besseren") est donc lié à l'identité individuelle, prise dans une tradition culturelle particulière. Les "preuves" qui sont avancées pour le choix d'une religion sont donc relatives, historiques, elles font sens pour l'individu dans sa pratique, mais n'excluent pas d'autres alternatives. Lorsque le chrétien Lavater presse le juif Mendelssohn de se convertir en alléguant la force contraignante des arguments rationnels, il méconnaît de fait une dimension essentielle de l'expérience religieuse: la religion ne se résout pas en dogmes rationnels, elle s'inscrit dans l'horizon d'une identité culturelle.

Comme dans la parabole, l'accent principal est mis ici encore sur le rôle de l'amour paternel dans la transmission de l'héritage religieux. La religion est transmise par "les pères", qui manifestent ainsi le soin qu'ils prennent de leurs enfants; l'éducation religieuse prend sens dans la relation de confiance avec les êtres proches, qui ont donné à l'individu des "preuves de leur amour". Cela transforme évidemment l'expérience que fait l'individu de la vérité religieuse, cautionnée par les êtres chers qui s'en font les garants, déterminée par des circonstances particulières qui lui donnent son profil singulier. La Révélation divine est ainsi ajustée, accommodée à celui pour qui elle est pensée, et seulement accessible sous cette forme. On rapprochera ce passage des modes de la Révélation décrits dans *L'Éducation du genre humain*.

Donc, ce qui fait la valeur de la religion est intrinsèquement lié à l'histoire individuelle et collective d'une communauté. De ce point de vue, les trois religions révélées sont au même niveau. La reconnaissance de la dimension subjective et historique de la foi personnelle engage l'homme à reconnaître dans l'autre un individu également fondé à attendre la reconnaissance de sa propre religion. Entre Nathan et Saladin, tous deux dans la même situation vis-à-vis de leur religion, s'établit une forme d'égalité. Dans ce passage, l'accumulation des questions rhétoriques, qui n'admettent pas d'échappatoire, souligne la vivacité du discours et la logique contraignante de l'argumentation. La première question est formulée de manière générale: "Geschichte muss doch wohl..." L'étape suivante consiste dans le passage de la forme passive à la forme active, et du "man" impersonnel au "wir" qui fait clairement allusion à la situation concrète des deux protagonistes, impliqués au même niveau, placés dans la même situation, réversible, avec le même dilemme. Après avoir évoqué le musulman et le juif, Nathan inclut les chrétiens dans la même démarche, et ainsi les trois monothéismes sont-ils rassemblés dans une même problématique. Tous trois ont un engagement de fidélité envers leur confession, et ils ne peuvent pas s'en dédire et se renier. Chacun doit le comprendre et ils doivent sur ce point se comprendre réciproquement. C'est une manière de dire à Saladin que la question qu'il a posée est vouée à demeurer sans réponse.

Le sultan, cette fois, reconnaît dans un aparté la justesse du raisonnement de Nathan, qui le contraint au silence. Le raisonnement est sans réplique. Le retour au récit de la parabole est une diversion bienvenue pour laisser au sultan le temps de méditer la leçon qui vient de lui être administrée "Lass auf unsre Ring' / Uns wieder kommen."

La troisième partie de la parabole: l'intervention du juge

Le second versant de la parabole, qui est l'invention de Lessing, fait passer de la Révélation passée à l'horizon de la pratique religieuse, pour le présent et dans l'avenir. Les trois frères comparaissent devant un tribunal pour arbitrer le différend et rechercher le propriétaire de l'anneau légitime. Dans un premier temps (jusqu'à la réplique suivante de Saladin), Nathan esquisse la scène dramatique des déclarations des trois frères, dont chacun cherche à se faire reconnaître pour l'héritier légitime: de fait, chacun peut se prévaloir de la promesse de son père, du don de l'anneau, et proclamer sa conviction que son père tant aimé n'aurait pu le tromper. L'exclamation redoublée de Nathan "Wie wahr", "wie nicht minder wahr", qui cautionne ainsi la déposition de chacun des frères, est à rapprocher de l'attitude de Lessing vis-à-vis des témoignages historiques de la Révélation: contrairement à certains représentants de la critique biblique rationaliste, qui ruinent l'autorité des témoignages et sapent la Révélation, Lessing, lui, se refuse à invalider les témoignages historiques, ou à mettre en doute la parole des témoins. Les frères sont donc crus, et ne sont pas déboutés de leur plainte. En revanche, ces témoignages "historiques" laissent sans réponse la question de la vérité telle que l'a posée Saladin au début. Aucune des trois révélations concurrentes ne peut faire état d'un avantage décisif. Le drame est que l'amour exclusif porté au père, dont la trahison est inimaginable, se retourne en rivalité, méfiance, et haine contre les traîtres, qui ne peuvent être que les autres frères. C'est l'horizon des guerres de religion, et le terme de "vengeance", à la fin de cette tirade au style indirect, montre à quelles extrémités peuvent se porter les hommes qui se sentent bernés et frustrés dans leurs espérances.

Le rôle du juge consiste à démêler cette situation inextricable, et à mener les frères orphelins désemparés sur le chemin de la maturité. La première tâche du juge sage (selon le topos du jugement de Salomon) consiste à ramener la situation apparemment inextricable à des éléments simples, qui permettent de rendre un jugement. Mais en l'occurrence, le juge se heurte aux limites qui sont celles de la sagesse humaine. Le père défunt ne peut plus être convoqué devant le tribunal, de sorte que l'on ne peut plus attendre aucune information propre à éclaircir le mystère.

Le juge tente dès lors d'appliquer le critère de la mise à l'épreuve de la vertu de l'anneau : le frère le plus aimé serait nécessairement le possesseur de l'anneau véritable. Mais cette épreuve n'aboutit qu'à un échec, qui marque les limites de la nature humaine : aucun des frères n'est capable d'un amour désintéressé, et, pour chacun, l'amour de soi passe avant tout autre sentiment. Comment exiger d'eux, en effet, qu'ils reconnaissent dans l'autre une supériorité qu'ils revendiquent pour eux-mêmes ? Les trois frères ennemis se retrouvent "trompeurs trompés" : trompés, parce qu'on leur a fait croire au pouvoir de l'anneau ; trompeurs, parce que se croyant en possession de l'anneau véritable, ils sont incapables d'en faire apparaître la vertu en eux et de satisfaire aux exigences correspondant à sa possession. Cette épreuve, qui se solde par un échec, amène le juge, spectateur de cette comédie humaine, à conclure, dans un premier temps, qu'aucun des trois n'est en possession de l'anneau véritable : les trois sont faux, et l'original s'est perdu, le père aurait donc eu recours à un expédient pour dissimuler la perte. Cela signifierait que les trois confessions rivales seraient vides de sens, que les hommes n'auraient reçu aucun héritage, et désormais orphelins, seraient condamnés à errer en quête d'une transcendance religieuse ou morale, que la vérité, fragmentée et émiettée en une pluralité de croyances, se serait déformée jusqu'à n'être plus reconnaissable. L'image du père, associée de trop près à la duperie dont les fils auraient été victimes, serait, elle aussi, irréparablement dégradée.

La dissension entre frères ennemis, aveuglés par leurs passions, est-ce là l'horizon indépassable de la vie humaine ici-bas, puisqu'il ne saurait plus être question d'au-delà ? Comment amener les hommes à éviter les querelles confessionnelles qui nuisent au développement de la société humaine, dès lors que les passions humaines se dérobent à toute prise de la raison ?

Contre toute attente, le juge ne renonce pas à intervenir dans l'affaire, mais il ne le fait pas en qualité de juge. Il ne renvoie pas non plus les frères humiliés, mais essaie, au contraire, de leur apporter une forme d'assistance morale. Sa bienveillance, fondée sur une forme de compassion, est bien éloignée du sarcasme du misanthrope sans aucune illusion sur la nature humaine. Il se démet de sa fonction de juge, et ne rendra pas de "sentence", mais se bornera à donner un "conseil". Mais ce conseil est de nature à prévenir les conséquences désastreuses qui pourraient résulter de cette situation sans issue, et sont déjà suggérées dans la description de la querelle à l'intérieur de la famille. Pour les trois frères ennemis, ce conseil est aussi celui de la dernière chance. S'ils n'abandonnent pas leur prétention à la possession exclusive de la vérité, à la domination exclusive de leur religion, ils s'engageront encore plus avant dans des conflits catastrophiques, la bénédiction deviendra la malédiction de l'anneau, et le monde et l'humanité seront plongés dans le chaos.

Avec l'exhortation du juge, adressée aux fils, de prendre au sérieux la promesse de leur père, et de traduire la vertu de leur anneau en valeur d'humanité, la question que posait Saladin au début trouve enfin une réponse. La question de la vérité absolue est caduque, mais il reste à l'homme la tâche d'aménager son existence ici-bas, et d'apprendre à vivre avec ses semblables, sans abandonner totalement l'horizon d'une transcendance. Cela n'exige pas de l'homme un sacrifice inhumain ou contre nature, mais au contraire, le rappel de sa religion propre, et la tension de ses forces pour faire apparaître la richesse de son héritage, le testament laissé par son père dans la pratique. La guerre fratricide se transforme en concurrence pacifique, et les forces gaspillées dans les querelles religieuses sont réorientées vers l'action morale. Le juge n'essaie pas de ramener les frères irréconciliables, aux points de vue opposés, à l'unité d'un point de vue, artificiellement ou par la force.

À cet endroit, et comme dans toutes les grandes étapes de cette scène, nous avons un rappel de l'amour paternel, qui, pour l'individu, est le fondement spirituel de son identité et du sens de sa vie. Le juge dégage ce fondement, lorsqu'il propose d'interpréter l'intention mystérieuse du père. Il est "possible", dit-il, que le père n'ait plus voulu supporter la tyrannie de l'anneau, il est certain qu'il a aimé ses enfants. L'interprétation du juge est en effet une reconstitution assez proche de ce qui s'est passé, du moins dans l'esprit. Les trois témoignages des frères permettent au juge de proposer un sens cohérent et acceptable pour les frères orphelins. L'amour paternel de Dieu, comme signification fondamentale du texte des différentes révélations, engage les croyants à marcher à sa suite. Les trois frères sont donc exhortés à prendre leur père pour modèle. La réalisation de l'humanité se fonde ici sur l'idée directrice d'un Dieu père, aimant, et non pas sur un idéal moral abstrait. L'amour exemplaire du père doit être imité par les hommes, et c'est seulement lorsque l'homme sera illuminé par cette vérité qu'il ressent qu'il pourra s'engager sur le chemin de la moralité. Au monde humain, sont recommandées les maximes de l'humanité pratique. Ces maximes sont de fait la traduction dans la pratique de l'héritage religieux, conforme à la vertu de l'anneau originel, avec l'accent mis sur la nature humaine. Dans cette mesure, la tolérance envers l'autre n'est pas un concept vide, mais aussi un constituant de l'exercice de la vertu. La solution du juge ne revient pas à l'indifférentisme religieux, au scepticisme, à l'agnosticisme, mais conserve le caractère de la religiosité vécue sérieusement (justement par la référence à la relation intime de l'homme avec Dieu). L'égalité des prétentions à la vérité ne se confond pas avec l'indifférence à la vérité. La vérité demeure une, dans la mesure où l'homme fait l'expérience du Dieu unique. La possession de l'anneau (la vérité absolue) devient une quête de vérité, une tâche durable. La foi en Dieu est conservée en tant que telle, et ne se dénature pas en déisme intellectuel ou simple morale pratique. Notre raison, dit Lessing dans *L'Éducation du genre humain*, doit s'exercer sur des objets spirituels (v. Problématiques/La pensée de l'éducation).

L'éducation du genre humain, en référence au développement de perfections individuelles, est la tâche la plus urgente, mais non pas le but ultime. La concurrence des frères se poursuit dans l'expansion de l'humanité individuelle. La question de l'anneau véritable reste posée, et engage l'homme dans un effort sans fin, dans la mesure où ce jugement est différé de milliers de milliers d'années. Il s'ouvre un temps à perte de vue sur l'exercice de la vertu, orienté vers un horizon qui dépasse la frontière du savoir actuel. Le juge convoque les enfants des enfants devant son trône, mais ce n'est pas lui qui prononcera le verdict ultime. L'homme qui applique dans sa vie la maxime de la vie en commun est encore dans l'ignorance de cette fin. Il ne peut encore anticiper aucune connaissance claire de la vérité, dont l'absolu reste en suspens. Avec un regard prophétique sur un avenir, qui aboutit à un jugement à la fin des temps, une sorte de jugement dernier, la parabole s'achève aussi sur un horizon indéfini, comme, au début, l'origine était indéfinie. Le temps qui est celui de la succession des générations est aboli pour finir. Mais l'histoire ne va pas au hasard, elle est orientée vers le perfectionnement du genre humain. Le chemin de l'homme ne va pas au hasard, mais il s'inscrit dans l'horizon de la providence qui planifie. La vérité elle-même reste pour lui un au-delà, qui n'est pas pris dans le processus historique. Néanmoins, l'homme, dans la succession des générations, par degrés, est amené au but final de cette vérité absolue, qui prend dans le contexte de son existence historique la forme de la Révélation relative.

Lessing est soucieux de combler le fossé entre la contingence historique et la valeur d'éternité de la religion. Le caractère authentique de la tradition peut se manifester au-delà de la Révélation historiquement attestée, dans la religiosité personnelle. Lessing n'a jamais pu s'accommoder de la réduction rationaliste de l'idée de Dieu à un déisme sec, ou à une morale pragmatique, ni avec la dénaturation de la religion en positivisme de l'histoire de la religion. La Révélation agit dans ses formes particulières, comme éducation des hommes, ce qui est le thème de *L'Éducation du genre humain*. Les religions positives apparaissent comme des formes historiquement conditionnées de la Révélation. La vérité de la religion, c'est d'abord le bien agir, dans l'esprit de l'amour des hommes. Au-delà, la Révélation reste un miracle eschatologique, qui devient concevable à la fin de l'histoire humaine.

L'ÉDUCATION DU GENRE HUMAIN

L'Éducation du genre humain (*Die Erziehung des Menschengeschlechts*) forme une trilogie avec *Nathan le Sage* et les *Dialogues maçonniques* de Lessing. Les trois œuvres tardives de Lessing, qui relèvent de trois genres différents, le genre dramatique, le dialogue, et le traité, s'éclairent réciproquement.

GENÈSE ET COMPOSITION DE L'ŒUVRE

Les cinquante premiers paragraphes de *L'Éducation du genre humain* sont publiés dans le contexte de la "querelle des Fragments" (*Fragmentenstreit*), à la suite des "Contre-propositions" (*Gegensätze des Herausgebers*) que rédige Lessing, en guise de commentaires à la seconde série de fragments qu'il édite en 1777 (v. Repères/La genèse de *Nathan*). L'ensemble du texte, achevé en 1780, et augmenté d'un avant-propos (*Vorbericht*), est constitué de cent paragraphes, qui énoncent une série de thèses à partir d'un axiome premier, à savoir que la Révélation est au genre humain ce que l'éducation est à l'individu. Ce parallèle est développé et exploité dans la succession des paragraphes qui reproduisent l'évolution historique de la Révélation judéo-chrétienne, en passant par les étapes formatrices cruciales de l'Ancien et du Nouveau Testament, pour s'arrêter au moment présent, charnière, et ouvrir sur l'horizon du futur, qui engage une nouvelle étape du développement de l'humanité.

Lessing définit sa position entre les fronts. Sa défense (*Rettung*) de la Révélation plonge dans la perplexité les adversaires de l'orthodoxie (rationalistes, partisans d'une religion naturelle, adeptes des thèses déistes, par exemple), car ils pensaient avoir en lui un allié, et interprètent le traitement de la Révélation comme une régression en deçà des positions de la critique rationaliste. Mais elle déconcerte tout autant les tenants de l'orthodoxie luthérienne, qui ont toujours vu en Lessing un hétérodoxe, et découvrent que, contre toute attente, il semble s'être rapproché de leurs positions.

> Auf mein eignes Glaubensbekenntnis habe ich mich bereits *eingelassen;* wenigstens mich darüber *ausgelassen...* und nachdem ich es als ein ehrlicher Mann getan, hat niemand davon etwas weiter zu wissen verlangt. Vermutlich weil es noch zu orthodox war, und hierdurch weder der einen noch der anderen Partei gelegen kam. Ist er noch so weit zurück? dachten die einen. Wenn er nur das will, dachten die anderen, was haben wir denn für einen Lärmen über ihn angefangen? (Lessing an Herder, Wolfenbüttel, 25. Januar oder Juni 1780) [LESSING, 1994].

Point de départ du texte

Dans les fragments édités par Lessing, Reimarus défendait la thèse que l'Ancien Testament n'était pas un texte de la Révélation, parce que, dans les premiers temps de l'existence d'Israël, il n'y avait pas trace de la croyance en l'immortalité de l'âme, en une vie éternelle où l'homme recevrait la rétribution ou le châtiment de ses actes et où les âmes pieuses seraient réunies avec Dieu (v. Repères/La genèse de *Nathan*). Or, l'immortalité de l'âme est l'un des articles de la religion naturelle rationnelle (par exemple, l'un des cinq articles dans le *De Religione Laici – La Religion du laïc –* du philosophe anglais Herbert de Cherbury, 1645). Comment dès lors soutenir l'origine divine de l'Écriture sainte, et maintenir l'idée d'une Révélation? Lessing prend le contrepied de cette thèse et affirme qu'en dépit de ces "lacunes", on peut faire apparaître l'intervention et la conduite de Dieu dans les textes de l'Écriture sainte. *L'Éducation du genre humain* met l'accent sur l'évolution du genre humain, où s'articulent raison et Révélation.

Lessing ne revendique pas la paternité de *L'Éducation du genre humain*, et se désigne simplement comme son éditeur. Dans son avant-propos, "l'éditeur" définit la position de l'auteur comme celle du voyageur – l'*homo viator*, le pèlerin, est une métaphore courante pour caractériser la condition humaine, la vie étant comparée à un voyage: arrivé sur une colline le voyageur embrasse du regard, au-delà de l'étape de la journée, un horizon plus vaste. À l'heure du crépuscule, qui découvre et estompe subtilement les contours du paysage, il fait halte pour se délecter de cette vision (*Aussicht*) dans un instant de contemplation solitaire, qui contraste avec la hâte de l'homme pressé d'arriver à destination, qui ne se détourne pas de son chemin. Si nous appliquons cette métaphore à l'ouvrage, ce texte n'est donc pas l'œuvre d'un prédicateur. Il n'est pas non plus celui de l'homme dans le temps et l'espace de la *vita activa*, soucieux de chercher, et de trouver, son chemin. Le voyageur contemplatif s'est soustrait, pour un temps, aux travaux de la vie active, et adopte l'attitude de la réflexion sur l'ensemble de l'itinéraire, précisément l'évolution du genre humain dans l'histoire des étapes de la Révélation.

L'indice donné par "l'auteur" à "l'éditeur" pour la lecture du texte est de considérer les religions positives comme autant de voies suivies par l'entendement humain pour se développer en tous lieux. Il invite à une lecture dépassionnée de l'histoire des religions. Pourquoi les religions positives, même si elles sont le fruit de l'erreur humaine, devraient-elles être la cible de notre irritation ou de notre sarcasme ?

La Révélation est conçue comme un processus d'éducation de l'entendement selon des étapes correspondant aux trois âges de l'homme : l'enfance, l'adolescence et l'âge adulte. La Révélation adressée au genre humain est pensée par analogie avec l'éducation de l'individu. Le parallèle entre Révélation et éducation n'est pas une nouveauté, on le rencontre dans les textes patristiques (dans *Le Pédagogue*, de Clément d'Alexandrie – fin du IIe siècle de notre ère –, c'est le Logos divin qui est l'éducateur), comme dans des textes plus récents. Le philosophe anglais John Locke, dans une perspective différente, a défini la Révélation comme une éducation populaire à la raison morale, dans son ouvrage *The Reasonableness of Christianity* (1695 ; trad. Française de Pierre Coste, *Que la religion chrétienne est très-raisonnable*, 1696) : si Dieu avait voulu réserver la Révélation aux savants, il l'aurait conçue en termes de spéculations abstraites, mais le Christ montre que l'évangile est aussi adressé aux pauvres, dans les termes d'une prédication simple et accessible.

Au stade de développement le plus précoce correspondent dans l'histoire les écrits de l'Ancien Testament. Ceux-ci ne renferment pas encore tout le corps de la doctrine, mais les contenus de ce premier "manuel" préparent l'accès au stade suivant de l'éducation, qui commence avec l'arrivée du Christ. C'est à cet endroit que s'achève la première partie de *L'Éducation du genre humain*, qui est une réponse à Reimarus.

Dans sa préface aux *Essais de Théodicée* (1710), Leibniz avait développé un modèle d'éducation en trois stades: le paganisme, le judaïsme, le christianisme. Les païens pratiquent une religion tout extérieure: ils ont un culte, mais n'ont pas consigné de corps de doctrine; leurs divinités ne sont pas nécessairement des personnes, elles peuvent être les symboles d'éléments naturels; leurs mystères sont réservés à des initiés; leurs prêtres, qui se prétendent interprètes de la divinité (miracles, oracles, présages), entretiennent ainsi la superstition dans le peuple, sans lui donner aucune idée de Dieu ni de l'âme. Le judaïsme institue la croyance en un seul Dieu, auquel sont associées les idées de grandeur et de bonté, qui font partie des principaux articles de la religion naturelle. Le monothéisme s'établit comme loi avec Moïse, mais il manque encore la doctrine de l'immortalité de l'âme. C'est le Christ qui achève de transformer la religion naturelle en loi, en enseignant à croire en l'immortalité de l'âme: celle-ci fait passer le défunt dans une autre vie où il reçoit la rétribution de ses actions. Lorsque le christianisme s'établit comme religion d'État, la religion des sages, c'est-à-dire la religion naturelle, conforme aux exigences de la raison, devient la religion des peuples. L'islam lui aussi est fondé sur les principes de la religion naturelle.

> Les païens, qui remplissaient la terre avant l'établissement du christianisme, n'avaient qu'une seule espèce de formalités: ils avaient des cérémonies dans leur culte, mais ils ne connaissaient point d'articles de foi, et n'avaient jamais songé à dresser des formulaires de leur théologie dogmatique. Ils ne savaient point si leurs dieux étaient de vrais personnages, ou des symboles des puissances naturelles, comme du soleil, des planètes, des éléments. Leurs mystères ne consistaient point dans des dogmes difficiles, mais dans certaines pratiques secrètes où les profanes, c'est-à-dire ceux qui n'étaient point initiés, ne devaient jamais assister. Ces pratiques étaient bien souvent ridicules et absurdes, et il fallait les cacher pour les garantir du mépris. Les païens avaient leurs superstitions, ils se vantaient de miracles; tout était plein chez eux d'oracles, d'augures, de présages, de divinations; les prêtres inventaient des marques de la colère ou de la bonté des dieux, dont ils prétendaient être les interprètes. Cela tendait à gouverner les esprits par la crainte et par l'espérance des événements

> humains ; mais le grand avenir d'une autre vie n'était guère envisagé, on ne se mettait point en peine de donner aux hommes de véritables sentiments de Dieu et de l'âme.
> De tous les anciens peuples, on ne connaît que les Hébreux qui aient eu des dogmes publics de leur religion. Abraham et Moïse ont établi la croyance d'un seul Dieu, source de tout bien, auteur de toutes choses. Les Hébreux en parlent d'une manière très digne de la souveraine substance, et on est surpris de voir des habitants d'un petit canton de la terre plus éclairés que le reste du genre humain. Les sages d'autres nations en ont peut-être dit autant quelquefois, mais ils n'ont pas eu le bonheur de se faire suivre assez, et de faire passer le dogme en loi. Cependant Moïse n'avait point fait entrer dans ses lois la doctrine de l'immortalité des âmes : elle était conforme à ses sentiments, elle s'enseignait de mains en mains, mais elle n'était point autorisée d'une manière populaire, jusqu'à ce que Jésus-Christ leva le voile, et, sans avoir la force en main, enseigna avec toute la force d'un législateur, que les âmes immortelles passent dans une autre vie, où elles doivent recevoir le salaire de leurs actions. Moïse avait déjà donné les belles idées de la grandeur et de la bonté de Dieu, dont beaucoup de nations civilisées conviennent aujourd'hui ; mais Jésus-Christ en établissait toutes les conséquences, et il faisait voir que la bonté et la justice divine éclatent parfaitement dans ce que Dieu prépare aux âmes. Je n'entre point ici dans les autres points de la doctrine chrétienne, et je fais seulement voir comment Jésus-Christ acheva de faire passer la religion naturelle en loi, et de lui donner l'autorité d'un dogme public. Il fit lui seul ce que tant de philosophes avaient en vain tâché de faire : et les chrétiens ayant enfin eu le dessus dans l'Empire romain, maître de la meilleure partie de la terre connue, la religion des sages devint celle des peuples. Mahomet depuis ne s'écarta point de ces grands dogmes de la théologie naturelle : ses sectateurs les répandirent même parmi les nations les plus reculées de l'Asie et de l'Afrique, où le christianisme n'avait point été porté ; et ils abolirent en bien des pays les superstitions païennes, contraires à la véritable doctrine de l'unité de Dieu, et de l'immortalité des âmes. [Leibniz, 1969]

On peut comparer utilement ce schéma au modèle proposé par Lessing, qui s'en distingue assez nettement. La première étape de "l'éducation du genre humain" correspond au judaïsme et à l'Ancien

Testament ; le Christ est l'éducateur de la seconde étape de l'évolution de l'humanité, celle du Nouveau Testament, qui se poursuit jusque dans le présent de l'auteur. À ce stade, il est déjà possible de discerner des signes précurseurs de la troisième étape, encore à venir, dans laquelle le Nouveau Testament aura cessé d'être indispensable. Ce troisième âge est défini comme celui de l'achèvement et du "nouvel évangile". L'image de l'engrenage, comme la spéculation sur la migration des âmes, définit la relation entre l'histoire de la Providence universelle et les possibilités d'action humaine individuelle. Le développement de l'histoire humaine et sa propulsion dans le futur ouvrent une nouvelle perspective chez Lessing. Le philosophe allemand Ernst Cassirer (1874-1945) a attiré l'attention sur la dynamique de la conception de l'histoire de Lessing, à l'intersection entre la philosophie et la téléologie : "En concevant la religion comme un plan divin d'éducation, Lessing élabore une théodicée de l'histoire, c'est-à-dire un système de justification qui apprécie la religion non en fonction d'un être stable, donné au commencement des temps, mais en fonction de son devenir et de la finalité de ce devenir." [CASSIRER, 1993] C'est ainsi que dans *L'Éducation du genre humain*, Cassirer voit s'accomplir une nouvelle synthèse de l'historique et du rationnel ("neue Synthese des Historischen und des Rationalen").

On prêtera attention au caractère singulier de ce texte, qui ne se range pas dans la catégorie des traités théologiques ou des livres historiques, mais propose un libre parcours interprétatif des grandes étapes de l'histoire de la Révélation comme direction de l'évolution du genre humain. La division en paragraphes pourrait faire penser à la méthode *more geometrico*, employée en particulier par Spinoza dans l'*Éthique* sur le modèle des démonstrations de la géométrie euclidienne, et à l'ambition de dérouler les étapes d'un raisonnement argumentatif rationnel. Mais le texte, à certains endroits, semble se heurter aux limites de l'argumentation rationnelle, et l'argumentation impersonnelle cède le pas à des passages marqués par des affects, jusqu'au moment où l'auteur prend la parole en son nom, pour exprimer son incertitude sur l'achèvement du processus d'éducation du genre humain. L'amie hambourgeoise de Lessing, Elise Reimarus, lui décrit ainsi, dans une lettre datée du 25 avril 1780, l'effet produit sur elle par ce texte d'un ton inhabituel : "Meine Lieblingsstellen gehen von § 76 an bis zu Ende. Ich habe bei einigen laut aufweinen müssen. Überhaupt sind Sie der einzige Philosoph, den ich kenne, der Wahrheiten auf diese Art, wie durch einen elektrischen Schlag, fühlbar zu machen und durch Mark und Bein zu führen weiß." [LESSING, 1994]

ANALYSE DU TEXTE

L'analogie entre Révélation et éducation (§ 1-5)

Les cinq premiers paragraphes contiennent la ligne de force du texte, à savoir l'analogie entre Révélation et éducation. La Révélation est au genre humain ce que l'éducation est pour l'individu. Par le biais de cette analogie, Lessing espère disposer d'un modèle de pensée utile pour guider la réflexion théologique (*Nutzen*). Se représenter la Révélation comme une éducation du genre humain doit permettre de lever certaines difficultés de la réflexion théologique, et d'abord d'éclairer l'articulation entre la raison humaine et la Révélation, dans le sens d'une humanisation de la Révélation. Elle permet aussi d'assouplir l'opposition tranchée entre la foi et la raison, qui est un lieu commun de la théologie orthodoxe.

De même que l'éducation n'apporte rien que l'homme n'ait déjà en lui-même à l'état de dispositions, dont elle accélère et facilite l'épanouissement, de même, la Révélation, comprise comme pédagogie divine, n'est pas un enseignement opéré par des forces surnaturelles, étranger à la nature de l'homme et en contradiction avec l'action de la raison, elle contribue à sa manière au développement de l'esprit humain. Il y a donc deux perspectives concurrentes qui se croisent et se rencontrent : celle de la "pédagogie divine" et celle de l'auto-éducation de la raison, l'éducation par Dieu et le développement autonome de la raison humaine.

On a attiré l'attention sur la contradiction apparente entre les paragraphes 4 et 77. Dans le paragraphe 4, il est affirmé que l'homme peut arriver seul aux contenus de la Révélation, laquelle ne fait, en somme, qu'accélérer le processus de formation de l'esprit humain et le développement de la raison, alors que dans le paragraphe 77, il est dit que sans la Révélation, l'homme ne serait pas arrivé par ses seules forces à la connaissance de certaines notions. Ces deux assertions ont déterminé des conceptions opposées du christianisme de Lessing, l'une mettant l'accent principal sur son rationalisme (jusqu'à perdre de vue le "christianisme"), l'autre sur le luthéranisme de Lessing. Il faut dès lors se représenter le contexte de l'argumentation.

Lessing discute ici avec deux adversaires opposés. Dans le paragraphe 4, il s'agit pour Lessing d'articuler la Révélation à l'évolution de l'humanité. La Révélation n'intervient pas en dehors de l'histoire de l'humanité, mais dans cette histoire. Elle ne la transcende pas, mais s'inscrit dans sa trame. Mais dans le cours du texte, Lessing est amené à développer une autre ligne d'argumentation, pour contrer les objections élevées par les rationalistes. Ceux-ci, à l'extrême, dénigrent la Révélation et la considèrent comme une étape dépassée, sinon superflue. Si la raison peut se développer par elle-même, à quoi bon maintenir l'idée d'une Révélation, dont on peut fort bien se passer, pour ne conserver que l'idée du progrès humain, linéaire et continu ? Or, Lessing cherche ici à conserver la Révélation comme partie constitutive du processus des Lumières, dont elle marque plusieurs étapes historiques, conçues comme autant de stades de l'éducation de la raison à la moralité supérieure, valorisés pour eux-mêmes. Cette conception s'oppose à l'idée d'une progression parfaitement rationnelle et rectiligne. La trajectoire de l'humanité n'est pas réductible à des lois mathématiques : "Es ist nicht wahr, dass die kürzeste Linie immer die gerade ist" (§ 91). La quête du sens de l'histoire n'est pas la démonstration d'un théorème et ne se réduit pas à la sécheresse d'un résultat d'opération mathématique, mais correspond à l'effort accompli pour saisir la signification complexe des événements historiques.

Avec l'analogie de l'éducation, le caractère processuel de la Révélation est mis en valeur. Tout comme le processus pédagogique, la Révélation a son ordre et sa mesure, qui renvoient à l'homme et à la structure de son esprit. Elle est conçue selon un plan d'éducation indexé sur les capacités de l'homme et leur évolution. L'idée d'une accommodation de la Révélation de Dieu à l'entendement humain et aux différentes cultures est présente dans la philosophie et la néologie : le théologien de Halle et représentant majeur du courant de la néologie, Johann Salomo Semler (1725-1791), a lui-même développé une doctrine de l'accommodation (*Akkommodationslehre*), et envisagé la dimension historique de la vérité (v. Repères/L'Aufklärung).

L'enfance du genre humain et l'éducation du peuple juif (§ 7-15) : l'élaboration du concept monothéiste de Dieu

Du polythéisme ou du monothéisme, quelle a été la religion originelle de l'humanité ? Les réponses divergent selon les penseurs. Le philosophe écossais David Hume (1711-1776), dans *The Natural History of Religion* (1757), soutient que le polythéisme a été la forme première où la religion s'est manifestée : si l'on pense l'évolution de l'espèce comme le passage de la barbarie à l'humanité, il est plus logique de partir du polythéisme, qui est une forme primitive grossière pour arriver à une forme plus élaborée et donc supérieure. D'autres, dont Lessing, défendent la thèse du monothéisme originel. Lessing aborde ce problème dans sa perspective de l'histoire de la Révélation/éducation du genre humain. Pour lui, le premier homme a déjà reçu un concept pur de monothéisme, ce qui veut dire qu'il trouve en lui le concept de l'unité et de l'unicité de Dieu. Reste pour la raison humaine à élaborer ce concept originel pour que l'homme puisse se l'approprier véritablement. Mais il s'avère qu'elle n'est pas encore à la hauteur de cette tâche, et au lieu d'explorer et d'approfondir cette idée de l'unité, elle la décompose et la divise. La certitude immédiate de l'unité de Dieu se délite avec le temps, et le concept monothéiste originel s'émiette dans les multiples divinités des religions polythéistes, où s'incarnent des éléments et des phénomènes naturels – la mer, le tonnerre, la lune –, des capacités et des institutions humaines – la sagesse, le mariage, les arts, etc.

Dieu doit donc intervenir pour remettre l'homme, égaré sans remède et pour un temps indéfini dans le dédale du polythéisme et de la magie, sur le droit chemin et le ramener au monothéisme : de fait, il donne une impulsion qui remet l'homme en mouvement, sur le chemin de l'histoire. Le début de l'histoire humaine se perd dans la nuit de l'erreur. La Révélation, le branle donné à l'histoire humaine, permet de reconquérir l'unité de Dieu qui sera ensuite élaborée en concept spéculatif. On rapprochera cette vision de l'image du don de l'anneau, "don d'une main chère", à l'homme de la parabole (*Nathan le Sage*, III, 7). La tension fondamentale entre la conscience religieuse naturelle et la construction intellectuelle est déjà inscrite ici, et détermine l'éducation du genre humain comme un processus de médiation pédagogique.

Le processus d'éducation à proprement parler commence avec l'élection du peuple juif et la Révélation historique qui lui est adressée. Lessing suit le peuple des Hébreux depuis ses débuts jusqu'à la venue du Christ et fait apparaître dans ce cheminement le développement spirituel et moral de ce peuple comme le résultat d'un processus d'éducation divin indexé sur un peuple singulier. De manière paradoxale, Dieu choisit le peuple le plus grossier et le plus rude, incapable de spéculation abstraite, borné au monde des sens, pour exercer sur lui la pédagogie divine. Par ailleurs, on peut penser qu'à l'époque de l'esclavage en Égypte, les juifs avaient été dépouillés par leurs maîtres de tout concept de Dieu, de sorte que l'éducation du peuple élu peut commencer au tout premier stade, en quelque sorte à un point zéro, et passer par toutes les étapes, de manière exemplaire.

Lessing décompose ensuite les étapes de la Révélation progressive de l'idée monothéiste de Dieu, qui se décline d'abord en éléments concrets, facilement compréhensibles et assimilables. Dans la première phase de l'histoire des Hébreux, Dieu se révèle au peuple juif comme le Dieu de ses pères, donc Dieu d'un peuple particulier, fait pour lui. Les miracles qui accompagnent la sortie d'Égypte manifestent la puissance divine, tellement supérieure à celle des autres dieux qu'elle les écrase. Cette idée du Dieu un, qui, à ce stade premier, se communique de manière sensible, est nettement démarquée du concept de Dieu tel qu'il sera ensuite élaboré par la raison, à partir de la catégorie philosophique de l'infini. Elle n'a pas de caractère transcendantal (= ce qui dépasse toute expérience et est indépendant d'elle). Il s'écoule un temps fort long avant que le peuple soit capable de s'élever à la conception abstraite du Dieu unique, ce qui explique ses innombrables infidélités au Dieu de ses pères, et ses fréquentes rechutes dans l'idolâtrie et la superstition.

• L'éducation morale par la rétribution immédiate et l'absence d'une doctrine de l'immortalité de l'âme. Des “preuves” contre la Révélation de l'Ancien Testament ?

Après avoir détaillé la révélation progressive de l'idée du Dieu un au peuple juif, Lessing pose la question de l'éducation morale. La seule possible, avec un peuple qui n'a pas encore dépassé le stade de l'enfance, est celle des punitions et des récompenses immédiates, les coups et les caresses. Le peuple juif ne s'est pas encore élevé à la conception d'un au-delà, d'une vie après la mort et de l'immortalité de l'âme humaine. Ces idées, qui représentent pour le chrétien des dogmes essentiels, et pour le déiste des articles fondamentaux de la religion naturelle commune, sont complètement étrangères au monde de l'Ancien Testament, et cette absence pouvait faire douter de l'origine divine des livres saints du judaïsme et faire conclure à l'origine purement humaine de la Révélation au peuple juif (v. Repères/La genèse de *Nathan*).

Lessing s'inscrit contre cet argument, en expliquant cette apparente lacune par la logique d'un plan d'éducation rigoureux, avec une progression soigneusement ménagée pour ne sauter aucune étape.

Ce moment de la Révélation correspond en effet à un stade du développement humain où il n'apparaît pas indiqué au pédagogue divin de familiariser le peuple juif, encore dans l'enfance, avec des contenus excédant largement les capacités de son esprit, qui n'est pas encore développé.

Cette première phase de la Révélation, comprise comme enseignement élémentaire approfondi, adressé à un peuple primitif et borné, doit conduire ultérieurement à choisir quelques-uns de cette nation pour faire d'eux les éducateurs du genre humain, donc à réaliser le passage d'une révélation particulière, historique, à une Révélation plus large, de l'éducation d'un peuple à l'éducation de l'humanité. On pensera ici aux derniers prophètes, plus universalistes, aux évangélistes, aux apôtres.

Tandis que le peuple juif gravit tous les degrés de l'éducation de l'enfant sous la conduite sûre de son divin pédagogue ("durch alle Staffeln einer kindischen Erziehung"), les autres peuples, livrés à eux-mêmes, se sont développés à l'aide de la seule lumière naturelle de la raison. Cette évolution se produit à un rythme différent, certains accusant un grand retard, et d'autres, à l'inverse, révélant de remarquables capacités d'auto-formation, qui les portent au-delà du stade atteint par le peuple juif.

La lumière de la raison (*lumen naturale*) peut donc, jusqu'à un certain point, concurrencer la pédagogie divine, ce qui, pour certains, rendrait la Révélation superflue : quelle est son utilité, si l'on peut faire – et parfois même "mieux faire" – sans elle ? Mais Lessing, précisément, tire des conclusions opposées de ce constat. L'avance provisoire de certaines cultures païennes, parvenues à la maturité de la raison sans passer par une "éducation" divine, n'est pas pour lui une raison de remettre en cause la signification historique et la supériorité pédagogique de la Révélation, et elle ne prouve rien contre cette dernière, si l'on se place dans le cadre d'une évolution historique sur le long terme, en raisonnant sur le modèle de l'éducation de l'individu : les sujets naturellement doués (les peuples avancés) se développent parfois plus rapidement au début, mais par la suite, ils sont rattrapés par les enfants plus lents, mais instruits de manière plus approfondie et méthodique, ce qui leur permet non seulement de combler leur retard, mais aussi de dépasser le niveau atteint par les autres. Le peuple juif, donc, qui s'est développé plus tardivement, mais aussi plus systématiquement que les peuples plus précoces, les laisse en définitive derrière lui, puisque c'est l'éducation du peuple juif qui débouche sur l'éducation du genre humain. La progression rigoureuse et ordonnée dans la réalisation d'un plan d'éducation peut être plus lente, mais à terme, et sur le long terme, elle n'en est pas moins plus efficace : elle produit des effets plus durables et elle mène aussi plus loin. Là encore, on voit comment Lessing ouvre largement la perspective de l'histoire et de l'avenir. La pédagogie divine ne se mesure pas à ses premiers résultats, mais à la maturation de ses fruits.

On s'attachera ici à la manière dont Lessing se démarque de la représentation commune de l'orthodoxie luthérienne, selon laquelle il n'y aurait qu'une seule vérité, une seule Révélation valable. Admettre qu'il puisse y avoir d'autres formes de révélation, d'éducation, qui, au moins à un certain stade, puissent représenter des formes de révélation ou d'éducation humaine égales, sinon supérieures, à la religion, constitue une forme de scandale pour la conscience religieuse orthodoxe.

• Une pédagogie adaptée à un stade de développement

Ici, Lessing redouble le constat et pousse la réflexion, en se risquant à transgresser la conception de la religion naturelle (laquelle, on s'en souvient, comprend comme l'un de ses articles la doctrine de l'immortalité de l'âme). Non seulement l'absence d'une doctrine de l'immortalité de l'âme ne peut rien prouver contre l'origine divine des livres de l'Ancien Testament, mais au cas même où cette doctrine devrait se révéler fausse (et que tout, pour l'homme entièrement mortel, s'arrête aux bornes de sa vie terrestre, sans espoir d'une vie future), la portée de la Révélation divine n'en serait pas pour autant compromise, ni la "vérité" des prophéties et miracles de l'Ancien Testament : Dieu, dès lors, aurait élu le peuple auquel dans un premier temps il destine sa révélation, avant de l'élargir d'abord aux individus de ce peuple, puis à tout le genre humain, appelé à durer peut-être "éternellement" dans l'histoire, bien au-delà du temps de la vie des premiers destinataires. La perpétuation de l'espèce humaine dans l'histoire compenserait dans ce cas la perte de l'individu périssable. Ce qui serait dénié ou refusé à l'individu serait tout de même promis à l'espèce et le genre humain serait bien le destinataire de la Révélation divine. L'humanité existerait dans ce cas non pas dans l'individu, mais dans le genre humain. Le dogme de l'immortalité de l'âme n'est donc pas attaché intrinsèquement et nécessairement au système de la religion véridique, qui peut exister sans lui. Cette ligne d'argumentation suivie ici est une préparation (exercice de pensée) aux hypothèses hardies de la troisième partie.

Le raisonnement s'applique à la Révélation divine faite à Moïse sur le mont Sinaï. Moïse demeure un envoyé de Dieu, en dépit des lacunes observées dans sa loi, si l'on s'avise que cette loi, qui ne fait nulle mention d'une vie future, est parfaitement adaptée au stade de développement atteint par le peuple juif à cette époque. Toute révélation doit venir en son temps, et sa pertinence se mesure à la manière dont elle "s'accommode" à l'évolution de l'esprit humain et à ses différentes étapes. L'argument est donc fondé historiquement, par la considération du "moment" historique auquel intervient la révélation, dans l'horizon de l'ensemble du programme d'éducation.

C'est l'objection que soulève Lessing contre la thèse de William Warburton, prêtre de l'Église anglicane (1698-1779), exposée dans l'ouvrage *The divine legation of Moses*, 1737-1738 (paru en 1751 en traduction allemande sous le titre *Die gottliche Sendung Mosis*), qui polémique avec les déistes. Pour Warburton, la mission divine de Moïse est prouvée non pas *en dépit de*, mais au contraire précisément *à cause de* ces "lacunes". Selon lui, la religion et l'État ne peuvent subsister sans la croyance en l'immortalité de l'âme. Or, la théocratie juive (régime politique dans lequel le pouvoir étatique est donc en même temps un pouvoir religieux) déroge à ce principe. Warburton, au lieu d'argumenter en vertu du bien-fondé de la loi mosaïque, invoque un "miracle continué", depuis Moïse jusqu'au christianisme, par lequel Dieu châtierait ou récompenserait chaque juif inconditionnellement en fonction de son obéissance ou de sa désobéissance à la loi, et donc compenserait l'absence de doctrines nécessaires à la permanence de l'État.

Cette idée, posée comme simple hypothèse, dont Warburton n'apporte pas de preuve, n'est pas acceptable pour Lessing, car, outre le fait qu'elle n'est pas fondée historiquement, elle a encore pour conséquence négative de river le regard sur les rétributions terrestres sensibles, en arrêtant l'esprit humain dans le mouvement qui le porte en avant, vers la découverte de l'immortalité de l'âme. Elle fait ainsi obstacle à la suite de la Révélation. Or la Révélation divine dans l'histoire est toujours aménagée de telle sorte que ce qui a déjà été révélé ne doit pas entrer en contradiction avec les contenus de la Révélation à venir. Lessing précise cette objection majeure à la thèse de Warburton en revenant à la métaphore de l'éducation (§ 26). Il est permis au pédagogue d'omettre ou de laisser provisoirement de côté, dans un manuel d'enseignement élémentaire, des questions plus difficiles, qui ne conviennent pas au niveau des élèves pour lesquels il écrit. Mais si l'accès à ces contenus peut être différé, il ne doit pas, néanmoins, être fermé. Le livre élémentaire peut être limité ou incomplet, mais il ne doit rien contenir de faux, ce qui empêcherait l'enfant d'arriver au stade suivant. Le pédagogue doit au contraire veiller à laisser tous les accès ouverts, sans exception, sans quoi le manuel élémentaire présenterait un défaut de conception rédhibitoire. L'absence, à ce stade, d'une doctrine de l'immortalité de l'âme n'est donc pas un problème, encore faut-il que rien ne fasse obstacle ou retarde les Hébreux sur le chemin de la découverte de l'immortalité de l'âme – le "miracle continué" de Warburton est précisément ce qui arrêterait le peuple juif en chemin.

Une doctrine miraculeuse de la rétribution immédiate sur cette terre ne pourrait qu'arrêter – au mieux, retarder – le progrès du peuple juif (§ 27). Même si l'inégale et injuste répartition des biens sur cette terre, indifférente, semble-t-il, à la vertu et au vice, ne constitue pas une "preuve" décisive de l'immortalité de l'âme et de la vie dans l'au-delà, elle demeure une pierre d'achoppement, elle offre une résistance à l'entendement humain, qui, sans cela, ne serait pas arrivé de longtemps, sans doute même jamais, à des preuves meilleures et plus rigoureuses. Il a pu se trouver, sporadiquement, l'un ou l'autre auteur pour penser que le bonheur est la récompense du juste, et le malheur le châtiment du méchant (voir le Livre de Job, cité par Lessing au § 29), mais l'expérience quotidienne ne peut ratifier cet ordre du monde, sous peine de borner l'horizon de l'homme et d'interrompre la progression de l'humanité vers des vérités qui ne lui sont pas encore familières. Si le juste est destiné à jouir d'une félicité sans nuages, sans être hanté par l'idée de la mort, comment pourrait-il aspirer à une autre vie ? La négation de l'immortalité de l'âme peut être le fait de quelques individus isolés, cela n'arrête pas le progrès de l'entendement humain, et c'est aussi la preuve de l'importance des questions en débat, et des progrès accomplis dans le choix de nouveaux objets de réflexion, dont il ne se souciait pas auparavant (§ 31). Il n'y a donc pas parfaite harmonisation des contenus de l'Ancien Testament, où des divergences s'expriment, sans que pour autant la dynamique du processus de la recherche de la vérité en soit affectée. On entendra ce passage sur l'arrière-plan de la "querelle des Fragments".

Une autre difficulté concerne l'obéissance héroïque ("der heroische Gehorsam" § 32), aveugle, du peuple d'Israël, qui n'a pas de certitude quant à la rétribution terrestre, ni d'espoir en une vie future. Cette obéissance aveugle n'est pas une "preuve" contre la Révélation, et ne contredit pas le principe de progression. Les lacunes frappantes que présente le concept de Dieu du peuple juif (un Dieu qui ne se manifeste que par sa puissance, et non par sa sagesse, et qui inspire à l'homme plus de crainte que d'amour) s'expliquent elles aussi par le moment historique. Le peuple juif, à ce stade, est entraîné à l'obéissance héroïque et aveugle envers Dieu, comme le soldat persuadé de l'intelligence de son commandant peut accomplir des exploits. On notera ici la manière précise dont Lessing décompose et fait comprendre les éléments de la religion "positive", et son apport humain (le rôle des affects, par exemple). Mesurée à la perfection du véritable concept spéculatif de Dieu, l'idée que s'en fait le juif obéissant est encore bien en deçà, néanmoins cette idée imparfaite peut aussi être le moteur d'actions moralement estimables.

• La Révélation éclairée par la raison (§ 35-36). L'accès au concept monothéiste pur de Dieu

Jusqu'à présent, le peuple juif n'a mesuré son dieu qu'à l'aune des idoles médiocres des peuples voisins, avec lesquels il se querelle. Une nouvelle phase de son éducation commence avec la captivité de Babylone (VIe siècle avant notre ère). Exilé dans la capitale de l'Empire perse, le peuple juif entre en relation avec d'autres cultures qui, sans Révélation d'un ordre spécial, sont néanmoins plus avancées. À leur contact, la raison du peuple juif se développe, ce qui a pour effet la spiritualisation et l'élévation du concept de Dieu. Le Dieu des débuts de l'histoire des Hébreux, appréhendé par ses qualités sensibles (puissance, colère), le "dieu national" du peuple juif, devient le Dieu transcendant du monothéisme pur. Les juifs retournent à leurs textes et, à la lumière du culte de la Perse, ils y découvrent des vérités qui ne leur étaient pas encore apparues, bien qu'elles se trouvassent dans l'Ancien Testament : ils prennent conscience de leur propre trésor et de la nature de leur Dieu, Jéhovah. C'est la première fois que l'on peut parler d'une interaction entre la raison et la Révélation : "Die Offenbarung hatte seine Vernunft *geleitet*, und nun *erhellte* die Vernunft auf einmal seine Offenbarung" (§ 36). La Révélation est antérieure à l'exercice de la raison, elle renferme des vérités que la raison humaine élabore ensuite pour se les approprier. Ici commence à se développer la dialectique entre pédagogie divine, qui guide et conduit, et la réflexion propre autonome que peut développer l'esprit humain. Dans la suite de *L'Éducation du genre humain*, cette dialectique se retrouve lorsqu'il s'agit de l'élaboration des vérités révélées en vérités de raison dans le Nouveau Testament, dont le but est l'avènement de la raison humaine à l'autonomie et à la souveraineté.

• La pédagogie des manuels élémentaires (§ 43-53)

La forme pédagogique que prend la Révélation au peuple juif est l'équivalent du "livre élémentaire" de l'enfant. Lessing pensait sans doute au célèbre ouvrage du pédagogue Johann Bernhard Basedow (1724-1790), *Das Elementarwerk* (1774), conçu comme encyclopédie des connaissances de base, et qui introduit l'emploi de l'image comme moyen pédagogique. Les paragraphes qui suivent s'attachent à détailler les différents procédés de transmission du savoir, qui correspondent à la méthode du pédagogue. Lessing distingue d'abord entre les mérites négatifs et positifs d'un tel livre élémentaire. Le mérite négatif principal – comme nous l'avons vu dans la critique adressée à Warburton – consiste à ne pas barrer l'accès à la connaissance. Un manuel pour enfants n'est donc pas conçu seulement en fonction des besoins présents de l'esprit de l'enfant, mais aussi en fonction de l'ensemble de son programme d'éducation, qui doit être orienté vers le but ultime, qui est d'atteindre la maturité intellectuelle. C'est donc une unité cohérente, close sur elle-même, mais qui doit aussi, dans le même temps, ménager la transition avec l'étape suivante de la formation.

Le caractère positif du manuel élémentaire réside dans l'art de la transmission du savoir. Le pédagogue consacre tous ses efforts à rendre les contenus facilement accessibles et compréhensibles, pour développer les forces intellectuelles de l'enfant. Trois procédés sont décrits ici – l'allusion, l'indice, l'exercice préparatoire –, qui correspondent à trois formes principales d'élaboration pédagogique de l'objet, elles-mêmes réglées sur trois formes principales de l'activité enfantine telle que le "siècle de l'éducation" ("das pädagogische Zeitalter") cherche à la développer. L'allusion (*Anspielung*), qui doit stimuler la curiosité de l'enfant, fait penser à la demande des pédagogues modernes, qui veulent que l'enfant apprenne par le jeu (étymologiquement, le terme *Anspielung* renvoie à *Spiel*, comme son équivalent français à la racine latine de même sens, voir "ludique"); l'indice (*Fingerzeig*), qui montre du doigt un "germe", remplit la condition qui est d'illustrer, de montrer l'objet de l'enseignement, notamment par l'image; l'exercice préparatoire (*Vorübung*), qui doit familiariser avec un objet, correspond à l'idée que l'enfant ne doit pas accumuler passivement des connaissances préfabriquées, mais exercer sa propre faculté de penser pour s'approprier son objet. L'enfant doit compléter, penser jusqu'au bout ce qui ne lui est pas donné comme un objet fini, mais comme une amorce à développer et une partie à compléter. On ne peut pas se passer de l'activité du pédagogue, qui indique la direction (*Richtungsstoß*) et exerce l'esprit de l'enfant sur des schémas de pensée donnés. L'enfant ne s'adonne pas à une activité désordonnée et brouillonne, mais est amené à faire l'expérience réglée et disciplinée de ses capacités mentales. L'esprit de l'enfant se meut librement, mais dans des cadres élaborés au préalable. Ainsi, le rôle de la Révélation se trouve-t-il ici précisé : la Révélation indique la voie, trace la route à suivre par la raison. Sans objet d'exercice, il n'est pas de développement possible de la raison.

L'habillage et le style font aussi partie intégrante de cette pédagogie divine du manuel élémentaire, qui se règle sur la nature sensible de l'enfant, et cherche à transmettre des contenus abstraits de manière vivante et parlante. L'habillage remplit, de fait, la fonction essentielle d'assurer la médiation entre le particulier et le général. Cette idée rejoint les thèses fondamentales du traité lessingien sur la fable *(Abhandlungen über die Fabel*, 1759) : dans ce traité, Lessing traite de la question de l'utilité des fables dans les écoles, et la problématique pédagogique (en quoi consiste la valeur heuristique des fables ?) est intimement liée avec la question particulière de la pédagogie divine (par quel chemin l'homme arrive-t-il à de nouvelles connaissances en matière de religion ?) [Lessing, 1997].

Le sens de la pédagogie divine s'accomplit dans le développement de l'homme qui gravit un à un les degrés qui le mènent "de la trouvaille à l'invention", de la gymnastique de l'esprit s'exerçant sur des objets donnés au déploiement de la créativité.

Dans ces réflexions sur l'art de la communication des contenus de l'enseignement, on peut discerner les grandes lignes d'une démarche esthétique. Ces paragraphes pourraient être mis en relation avec la réflexion de Nathan dans le monologue qui précède immédiatement la scène de la parabole: "Nicht die Kinder bloß, speist man / Mit Märchen ab." (III, 6). L'emploi de la forme de la parabole répond à la nécessité d'envelopper l'enseignement religieux, qui ne se laisse pas communiquer directement, dans une forme artistique (v. Problématiques/ L'idée de tolérance). C'est de la même manière que Lessing avait aussi réagi aux attaques de Goeze dans la querelle des Fragments: celui-ci dénonçait son adversaire comme un grand maître de la "Theaterlogik", logique perverse, propre à dénaturer la vérité, et seulement soucieuse d'effets. Lessing, dans le 2e *Anti-Goeze*, récuse l'objection: dans les entretiens réels, dont le cours est rarement gouverné par la raison, et presque toujours par l'imagination, le recours à l'image est nécessaire. Mais il ne s'agit pas d'une "autre" logique: la langue imagée comme la logique de théâtre sont bien toujours tributaires de la même raison, qui, tantôt, déploie les images, et tantôt, à d'autres endroits, argumente de manière rationnelle en déroulant la chaîne des preuves et des idées: "[...] die gute Logik ist immer die nämliche, man mag sie anwenden, worauf man will" [LESSING, 1993]. Il s'agit de deux modes d'exposition de la pensée, qui correspondent à deux modes d'acquisition de la connaissance. La langue imagée, de surcroît, présente l'avantage d'activer les forces de l'esprit et d'inciter à poursuivre la réflexion. L'image n'est donc pas un ornement superflu, de nature purement décorative, elle correspond à une intention pédagogique, celle de maintenir les forces de l'esprit sous tension, mais ce vêtement, cet habillage de la pensée reste soumis à des principes rationnels, notamment le principe de la mesure et de l'équilibre entre expression imagée et expression conceptuelle. Le déclin de la culture juive, dans une phase tardive, est déterminé par le déséquilibre entre l'image et le concept.

Le Christ, éducateur du genre humain: le stade de l'adolescence (§ 53-80)

La venue du Christ intervient au moment où le peuple juif a atteint un degré de maturité qui lui permet de se passer désormais du "livre élémentaire" de la première époque de sa formation, dont il a épuisé les enseignements. La seconde grande étape de la Révélation voit l'homme se détacher de la représentation de peines et de récompenses sensibles immédiates, pour développer la croyance en une vie future et élaborer l'idée de l'immortalité de l'âme. Il s'agit d'une étape qualitativement nouvelle. L'enfant a dépassé en effet l'âge où il était déterminé exclusivement par ses besoins immédiats. Il se forme en lui la tendance noble à l'imitation. Dans la culture des Grecs et des Romains, on trouve l'idée d'une survie ("dans le souvenir de ses compatriotes") sous la forme d'une idée directrice correspondant aux motivations les plus élevées qui inspirent l'action humaine, et impliquent renoncement à une gratification immédiate. Cette idée d'une survie dans la mémoire de ses compatriotes, survie idéelle, et non réelle, est une "ombre", car cette survie n'existe qu'en idée, et non dans la réalité. La doctrine de l'immortalité, en revanche, apporte l'idée d'une vie véritable de l'individu après la mort.

• La figure du Christ. La faiblesse des preuves historiques

Les prophéties messianiques de l'Ancien Testament, qui semblent s'être accomplies dans la personne du Christ, comme les miracles relatés dans le Nouveau Testament et pour finir la résurrection du Christ garantissent, pour les contemporains du Christ, le caractère divin de son enseignement. Lessing, pour sa part, se borne à présenter le Christ comme le premier précepteur de l'immortalité de l'âme, sans aborder spécifiquement la question de la divinité de la personne du Christ. Dans l'un de ses premiers textes, *Gedanken über die Herrnhuter* (Pensées sur les frères de Herrnhut), il écrivait déjà: "Man vergönne mir, dass ich ihn hier nur als einen von Gott erleuchteten Lehrer ansehen darf." [LESSING, 1989]

Lessing esquive ici les deux points de controverses majeurs de la christologie, celle des vérités historiques et celle de la divinité de la personne du Christ, qui ont joué, comme on sait, un rôle important dans la querelle des Fragments (v. Repères/La genèse du *Nathan*). Pour les disciples du Christ, il s'établissait un lien immédiat entre les miracles accomplis par le Christ et sa prédication. Pour Lessing, ces témoignages ont perdu leur vertu immédiate, et on ne peut plus s'appuyer sur eux pour "prouver" la vérité des dogmes de la religion. Il y a désormais un fossé béant, infranchissable.

Mais Lessing n'adopte pas pour autant le point de vue le plus radical. Il ne remet pas fondamentalement en cause les témoignages du Nouveau Testament et ne va pas jusqu'à parler de tromperie ou d'imposture, comme le faisait Reimarus à propos de la Résurrection du Christ. Lessing persiste donc à défendre le sens historique de la Révélation, quand bien même son fondement surnaturel se trouve ébranlé. Les prophéties et les miracles ne peuvent me contraindre à croire. Pour Georges Pons [1964], le simple fait d'insister lourdement sur les lacunes et les failles de la doctrine revient déjà à ébranler tout le système de la religion. Il est par ailleurs clair pour lui que Lessing rejette toujours plus nettement le caractère divin de la personne du Christ, et, selon lui, évolue vers un rationalisme de coloration spinoziste, qu'il ne veut pourtant pas admettre ouvertement : "L'explication philosophique de la Trinité, considérée isolément, pouvait donner le change ; mais replacée dans son contexte, elle préparait les voies à une conception spinoziste de Dieu et de la Nature, plutôt qu'à l'acceptation du mystère chrétien de l'Incarnation." À l'appui de sa thèse, il cite le propos de l'un des théologiens engagés dans la controverse, Schumann, selon lequel, avec Lessing, toute croyance en une Révélation surnaturelle serait devenue impossible. Il est sans doute difficile de maintenir cette thèse, formulée de manière aussi tranchée. Elle suppose en effet que Lessing chercherait à donner le change au lecteur sur ses intentions véritables, et elle a peut-être aussi l'inconvénient de simplifier le mouvement de la réflexion de Lessing, qui n'évolue pas dans le cadre d'une alternative schématique – ou bien Spinoza, ou bien l'orthodoxie – mais cherche à déplacer la question pour en faire l'occasion d'une réflexion féconde sur la Révélation historique et à l'intégrer dans l'histoire de la raison.

• La force de la doctrine chrétienne : le "second manuel" du Nouveau Testament

Il est un fait que, dans *L'Éducation du genre humain*, le rôle du Christ apparaît très réduit. La vie du Christ, dont, à peine un demi-siècle plus tard, David Friedrich Strauss ruine définitivement tout fondement historique dans *Das Leben Jesu* (1835), s'efface entièrement. Le texte se concentre exclusivement sur son enseignement religieux et moral, qui, après le temps de sa prédication sur terre, est relayé et diffusé par ses disciples dans le monde. La nouveauté radicale de cet enseignement réside en ceci que l'immortalité de l'âme n'est plus simplement objet de spéculation philosophique, mais entraîne des conséquences dans la pratique : les hommes, désormais, règlent leurs actions sur ce dogme (§ 60) et recherchent la pureté du cœur en pensant à la vie future.

La fragilité des preuves historiques de la religion est très largement compensée par la démonstration éclatante de la fécondité de la doctrine chrétienne. On évoquera ici le texte *Eine Parabel*, qui fait partie du complexe de la querelle des Fragments : il existe un majestueux palais (l'édifice est une métaphore paulinienne de la religion bâtie sur le fondement du Christ, 1Co 3), dont les gardiens ne se préoccupent que des fondations, alors qu'il y aurait lieu d'admirer d'abord la beauté de l'édifice. L'application à la situation de l'orthodoxie luthérienne à l'époque de Lessing est transparente : au lieu d'accumuler les "preuves" de la vérité de la religion, les théologiens et prédicateurs feraient bien mieux de s'intéresser à ce qu'elle donne à voir aujourd'hui, et de se concentrer sur l'effet bénéfique qu'elle produit.

La doctrine chrétienne se répand et se diffuse avec les disciples du Christ, et elle prend par là un caractère plus général. Avec le christianisme, le monothéisme, qui avait contracté, au premier stade de l'éducation du peuple juif, le caractère d'une religion particulière et nationale, devient une vérité adressée à tous les peuples, certes au prix d'un certain obscurcissement de la pureté originelle de la doctrine. Mais ces ajouts font partie aussi de l'histoire de la formation de l'esprit humain, et à ce titre, ils en sont partie intégrante. Les textes du Nouveau Testament prennent ainsi le rang de "second livre élémentaire pour le genre humain, meilleur que le premier" $$("das zweite bessere Elementarbuch für das Menschengeschlecht", § 64. À ce stade, le genre humain est encore pris dans ce second apprentissage, qui est toujours en cours : l'expression : "abgegeben haben, und noch abgeben", § 64) fait écho au tout début de *L'Éducation du genre humain* : "Erziehung, die dem Menschengeschlechte geschehen ist, und noch geschieht", § 2. Le moment présent, dans lequel se situe l'auteur (et son éditeur), ne marque pas encore le terme de la seconde période de la Révélation. Celle-ci continue encore.

Comme pour le premier temps de la pédagogie divine, Lessing met en garde l'individu plus doué ("das fähigere Individuum", § 68) contre la tentation d'abandonner le second "livre élémentaire" avant le temps, se privant ainsi d'une occasion d'approfondir sa compréhension de l'ensemble du processus et de l'appréhender par sa raison. La doctrine de l'unité et de l'unicité de Dieu a d'abord été objet de révélation, et la rencontre avec la culture des Perses a amené le peuple juif à retourner à son premier livre élémentaire, pour y découvrir que la doctrine du monothéisme y figurait déjà comme une vérité de raison, propre, donc, à être assimilée comme une idée rationnelle dans le cours de l'évolution historique du genre humain. Cette première phase de l'éducation est désormais achevée, et, arrivé à ce stade, le genre humain peut se passer de l'Ancien Testament. Il commence, à présent, à se détacher de son second livre élémentaire, mais le processus n'est pas encore achevé, comme en témoignent certains passages du Nouveau Testament, qui renferment des mystères. Il se peut que le Nouveau Testament renferme encore des vérités inaperçues, qui peuvent et doivent être réélaborées comme des vérités de raison et assimilées comme telles. L'individu plus doué tend à prendre pour des expédients de méthode ou de didactique, donc à sous-estimer, ce qui pourrait se révéler décisif pour donner une nouvelle impulsion et une nouvelle orientation à la raison humaine.

Lessing s'engage ici sur le chemin de la spéculation intellectuelle, et s'éloigne des positions fondamentales de l'Aufklärung. Il veut montrer qu'il est possible de transformer des vérités révélées en vérités de raison, et pour ce faire, il choisit précisément les dogmes qui, en tant que mystères, défient la raison humaine : la doctrine de la Trinité, celle du péché originel et celle de la satisfaction. Le paradoxe est que ces trois dogmes, qui sont le noyau de la doctrine luthérienne orthodoxe du salut, sont aussi ceux qui sont une pierre d'achoppement pour la théologie réformatrice de l'Aufklärung, parce qu'ils sont les plus irréductibles à l'harmonisation recherchée des contenus de la foi et de la raison. Le rationaliste Leibniz s'arrête devant les mystères qui dépassent les capacités de l'entendement humain. Il se contente d'affirmer qu'ils n'ont pas un caractère absurde, selon la formule "supra, non contra rationem" (ils sont au-dessus de la raison, mais non pas contre elle). Les néologues, de leur côté, défendent le caractère raisonnable de la Révélation et la compatibilité entre l'ordre naturel et l'ordre surnaturel, au prix d'une réduction de la Révélation à la mesure de la raison. Préoccupés avant tout de simplifier la religion, de l'épurer, ils sont prêts à évacuer les dogmes obscurs, qui ne font pas sens pour le croyant dans sa vie pratique quotidienne. Le chrétien doit trouver dans la religion une parole consolante, qui l'exhorte à s'améliorer. C'est le critère de distinction entre les doctrines déclarées essentielles et celles qui sont secondaires, et n'intéressent pas directement le progrès moral du croyant – comme les trois doctrines citées *supra*. D'un accès difficile, elles sont réservées à la spéculation des théologiens de métier, et tendent à disparaître de l'enseignement religieux. Il n'y a pas rupture avec l'orthodoxie, puisque la Bible reste le livre de la Révélation divine, mais le prédicateur, qui transmet la Parole divine, a renoncé à conserver l'intégralité du message, et se concentre sur les parties le plus propres à toucher directement l'esprit et le cœur du fidèle et à contribuer à sa moralisation, c'est-à-dire à l'inciter à la pratique morale et religieuse. Sont considérés comme essentiels : l'existence d'un Dieu paternel, l'enseignement du Christ et l'action par laquelle il rachète l'homme et le libère du péché, lui apportant la certitude qu'il sera pardonné. Le prédicateur veillera aussi à traduire la Bible dans une langue qui est la langue ordinaire, connue de chacun, quotidienne.

Lessing est, pour sa part, fort critique vis-à-vis de ces demi-mesures, qui n'aboutissent selon lui qu'à élaborer un produit bâtard en abolissant la frontière entre raison et révélation, philosophie et religion. Pour sa part, il a l'ambition de se confronter à la totalité de la Révélation du Nouveau Testament sans en rien retrancher. Il y voit une tâche à prendre au sérieux par l'esprit humain et maintient la nécessité de chercher une explication rationnelle à ces trois mystères impénétrables de la religion chrétienne pour qu'ils ne restent pas extérieurs à l'histoire de la raison humaine et puissent être intégrés dans l'évolution future du genre humain. Les vérités révélées négligées ou dévaluées par l'Aufklärung sont donc, paradoxalement, son point de départ. Il cherche à les refonder en raison, ce qui représente une tension des forces de l'esprit, face à laquelle la “réduction de la Révélation” à laquelle se livrent les néologues apparaît comme une démission de la raison.

• Les trois dogmes de la Trinité, du péché originel et de la satisfaction

Il faut donc examiner les hypothèses interprétatives de Lessing sur l'arrière-plan de la question de leur valeur heuristique pour l'évolution du genre humain. Quelle est la place de ces trois mystères dans l'économie de la pédagogie divine, soit dans l'ensemble du programme d'éducation du genre humain ? Comment peuvent-ils contribuer à mettre l'homme sur le chemin de la perfection morale ?

La première tâche du genre humain dans son évolution était de saisir et d'explorer par la raison le concept de l'unité et de l'unicité de Dieu. La réflexion sur le dogme de la Trinité (un Dieu en trois personnes) correspond à la spéculation sur l'unité de Dieu. La seconde tâche est d'atteindre l'idéal de la perfection morale, décrit ainsi dans le § 80 :

“die jenige Reinigkeit des Herzens, die uns, die Tugend um ihrer selbst willen zu lieben, fähig macht”. À ce stade, l’humanité arrive à aimer la vertu pour elle-même, sans l’espoir d’une rétribution dans l’au-delà, et dépasse l’horizon de la seconde étape de l’éducation. Les deux autres dogmes concernent la question de l’action morale de l’homme (“moralischen Gesetzen folgen”, § 74 ; “sich ohne moralische Gesetze nicht denken lässt”, § 75). Ces trois dogmes sont donc importants du point de vue de la réflexion philosophique et éthique, et l’explication rationnelle de ces articles de foi doit poser le fondement de la libération éthique de l’homme. Dans les deux domaines, Lessing dépasse l’horizon de l’Aufklärung (v. Repères/L’Aufklärung).

Le dogme de la Trinité

Le concept monothéiste de Dieu, nous l’avons vu, a été donné à l’homme tout au début, mais celui-ci, dont la raison n’était pas encore assez développée, s’est fourvoyé dans le polythéisme et l’idolâtrie, avant d’être ramené sur le droit chemin par la divine pédagogie de la Révélation. Le concept monothéiste du Dieu Un ne doit pas être ressaisi dans une origine mythique mystérieuse, mais il doit être saisi et élaboré par la raison dans l’évolution de son histoire, et donc nécessairement orienté vers l’avenir. Le progrès de la raison dans l’histoire passe par la confrontation avec le dogme de la Trinité, qui anticipe dans la Révélation le résultat auquel doit parvenir la raison, la ressaisie du concept de l’unité de Dieu.

Le dogme de la Trinité, élaboré au IVe siècle de notre ère par Athanase, Père de l’Église, a toujours soulevé des difficultés, et il est aussi âprement débattu au sein de l’Église. Les théologiens orthodoxes cherchent à préserver son caractère de mystère et à le soustraire à la prise de la raison. La question en débat, qui se cristallise sur la personne du Christ en qui Athanase confesse l’union des deux natures divine et humaine, est celle de l’articulation entre Dieu et l’homme, Dieu et le monde, donc celle de la médiation entre immanence et transcendance.

L’orthodoxie parle d’“engendrement éternel” (“ewige Zeugung”) du Fils : le Fils est “engendré, non pas créé”, il est Dieu, né de Dieu, lumière, née de la lumière, consubstantiel au Père, par qui tout est créé (Symbole de Nicée-Constantinople). Le terme d’“engendrement” (*Zeugung*) distingue cette action d’une création matérielle (*schaffen*) : celui qui engendre, et par là devient père, ne produit pas un corps étranger, mais un autre soi-même. Or, comment concilier l'idée d'engendrement, qui s'accomplit dans le temps, et celle d'éternité, qui correspond à un absolu hors du temps ? C'est pourtant bien le sens du dogme de la Trinité que de penser ensemble ces deux notions contradictoires : l'unité de Dieu consiste dans le Père et le Fils, et leur réunion dans l'Esprit saint. On a opposé à cette doctrine de la Trinité la thèse qui fait du Fils une "créature" (*Geschöpf*) : le Fils a été créé par une décision de Dieu, ce qui fait que Dieu et le Fils sont deux êtres distincts, et non un seul être. Augustin a essayé de rendre compte rationnellement de ce mystère sous la forme d'une trinité de la conscience : dans l'esprit s'unissent, dans l'identité et la différence, le sujet qui réfléchit, l'objet de la réflexion, et l'acte de réfléchir qui relie les deux.

Pour Lessing, l'intérêt principal du dogme de la Trinité, proposé comme objet à la raison humaine, consiste en ce que l'unité de Dieu est pensée comme unité transcendantale qui renferme une pluralité. Lessing s'inscrit ainsi contre un concept de Dieu si absolu dans son unité qu'il ne pourrait envisager la pluralité que comme une dégradation de l'unité (doctrine de Plotin, IIIe siècle) : cela reviendrait à rabaisser le monde, perçu négativement comme le règne de la pluralité et de la diversité, et à encourager la tentation de fuir le monde. Ce qui est en jeu, c'est la possibilité, pour la conscience subjective de l'homme, de s'approprier l'idée de l'unité de Dieu, de passer du fini à l'infini pour le penser de manière positive. L'infini ne serait plus ce qui est inaccessible à la pensée, ce que l'on ne peut appréhender que comme l'impensable.

Pour construire rationnellement la théologie du christianisme, Lessing part de l'idée de Dieu comme de l'Être absolu, le plus parfait, qui se suffit à lui-même et n'admet aucune détermination extérieure ou étrangère. Dieu est une totalité close sur elle-même, un Être pensant qui se pense lui-même, et n'a besoin d'aucune conscience extérieure à lui pour le réfléchir. Mais il faut bien tout de même qu'il ait l'idée la plus complète de lui-même, où l'on retrouve tout ce qu'il renferme en lui. Or, cette idée de lui ne serait pas complète si elle ne renfermait pas aussi la représentation d'une réalité nécessaire. Il faut donc imaginer ce qui serait une réduplication de lui-même, la création d'un être dans lequel il se réfléchit comme dans un miroir, absolument identique à lui-même et qui aurait tous les caractères de la même réalité. La conscience qu'il a de lui-même est à la fois subjective et objective : ce qui est pensé est doué de réalité, ce qui peut expliquer cet "engendrement éternel". Mais ce raisonnement, qui rend compte de la relation entre le Père et le Fils, laisse dans l'ombre la création du monde dans le temps et l'espace, et n'envisage pas la médiation entre Dieu et le monde, l'unité de Dieu et la pluralité, la diversité de la création, qui pourtant doivent être comprises dans le concept achevé de Dieu. Il revient à l'esprit humain fini, qui se réalise dans son histoire, de saisir et de comprendre l'unité de la conscience divine et de la contingence de la réalité empirique. La conscience individuelle doit être progressivement prise dans la généralité de l'Être divin, donc s'inscrire progressivement dans une compréhension de l'être religieux plus large. La figure du Christ est la préfiguration de ce stade de la maturité, que l'homme n'a pas encore atteint. C'est l'horizon de l'existence humaine.

Le dogme du péché originel

Le péché originel est, à l'époque de l'Aufklärung et de la néologie, le dogme le plus difficile à concilier avec l'image nouvelle de l'homme et la représentation de sa dignité. La doctrine du péché originel, élaborée par Augustin au IVe siècle de notre ère, fait de l'homme, après la chute d'Adam chassé du paradis terrestre, une créature de nature débile et corrompue, dont les descendants sont à jamais marqués par le stigmate de la culpabilité originelle. Il est difficile de concevoir un enseignement religieux et moral fondé sur ce dogme, qui semble invalider d'emblée tout effort vers le bien, puisque l'homme porte la marque indélébile de la corruption de sa nature. La Réforme protestante, opposée sur ce point à la théologie humaniste de la Renaissance, a réaffirmé le poids écrasant du péché originel, en déniant à l'homme toute possibilité de s'arracher par ses seules forces à l'abîme du péché. La néologie du XVIIIe siècle, par exemple Johann Joachim Spalding, oppose à cette conception pessimiste de la nature de l'homme l'idée de la perfectibilité. L'homme est faible, mais il n'est pas irrémédiablement marqué, et il n'est pas fermé à l'action de la grâce divine, qui peut toucher sa conscience et son cœur. Par ailleurs, l'exégète Johann Salomo Semler montre le contexte historique dans lequel il faut comprendre ce dogme. Lessing, pour sa part, tire de ce dogme un enseignement sous forme d'hypothèse sur la faiblesse de l'homme au premier stade de son évolution. L'homme des premiers temps n'a pas la maîtrise de ses actions, au point qu'il est incapable de suivre la loi morale. Cette conception de l'homme s'oppose au modèle rousseauiste de la bonté naturelle de l'homme.

La doctrine de la "satisfaction"

La doctrine de la satisfaction (doctrine de la souffrance vicariante du Christ, qui, par le sacrifice de sa vie, a pris sur lui et effacé tous les péchés de tous les hommes) est de même difficilement compatible avec l'idée de la responsabilité personnelle du sujet moral et un défi pour la raison : comment comprendre que l'innocent paie pour les coupables, que Dieu accepte le sacrifice de son Fils et l'abandonne au supplice, que l'homme ne soit pas châtié individuellement pour ses péchés ?

Lessing répond, là encore, en formulant l'hypothèse suivante : Dieu a préféré donner d'emblée des lois morales à l'homme, en dépit de l'incapacité de celui-ci à les observer dans la première phase de son histoire, et préféré pardonner d'avance tous les manquements et fautes prévisibles, en considération de l'ensemble de ses perfections, plutôt que de laisser l'homme à l'état de brute, ce qui lui aurait fermé l'accès à la félicité. En effet, il n'y a pas de félicité humaine sans institution de la loi morale. La moralité n'est pas donnée à l'homme, elle n'est ni naturelle ni évidente, elle présuppose l'édifice de la loi morale. Il faut souligner ici que le mal, en tant que tel, n'a pas de place dans l'économie divine. Il est le signe de l'imperfection de l'individu, mais celle-ci est reprise dans le tout incommensurable des perfections de Dieu. Dieu n'est pas arrêté par l'imperfection individuelle, d'avance compréhensible et pardonnable. C'est cette conception de l'humanité qui s'incarne dans *Nathan le Sage*, et en particulier dans la sérénité souveraine de Nathan habile à détourner le regard des passions mauvaises ou des affects violents d'un moment, pour orienter le regard vers l'horizon de la réunion de la famille humaine. Quant aux personnages inéducables ou incurables, ils sont simplement écartés, sans menacer sérieusement l'orientation optimiste du poème dramatique.

• La nécessité d'exercer la raison humaine (§ 76)

Pour Lessing, ces spéculations sur les dogmes et les mystères de la religion constituent autant d'exercices pour la raison en chemin vers la connaissance. La pédagogie divine a doué l'homme de concepts religieux, mais ceux-ci ne sont rien s'ils ne deviennent pas pour la raison un objet qu'elle puisse reconstruire et s'approprier. Les vérités de raison sont révélées au départ, et non enseignées, à la manière dont le professeur de mathématiques donne le résultat à l'élève pour le mettre sur la voie de la solution qu'il doit trouver par lui-même. La différence entre le premier livre élémentaire, rempli d'images, et le second, dominé par l'abstraction mathématique, illustre la différence entre les deux stades de la Révélation : le premier, correspondant à celui de l'enfance, dominée par l'imagination ; le second, à celui de l'adolescence, qui voit se développer les capacités d'abstraction de l'esprit. Les vérités de cette seconde étape de la Révélation ("nähere und bessere Begriffe vom göttlichen Wesen, von unserer Natur, von unsern Verhältnissen zu Gott", § 77) ne sont pas des articles de foi supra-rationnels, ils exigent bien plutôt une tension de l'esprit humain. La réalité du legs transmis n'est pas mise en doute (de même, le juge de la parabole finit par conclure à l'existence des anneaux), mais l'héritage ne se confond pas avec la possession passive, il doit s'élaborer en bien spirituel propre ("Eigentum", *Nathan*, I, 1). C'est toute la distance qu'il y a entre "ererben" et "erwerben".

Contrairement à ce que tente de faire accroire le camp de l'orthodoxie luthérienne, ces libres spéculations ne sont pas de nature à troubler l'ordre public et à engendrer une catastrophe (§ 78). C'est bien plutôt aux autorités répressives qu'il faudrait faire le reproche d'empêcher la libre expression de ces opinions dissidentes. C'est une position que Lessing défend dans la querelle des Fragments, et notamment dans les *Anti-Goeze* : le mal n'est pas de publier des écrits hétérodoxes, mais de les réprimer par la force. Comme la vérité se constitue essentiellement dans le débat critique sur toutes les thèses, donc dans un processus d'examen et de tri, toute perturbation de ce processus est un coup d'arrêt au progrès de la raison. Lessing a figuré ces types pétrifiés arrêtés à un stade de développement inférieur, et illustré ce négatif par le procédé bien connu de la répétition mécanique de formules creuses, qu'il s'agisse de "la conscience" de Daja (I, 1), avec un sûr effet comique, ou de l'annonce inquiétante du Patriarche "Der Jude wird verbrannt" (IV, 2).

La raison veut être exercée sur des objets spirituels, et non seulement des objets matériels, relatifs à nos besoins immédiats. S'occuper d'objets spirituels est une condition nécessaire pour éclairer la raison, d'une part, et purifier le cœur, d'autre part, de manière à atteindre la perfection : celle de l'amour de la vertu pour elle-même. Lessing se défend ici de vouloir fonder la moralité et la religion sur le cœur seulement, dont la prétendue supériorité gouvernerait la totalité de la vie religieuse et morale. Fonder la morale sur le cœur reviendrait à la régler sur les besoins immédiats de la sensibilité humaine. La vertu ne se confond pas avec les épanchements de la sensibilité, ni les trop faciles émotions avec la félicité, conçue comme l'idéal le plus élevé de l'humanité. La moralité n'est pas accessible dans le débordement du sentiment, mais bien dans la réflexion intellectuelle, et elle se réalise dans le progrès de la raison. La mention de “la loi morale” dans l'explication des deux dogmes du péché originel et de la satisfaction éclaire leur fonction. Lessing ne partage certes pas le pessimisme ontologique radical d'Augustin, et il soutient l'idée de la perfectibilité de l'homme, qui est une idée des Lumières, mais il met aussi en garde contre une conception naïve du progrès. L'homme n'est pas naturellement bon, il le devient, mais cette évolution n'est pas fondée sur une bonté native, elle est en rupture, et c'est la loi morale qui marque cette rupture avec l'ordre de la nature.

La dernière et suprême étape de l'Aufklärung spirituelle et morale : l'ère de l'évangile éternel

À la fin de ce parcours, il s'avère impossible de fonder la théodicée de l'histoire seulement sur la raison. Celle-ci peut tout au plus pressentir un sens et un but ultime de l'histoire, qui ne pourra être pleinement saisi et compris qu'à la fin de l'évolution historique, et non pas pendant qu'elle se déroule. Pour l'heure du présent, on ne peut rien en dire de définitif, ni de précis. Ce passage rappelle la situation du juge sage et modeste de la parabole des anneaux. Représentant de la raison humaine bornée, il ne peut pas, lui non plus, anticiper avec assurance la vérité absolue. La raison humaine, dans les bornes de l'existence présente, n'est pas en mesure de garantir un sens dernier de l'évolution historique ou d'interpréter le développement dans lequel elle est prise. On se rappelle que dans l'avant-propos du texte, le voyageur arrivé au sommet ne pouvait voir distinctement les lointains dans la lumière du crépuscule. La tentative de concevoir, par la pensée de l'éducation, le sens de l'évolution du genre humain, échoue sur le seuil de l'avenir, qui représente une énigme insoluble par la raison.

Cette crise est représentée dans les vingt derniers paragraphes de *L'Éducation du genre humain*, sous la forme de la crise vécue de manière personnelle et immédiate par un individu. Pour formuler, et peut-être surmonter cette crise, Lessing doit abandonner la terre ferme de la réflexion rationnelle, et s'exprimer sur un autre mode, celui de la confession, de l'expression de la croyance personnelle. Il prend désormais la parole en son nom propre, et, au rebours du mode d'argumentation antérieur, il prend le ton de l'adjuration à celui qui est "toute bonté". Il n'est plus en mesure, en effet, de préciser le but du processus d'éducation, et surtout de se prononcer de manière assurée sur l'accomplissement de ce but qu'il croit deviner, car il n'est plus dans le domaine de la certitude (le trajet accompli par l'humanité jusqu'au temps présent), mais de l'hypothétique (vers quel horizon l'humanité s'oriente-t-elle ?). Le lecteur est ici confronté à des questions, des suppositions, des espoirs.

La question qui ouvre cette partie est celle de savoir si l'éducation du genre humain va, de fait, atteindre son but. Cette simple question ouvre une brèche dans l'édifice du modèle d'éducation, qui semblait si solide. L'objection puis le doute sur l'achèvement du processus ne sont pas faciles à écarter. Il se pourrait, en effet, que l'humanité ne puisse atteindre le degré le plus élevé de la perfection. Le modèle de pensée élaboré dans les quatre-vingts premiers paragraphes est possible, mais cela ne dit rien sur la certitude de sa réalisation effective. Ce qui est possible ou pensable n'est pas encore advenu. Dans le cas où cet idéal ne se réaliserait pas, l'humanité serait privée de son espoir le plus cher, et sa croyance en un Dieu personnel ébranlée de fond en comble. L'homme resterait ainsi, comme les frères orphelins de la parabole, "trompeur trompé". Lessing retrouve à cet endroit la question qu'il posait dans le passage sur le dogme de la Trinité. Faut-il penser la distance entre Dieu et le monde comme infranchissable ? Comment penser la médiation entre l'absolu et le contingent ? Jacobi a répondu à cette question par le *salto mortale*, "le saut périlleux" dans la foi. Cela veut dire qu'il abandonne toute prétention de la raison à une explication rationnelle, et que la réponse à la question fondamentale de l'existence humaine ne peut être qu'existentielle. Lessing prend explicitement ses distances avec cette position de Jacobi, qu'il commente ainsi : "Die Grenze, die Sie setzen wollen, lässt sich nicht bestimmen. Und an der andern Seite geben Sie der Träumerei, dem Unsinne, der Blindheit freies offenes Feld." (dans la relation qu'en a donnée Jacobi, dans une lettre à Mendelssohn en date du 4 novembre 1783) [Jacobi, 1912]. Lessing résiste donc à la tentation de l'irrationalisme. Le but ultime de l'évolution humaine, tel que l'on peut le penser, reste sans doute suspendu à la contingence de sa réalisation, et de fait, l'homme ne peut pas prouver que ce qui est dans l'idée se réalisera, mais la tâche à accomplir par l'esprit de l'homme est d'assurer la médiation entre la nécessité et la contingence.

Le rejet de l'objection a tout le caractère d'une solution de fortune. Le doute est en effet refoulé avec indignation comme "blasphème", mais cela ne saurait tenir lieu de preuve contraignante. Le parallèle entre Révélation et éducation, présenté comme hypothèse de pensée, a pu être confirmé, le raisonnement s'appuyant sur le cours passé de l'évolution, mais il présente ici une faille, dès lors que l'on est arrivé à la frontière à partir de laquelle il faut désormais se projeter dans le futur. Lessing reconnaît ici les bornes de la raison humaine – une attitude bien différente de la solution de Jacobi, qui fixe une frontière au-delà de laquelle la raison n'a plus droit de cité –, ce qui veut dire que l'homme ne peut pas faire advenir lui-même de manière autonome l'avenir du genre humain, il lui reste, arrivé à ce point, l'espoir de voir poindre l'époque nouvelle qui verra l'accomplissement de l'Aufklärung.

• Le pressentiment d'un nouvel âge : les *Schwärmer* (§ 87-90)

La mention des *Schwärmer*, des enthousiastes visionnaires (le terme n'a pas ici la connotation négative de fanatisme ou de rêverie qui détourne de l'action, deux sens que l'on trouve dans *Nathan le Sage*), détourne un instant l'attention de la question de la destination de l'homme. Lessing se sert de ce cas historiquement attesté pour illustrer la foi en l'avenir (§ 87-90). Le *Schwärmer*, bien souvent, a une vision juste de l'avenir. Son tort est de vouloir précipiter le progrès et réaliser sans délai l'idéal du ciel sur la terre. Lessing fait ici allusion à la doctrine des trois âges du moine cistercien du XIIe siècle Joachim de Flore [LÖWITH, 1990], qui voit dans l'Ancien Testament le premier âge, sous l'égide de Dieu le Père ; puis, dans le Nouveau Testament, le second âge, sous le règne du Fils ; le troisième âge, selon lui, se placerait sous le signe du Saint-Esprit, et il ne devait plus y avoir d'évangile écrit. Les idées de Joachim de Flore suscitent alors le scandale dans l'Église catholique, car c'est un modèle de développement historique opposé au modèle statique d'Augustin, dans lequel la vérité du christianisme repose sur un événement historique unique : chez Joachim de Flore, le cours du temps est divisé en stades, dont chacun possède une sorte de nécessité et de vérité historique. La vérité chrétienne se développe fondamentalement à l'intérieur d'un ordre temporel, et par passages successifs à des degrés plus élevés.

• L'invocation à la Providence : l'hypothèse de la migration des âmes (métempsychose)

L'invocation à la Providence (qui ne se confond pas avec une invocation à un Dieu personnel) est le dernier rempart contre le désespoir. Seule, l'idée d'une Providence éternelle, dont le plan est impénétrable à la raison humaine, peut empêcher l'homme de désespérer du sens de son existence. L'homme malheureux est souvent près de "murmurer" contre la Providence (Tellheim dans *Minna von Barnhelm*, Nathan…) Le recours à la Providence, comme horizon de sens, est ici un signe clair que l'homme a renoncé à l'explication dernière du sens de l'histoire. Dans son cours, l'évolution historique du genre humain, vue à hauteur d'homme, présente des failles et des reculs qui remettent en cause le sens du Tout. Il n'est pas possible de maintenir le modèle d'un progrès linéaire. La tentative d'embrasser du regard la totalité de l'histoire renvoie, au-delà du moment rationnel, à la transcendance, qui peut seule garantir le sens du Tout. La Providence prend un rôle décisif, car c'est elle, désormais, qui détermine l'histoire et en oriente imperceptiblement le cours.

Mais si le regard de l'homme qui espère est fixé sur l'horizon transcendant de la Providence, l'homme ne disparaît pas de la perspective. La Providence est comparée à la grande roue de l'engrenage, qui est mise en branle lentement, par une série de petits rouages plus rapides (§ 92). L'homme est un petit rouage dans un grand mécanisme, et son mouvement individuel, de faible ampleur, contribue à définir le mouvement de l'ensemble. La temporalité de l'humain (sa trajectoire, plus courte et plus rapide) est sans commune mesure avec l'éternité de la Providence (grandeur, lenteur). L'image du mécanisme d'engrenage renvoie aussi à l'enchaînement causal sans faille de tous les événements dans le monde. Tous les rouages sont solidaires les uns des autres, pour produire le mouvement d'ensemble de la Providence éternelle. Le mouvement du tout comprend tous les mouvements particuliers.

L'homme, dans le processus de son évolution n'est pas passif : de même que l'enfant est bien le sujet de l'éducation, auquel sont rapportés les moyens et les voies de l'éducation, l'homme est appelé à devenir le sujet conscient du processus de l'Aufklärung qui s'accomplit en lui, et est orienté vers sa destination ultime. L'individu doit avoir d'abord parcouru le chemin où la Providence éternelle s'est engagée. Perspective transcendantale et perspective anthropocentrique se complètent, et c'est seulement dans la complémentarité de ces deux perspectives que s'accomplit le sens de la réflexion lessingienne sur l'histoire.

L'hypothèse des vies terrestres répétées a longtemps occupé Lessing. On trouve dans cette idée la vieille doctrine pythagoricienne de la métempsychose, selon laquelle une âme peut animer successivement plusieurs corps, qui représente une alternative à l'immortalité de l'âme. Ainsi Lessing se distancie-t-il ici des représentations chrétiennes de l'au-delà – la destination ultime de l'homme consiste dans le détachement définitif des réalités sensibles –, d'une part, et de la pensée antique de l'éternel retour, d'autre part. L'hypothèse posée par Lessing est la suivante : tout individu peut revenir sur terre, aussi souvent (§ 94) qu'il lui reste encore à s'approprier des connaissances supérieures. Dans l'évolution de l'individu, ainsi comprise, qui s'accomplit sur plusieurs existences terrestres, s'accomplit, en petit, l'évolution générale du genre humain. Chaque vie terrestre correspond à un stade d'évolution de l'humanité, dans son caractère imparfait et fragmentaire, et les stades premiers ne s'harmonisent pas ensemble.

Avec l'hypothèse de la migration des âmes, Lessing tente de réaliser l'unité de l'histoire individuelle et de l'histoire universelle, en impliquant l'individu dans la responsabilité partagée de l'histoire universelle. Dans le cadre de son existence actuelle s'incarne un stade de l'histoire de l'humanité, qui assigne aussi sa mission à l'homme vivant : à savoir l'appropriation active des connaissances et des compétences associées à ce stade. L'individu est appelé à parcourir une évolution pour s'élever à un niveau d'intégration supérieure, et repousser les bornes de son individualité jusqu'à l'infini. Il tend à manifester l'absolu dans son existence. L'histoire se révèle ici comme unité indivisible dans l'articulation du particulier et du général, tous deux soumis à la même loi de progression, même si c'est à un rythme différent. La dynamique de l'évolution individuelle rejoint ainsi le progrès du genre humain.

OUTILS

BIBLIOGRAPHIE

ŒUVRES DE LESSING. ÉDITIONS UTILISÉES

LESSING G. E., *Gesammelte Werke in zehn Bänden*, Rilla P. (éd.), Berlin, Weimar, Aufbau Verlag, 1954-1958.

LESSING G. E., *Werke und Briefe*. Vol. 1 : *Werke 1743-1750*, Stenzel J. (éd.), Frankfurt am Main, Deutscher Klassiker Verlag, 1989.

LESSING G. E., *Werke und Briefe*. Vol. 2 : *Werke 1751-1753*, Stenzel J. (éd.), Frankfurt am Main, Deutscher Klassiker Verlag, 1998.

LESSING G. E., *Werke und Briefe*. Vol. 3 : *Werke 1754-1757*, Wiedemann C. *et al* (éd.), Frankfurt am Main, Deutscher Klassiker Verlag, 2003.

LESSING G. E., *Werke und Briefe*. Vol. 4 : *Werke 1758-1759. Literaturbriefe. Fabeln*, Grimm G. (éd.), Frankfurt am Main, Deutscher Klassiker Verlag, 1997.

LESSING G. E., *Werke und Briefe*. Vol. 6 : *Werke 1767-1769. Minna von Barnhelm, Hamburgische Dramaturgie*, Bohnen K. (éd.), Frankfurt am Main, Deutscher Klassiker Verlag, 1985.

LESSING G. E., *Werke und Briefe*. Vol. 8 : *Theologiekritische Schriften I. Werke 1774-1778*, (*Von Duldung der Deisten*, *Ein Mehreres aus den Papieren des Ungenannten, die Offenbarung betreffend*, *Über den Beweis des Geistes und der Kraft*, *Das Testament Johannis*, *Eine Duplik*), Schilson A. (éd.), Frankfurt am Main, Deutscher Klassiker Verlag, 1989.

LESSING G. E., *Werke und Briefe*. Vol. 9 : *Theologiekritische Schriften II. Werke 1778-1780 (Die Kontroverse mit Johann Melchior Goeze, Eine Parabel, Axiomata, Anti-Goeze, Von dem Zwecke Jesu und seine Jünger, Nötige Antwort auf eine sehr unnötige Frage, Nathan der Weise),* Schilson A. (éd.), Frankfurt am Main, Deutscher Klassiker Verlag, 1993.

LESSING G. E., *Werke und Briefe.* Vol. 10 : *Werke 1778-1781* (*Ernst und Falk, Die Erziehung des Menschengeschlechts*), Schilson A., Schmitt A. (éd.), Frankfurt am Main, Deutscher Klassiker Verlag, 2001.

LESSING G. E., *Werke und Briefe.* Vol. 11/1 : *Briefe von und an Lessing 1743-1770*, Kiesel H. (éd.), Frankfurt am Main, Deutscher Klassiker Verlag, 1987.

LESSING G. E., *Werke und Briefe.* Vol. 11/2 : *Briefe 1770-1776*, Kiesel H. (éd.), Frankfurt am Main, Deutscher Klassiker Verlag, 1988.

LESSING G. E., *Werke und Briefe.* Vol. 12 : *Briefe 1776-1781*, Kiesel H., Frankfurt am Main, Deutscher Klassiker Verlag, 1994.

Traductions françaises

SALLES F., *Théâtre complet de G. E. Lessing*, traduction française, Paris, Librairie internationale, 1870.

• *Nathan le Sage*

Nathan le Sage, traduction par François Rey, préface de R. Radrizzani, Paris, Éditions Corti, 1991.

Nathan le Sage (*Nathan der Weise*), traduit et préfacé par Robert Pitrou. Édition bilingue. Réédition avec une préface d'Anne Lagny, Paris, Aubier, 1993 ; Flammarion, coll. GF, 1997.

Nathan le Sage, texte français établi par Dominique Lurcel, Paris, Gallimard, coll. Folio Théâtre/Gallimard, 2006.

• *L'Éducation du genre humain*

Ernst et Falk : dialogues maçonniques = Gespräche für Freimaeurer ; L'Éducation du genre humain = Die Erziehung des Menschengeschlechts, traduction et préface de Pierre Grappin, Paris, Aubier, Ed. Montaigne, 1946.

L'Éducation du genre humain, traduit par Marc Buhot de Launay, présentation et commentaire de Charlotte Morel, Desclée de Brouwer, 2021.

• *Dramaturgie de Hambourg*

Dramaturgie de Hambourg, traduction, introduction et commentaire par Jean-Marie Valentin, Paris, Klincksieck, 2010.

AUTRES SOURCES

AUGUSTIN, “Lettre XCIII” [408], in *Lettres*, in id., *Œuvres complètes*, édition de Poujoulat M., Raulx M., éditions L. Guérin & Cie, Bar-le-Duc, 1864-1872.

Bayle P., *De la tolérance. Commentaire philosophique*, Gros J.-M. (éd.), Paris, Champion, 2006.

BOURBON, É., *Anecdotes historiques, légendes et apologues tirés du Recueil inédit d'Étienne de Bourbon*, publiées par Albert Lecoy de La Marche, Paris, H. Loones, 1877.

BROCKES B. H., *Physikalische und moralische Gedanken über die drey Reiche der Natur, Nebst seinen übrigen nachgelassenen Gedichten, als des Irdischen Vergnügens in GOTT*, Hamburg, Leipzig, Grund, Holle, 1748.

DIDEROT D., Le Fils naturel, le Père de famille, Est-il bon? Est-il méchant?, présentation par Jean Goldzink, Paris, Flammarion, 2005.

DIDEROT D., Entretiens sur le Fils naturel, De la poésie dramatique, Le Paradoxe sur le comédien, présentation par Jean Goldzink, Paris, Flammarion, 2005.

FORMEY S., *La Belle Wolffienne*, La Haye, chez Charles de Vier, 1741.

FRÉDÉRIC II, *Œuvres de Frédéric Le Grand* en 30 volumes, éditées par Johann David Erdmann Preuß, Imprimerie Royale de Berlin (R. Decker), 1846-1856 Édition numérisée par la bibliothèque universitaire de Trêves. *http://friedrich.uni-trier.de/fr/*

De la superstition et de la religion [1749], tome 1, 1845.

Mémoires pour servir à l'histoire de la maison de Brandebourg [1767], tome 1, 1846.

Des mœurs, des coutumes, de l'industrie, des progrès de l'esprit humain dans les arts et dans les sciences, tome 1, 1846.

Histoire de mon temps [1740-1775], tome 2, 1846.

Mémoires depuis la paix de Hubertusbourg jusqu'à la fin du partage de la Pologne [1775], tome 6, 1847.

De la littérature allemande, des défauts qu'on peut lui reprocher, etc. [1780], tome 7, 1847.

Antimachiavel ou réfutation du prince de Machiavel [1739], tome 8, 1848.

GOETHE J. W., *Aus meinem Leben. Dichtung und Wahrheit* [1814-1833], Frankfurt/Main, Fischer Verlag, 2011.

GOETHE J. W., *Mémoires. Vérité et Poésie*, traduction nouvelle par Jacques Porchat, in *Œuvres de Goethe*, tome 8, Paris, Hachette, 1862.

GOEZE J. M., *Goezes Streitschriften gegen Lessing*, Schmidt E. (éd.), Stuttgart, Göschen, 1893.

HERDER J. G., *Fragmente über die neuere Deutsche Literatur* [1768] in *Sämtliche Werke*, Suphan B. (éd.), vol. 2, Hildesheim, Olms, 1967.

HERDER J. G., *Adrastea.* Zweiter Band. Viertes Stück [1802], in *Sämtliche Werke*, Suphan B. (éd.), vol. 23, Hidelsheim, Olms, 1967.

HOHENZOLLERN, *Die politischen Testamente der Hohenzollern nebst ergänzenden Aktenstücken*, Küntzel G., Hass M. (éd.), Leipzig, B. G. Teubner Verlag, 1911.

JACOBI F. H., *Über die Lehre des Spinoza in Briefen an den Herrn Moses Mendelssohn*, in *Jacobis Spinoza-Büchlein nebst Replik und Duplik*, München 1912.

KANT I., *Was ist Aufklärung? Beiträge aus der Berlinischen Monatsschrift*, [1784], Hinske N. (éd.), Darmstadt, Wissenschaftliche Buchgesellschaft, 1973.

LEIBNIZ G. W., *Essais de théodicée sur la bonté de Dieu, la liberté de l'homme et l'origine du mal*, édition de Jacques Brunschwig, Paris, Garnier-Flammarion, 1969.

LEIBNIZ G. W., *Nouveaux Essais sur l'entendement humain*, Paris, Garnier-Flammarion, 1969.

LICHTENBERG G. C., *Schriften und Briefe in 4 Bänden*, Promies W. (éd.). Vol. 4 : *Briefe*, Frankfurt/M., Zweitausendeins, 1994.

LOCKE J., *Lettre sur la tolérance,* traduction fr. de Jean Le Clerc, édition de Jean-Fabien Spitz, Paris, Flammarion,1992.

MARIN L., *Histoire de Saladin, sultan d'Égypte et de Syrie*, Paris, chez Tilliard, 1758.

MARIN L., *Geschichte des Sultans Saladins von Egypten und Syrien* [1761], 2 vol., trad. all. de Küster E. G., Frankfurt und Leipzig, 1784.

MENDELSSOHN M., *Morgenstunden* [1785], in *Gesammelte Schriften*, vol. 3,2: *Schriften zur Philosophie und Ästhetik*, Stuttgart, Bad Cannstatt, frommann holzboog, 1973.

MENDELSSOHN M., "Antwort an Johann Caspar Lavater" [1769], in *Gesammelte Schriften, Jubiläumsausgabe*, vol. 7, Elbogen I., Guttmann J., Mittwoch E. (éd.), Berlin, Akademie-Verlag, 1930.

NICOLAI F., *Anekdoten von König Friedrich II. von Preussen, und von einigen Personen, die um ihn waren: nebst Berichtigung einiger schon gedruckten Anekdoten*. Berlin und Stettin, [2]1790.

OPITZ M., *Le Livre de la poésie allemande*, édition d'Elisabeth Rothmund, Toulouse, Presses Universitaires du Mirail, 2009.

ROUSSEAU J.-J., *Œuvres complètes*, Paris, Gallimard, 1959-1995.

SCHILLER F., *Sämtliche Werke in 5 Bänden*, Fricke G., Göpfert H. (éd.), München, Hanser, [6]1980.

Schlegel J. E., *Canut*, ein Trauerspiel. Anhang: *Gedanken zur Aufnahme des dänischen Theaters*, Steinmetz H. (éd.), Stuttgart, Reclam Universal-Bibliothek, 1980.

SCHLEGEL F., *Über Lessing* [1797], in *Kritische F. S. Ausgabe*, Behler E., Anstett J. J., Eichner H. (éd.), Paderborn, Schöningh, 1958-.

SEDAINE M.-J., *Le Philosophe sans le savoir* [1765]. Comédie en prose et en cinq actes, à Paris, chez Claude Hérissant, 1766.

VOLTAIRE, *Romans et contes*, édition de Pomeau R., Paris, Garnier-Flammarion, 1966.

VOLTAIRE, *Essai sur les mœurs*, 2 volumes, édition de Pomeau R., Paris, Bordas éditions, 1990.

VOLTAIRE, *Dictionnaire philosophique* (I) & (II). Abbé-Vertu [1764] in *Les Œuvres complètes de Voltaire*, tome 35-36, Oxford, Voltaire Foundation, 1994.

VOLTAIRE, *Les Guèbres ou la Tolérance* [1768] in *Les Œuvres complètes de Voltaire*, tome 66, Œuvres de 1768 (II), Mason H. (dir.), Oxford, Voltaire Foundation, 1999.

VOLTAIRE, *Traité sur la tolérance* [1763], in *Les Œuvres complètes de Voltaire*, tome 56C, Oxford, Voltaire Foundation, 2000.

VOLTAIRE, *Mémoires* in *Les Œuvres complètes de Voltaire*, tome 45C, Oxford, Voltaire Foundation, 2010.

VOLTAIRE, *Zaïre* [1732], édition de Pierre Frantz, Paris, Éditions Gallimard, 2016.

VOLTAIRE, *Lettres philosophiques*, [1734] in *Les Œuvres complètes de Voltaire*, tome 6B : *Lettres sur les Anglais (II)*, Oxford, Voltaire Foundation, 2020.

INSTRUMENTS : ENCYCLOPÉDIES, MANUELS, DICTIONNAIRES

BARNER W., "Lessing, Gotthold Ephraim" in *Neue Deutsche Biographie* 14 (1985).

BRUNNER O., CONZE W., KOSELLECK R. (éd.), *Geschichtliche Grundbegriffe: Historisches Lexikon zur politisch-sozialen Sprache in Deutschland* in 8 Bänden, Stuttgart, Klett-Cotta Verlag, 1972 – 1997.

SEGREFF K.-W., "Mendelssohn, Moses" in *Neue Deutsche Biographie* 17 (1994).

DÜFFEL P. von (éd.), *Gotthold Ephraim Lessing, "Nathan der Weise"*. Erläuterungen und Dokumente, Stuttgart, Reclam, 1972, 1998.

Enzyklopädie der Neuzeit, Stuttgart, J. B. Metzler Verlag, 2005-2012. (*Enzyklopädie der Neuzeit Online*)

Encyclopædia Universalis [en ligne], consulté le 14 juillet 2023. *http://www.universalis-edu.com.acces.bibliotheque-diderot.fr/encyclopedie/gotthold-ephraim-lessing/*

WALCH J. G., *Philosophisches Lexicon*, Band I-II, Leipzig, Gleditschen, 1775. Reproduction en fac-similé : Hildesheim, G. Olms, 1968.

ZEDLER, Johann Heinrich, *Grosses vollständiges Universal-Lexikon aller Wissenschafften und Künste, welche bißhero durch menschlichen Verstand und Witz erfunden und verbessert worden*, Halle und Leipzig, 1731-1754, 64 vol.

ÉTUDES SUR LE XVIIIe SIÈCLE ET LES LUMIÈRES

ALT P.-A., *Aufklärung. Lehrbuch Germanistik*, Stuttgart, Weimar, Metzler, 2007.

BRUNSCHWIG H., "L'Aufklärung et le mouvement philosémite en Prusse à la fin du XVIIIe siècle", *Annales historiques de la Révolution française*, Paris, Armand Colin, septembre-octobre 1935.

CASSIRER E., *Die Philosophie der Aufklärung*, Tübingen, J. C. B. Mohr (Paul Siebeck), 1932. *La philosophie des lumières*, traduit de l'allemand par Quillet P. [1966], Paris, Fayard, 1993.

ECKERT G., "Toleranz", in *Enzyklopädie der Neuzeit* Online.

HAZARD P., *La crise de la conscience européenne (1680-1715)*, Paris, Boivin, 1935.

HETTNER H., *Literaturgeschichte des achtzhnten Jahrhunderts*, 3. Theil: *Die deutsche Literatur im achtzehnten Jahrhundert.* Zweites Buch: *Das Zeitalter Friedrichs des Grossen*, Braunschweig, Vieweg, 1872.

HOFMANN M., "Perspektiven der Spätaufklärung. Argumente zur Profilierung eines Epochenbegriffs", *Recherches germaniques*, Strasbourg, 2003.

ISRAEL J., *Les Lumières radicales, la philosophie, Spinoza et la naissance de la modernité (1650-1750)*, Paris, Éditions Amsterdam, 2005.

KNOPPER F., "L'autorité dynastique au service de la Parole : les testaments politiques des Hohenzollern (1667-1768)", *in* Anglophonia/ Caliban, Toulouse, n° 17, 2005.

KOSELLECK R., *Le Règne de la critique.* Traduit de l'allemand par Hans Hildenbrand, Paris, Éditions de Minuit, 1979.

KREBS R, Valentin J.-M. (éd.), *Théâtre, Nation et Société en Allemagne au 18e siècle*, Nancy, Presses universitaires de Nancy, 1990.

KREBS R., *L'Idée de "Théâtre National" dans l'Allemagne des Lumières : Théories et réalisations*, Wiesbaden, Otto Harrassowitz, 1985.

LANSON G., *Nivelle de la Chaussée et la comédie larmoyante* [1887], Paris, Hachette, 1903.

LÉVY-BRUHL L., *L'Allemagne depuis Leibniz. Essai sur le développement de la conscience nationale en Allemagne 1700-1848*, Paris, Hachette, 1907.

MAUZI R., *L'Idée du bonheur dans la littérature et la pensée françaises au XVIIIe siècle*, Paris, Armand Colin, 1960.

MERKER N., *Die Aufklärung in Deutschland*, München, Beck, 1982.

NISBET, H. B., "On the Rise of Toleration in Europe: Lessing and the German Contribution", *The Modern Language Review*, Modern Humanities Research Association, Cambridge, October 2010.

RAULET G. (éd.), *Aufklärung : les Lumières allemandes*, textes et commentaires par Gérard Raulet, Paris, Flammarion, 1995.

SCHLOBACH J., "Siècle des Lumières et Aufklärung : mots, métaphores et concepts", *Interfaces. Image-Texte-Langage* 4, 1993.

VENTURINO D., "Un prophète 'philosophe' ? Une Vie de Mahomed à l'aube des Lumières", *Dix-huitième Siècle*, n° 24, 1992. Le matérialisme des Lumières. pp. 321-331 ; doi : *https://doi.org/10.3406/dhs.1992.1877*

ÉTUDES SUR LESSING CITÉES

KETTNER G., *Lessings Dramen*, Berlin, Weidmannsche Buchhandlung, 1904.

PONS G., *Lessing et le christianisme*, Paris, Didier, 1964.

PÜTZ P., *Die Leistung der Form: Lessings Dramen*, Frankfurt am Main, Suhrkamp, 1986.

RILLA P., *Lessing und sein Zeitalter*, in Lessing G. E., *Gesammelte Werke in zehn Bänden*, Rilla P. (éd.), volume 10, Berlin, Weimar, Aufbau Verlag, 1958.

RILLA P., *Lessing und sein Zeitalter*, Berlin-Ost/Weimar, Aufbau-Verlag, 1981.

SCHRÖDER J., *Lessing. Sprache und Drama*, München, Fink Verlag, 1972.

VOLLHARDT F., *Lessing. Epoche und Werk*, Göttingen, Wallstein, 2018.

ÉTUDES SUR *NATHAN LE SAGE* CITÉES

Birus H., *Poetische Namengebung. Zur Bedeutung der Namen in Lessings "Nathan der Weise"*, Göttingen, Vandenhoeck & Ruprecht, 1978.

Birus H., *Gesammelte Schriften: Band 2: Von Lessing bis Celan - aus komparatistischer Sicht*, Göttingen, Wallstein Verlag, 2021.

Bohnen K. (éd.), *Lessings "Nathan der Weise"*, Darmstadt, Wissenschaftliche Buchgesellschaft, 1984.

Lagny A., "Laughter in Lessing's Nathan der Weise", *Lessing Yearbook/Jahrbuch XLV*, Wallstein Verlag, Göttingen, 2018.

Politzer H., "Lessings Parabel von den drei Ringen", *The German Quarterly*, New York, mai 1958.

AUTRES ÉTUDES

Barth K., *Die protestantische Theologie im 19. Jahrhundert. Ihre Vorgeschichte und ihre Geschichte* [1947[1]; 1952[2]], Zürich, Theologischer Verlag Zürich, 1994.

Bourel D., *Mendelssohn*, Paris, Gallimard, 2004.

Dufal B., "Séparer l'Église et l'État : L'augustinisme politique selon Arquillière", *L'Atelier du Centre de recherches historiques* [en ligne], EHESS, Paris, octobre 2008.

François É., "Des Républiques marchandes aux capitales politiques : remarques sur la hiérarchie urbaine du Saint-Empire à l'époque moderne", *Revue d'histoire moderne et contemporaine*, tome 25 n° 4, octobre-décembre 1978.

Hippler Th., *Soldats et citoyens. Naissance du service militaire en France et en Prusse*, Paris, Presses Universitaires de France, 2006.

Kümin B., "Nachrichten für die Nachwelt. Turmkugelarchive in der Erinnerungskultur des deutschsprachigen Europa", *Historische Zeitschrift*, Oldenburg, 2021.

LIENHARD M., "Luther et la tolérance", *Revue française d'Histoire des Idées Politiques*, Paris, 2017.

LÖWITH K., *Weltgeschichte und Heilsgeschehen: die theologischen Voraussetzungen der Geschichtsphilosophie* [1953], Stuttgart, Berlin, Köln, Kohlhammer, [8]1990.

MOREAU P.-Fr., "Conclusion. Les enjeux de l'athéisme", *La Lettre clandestine*, n° 31, "Les athéismes et la littérature philosophique clandestine", 2023.

PARIS G., *La parabole des trois anneaux*, conférence faite à la Société des études juives, le 9 mai 1885, Paris, Durlacher, 1885.

ROVAN J., *Histoire de l'Allemagne*, Paris, Seuil, 1994.

Éditions Atlande
F - 92200 Neuilly
www. Atlande.eu

Achevé d'imprimer sur les presses de la Sepec Numérique
à Peronnas (Ain) en février 2024.
Numéro d'impression : N10017231106

Dépôt légal mars 2024.

IMPRIM'VERT®

PEFC 10-31-3532